孟子精译

诵读版

苏靖雯
冯大建◎译

中国纺织出版社

内容提要

《孟子》是儒家经典中非常重要的一部，书中所主张的“性善”“仁义”“民本”等思想，是中国传统文化精神的重要组成部分，对国人传统思想与道德观念的形成都有着重要的影响。不仅如此，《孟子》全书譬喻生动、辩议恣肆、气势雄浑，也代表了先秦散文艺术的杰出成就。为了与广大读者共同分享这部经典的哲思与文字之美，我们参考了很多学者的著作，在原典的基础上进行了注释，并以适合今人理解的方式进行了翻译与阐发，希望能与广大古代文化的爱好者们一起走进伟大先贤的思想世界。

图书在版编目（CIP）数据

孟子精译：诵读版 / 冯大建，苏靖雯译. —北京：中国纺织出版社，2017. 9（2023.4重印）

（南开中华典藏文库）

ISBN 978-7-5180-2978-5

Ⅰ. ①孟… Ⅱ. ①冯… ②苏… Ⅲ. ①儒家 ②《孟子》—译文 Ⅳ. ①B222. 54

中国版本图书馆 CIP 数据核字（2016）第 225553 号

策划编辑：曹炳镝　　责任印制：储志伟

中国纺织出版社出版发行

地址：北京市朝阳区百子湾东里 A407 号楼　邮政编码：100124

销售电话：010—67004422　传真：010—87155801

http: //www.c-textilep.com

E-mail: faxing@c-textilep.com

中国纺织出版社天猫旗舰店

官方微博 http: //weibo.com/2119887771

永清县晔盛亚胶印有限公司印刷　各地新华书店经销

2017年9月第1版　2023年4月第4次印刷

开本：710×1000　1/16　印张：17. 5

字数：240 千字　定价：53. 00 元

南开中华典藏文库

编委会名单

前言

孟子是战国时代的伟大思想家，是孔子之后儒家学派的代表人物，后世常以“孔孟”并称。元朝至顺元年（公元1330年），孟子被加封为“亚圣公”，地位仅次于孔子。故此，孟子又被尊称为“亚圣”，可见孟子思想在中国文化中的重要地位。

孟子（约公元前372年—约公元前289年），名轲，战国时期邹人（即今山东邹城市）。如“孔子”这个称谓一样，在姓氏后面加“子”的称呼是对他的尊称。他是孔子的孙子孔伋的再传弟子。故此，孟子算起来应该是孔子的第五代弟子。孟子也乐于以孔子儒家思想的继承者自居，“乃所愿，则学孔子也”（《孟子·公孙丑上》）。孟子继承了孔子的儒学思想，并在“仁义”“性善”“民本”等方面进行了拓展，做出了更加系统化的论述，在思想史上独树一帜。

孟子是鲁国贵族孟孙氏之后，至孟子出生时，家道已经衰落。孟子主要由母亲抚养教育。孟子的母亲非常重视孟子的教育，据说曾因为怕邻居给年幼的孟子造成不好的影响，连续三次迁居。这就是著名的“孟母三迁”的传说。孟子受教育于孔伋。孔伋字子思，被称为“述圣”，是孔子之孙、孔鲤之子，是战国初期著名的儒学大师。

孟子以“仁义”“王道”“民本”为自己的政治主张，中年之

前言

际，游历各个诸侯国，曾到过齐、宋、鲁等过。其学说影响极大，在他的游历过程中，颇受礼遇，我们在《孟子》一书中，也常常能够看到孟子意气风发、将诸侯王驳斥得哑口无言的场景。但孟子的“王道”主张并不能真正吸引希望快速扩张、力求争霸的战国诸侯们，故此，诸侯们礼遇孟子，却没有人真正去尝试孟子的主张。

晚年孟子专注于“得天下英才而育之”（《孟子·尽心上》），与弟子万章等人著书立说。“序《诗》《书》，述仲尼（即孔子）之意，作《孟子》七篇”，《孟子》一书就是孟子与弟子们共同编撰而成的。（关于《孟子》是孟子自著、孟子后学整理编著、还是孟子与弟子们共同编著的，学者们有不同的看法。本书采取通行的观点）

《孟子》一书共七篇，即“梁惠王”“公孙丑”“滕文公”“离娄”“万章”“告子”“尽心”；每篇分为上下，约三万五千字。《史记》中也是这样记载的。但《风俗通》与《汉书·艺文志》中则记载《孟子》一书有十一篇，还有《性善》《文说》《孝经》和《为政》四篇。至东汉，学者赵岐作《孟子章句》时，为前七篇作注，并将每篇分为上下，同时认为后四篇为伪书，不予作注，成为今天流行的《孟子》七篇十四卷的祖本。《孟子》一书，在《史记》《汉书》中，均被列入诸子著作。在唐代之后，地位日益提高。宋神宗时期，《孟子》被正式列为经书。宋代大儒朱熹将《论语》《孟子》《大学》《中庸》合为四书。宋元以后，《大学》《中庸》成为学校官定教科书和科举考试必读书。

前言

在中国古代的《孟子》研究中，除了赵岐的《孟子章句》，还有朱熹的《孟子集注》、清代学者焦循《孟子正义》、戴震《孟子字义疏证》等重要著作。在近代学者的作品中，著名学者杨伯峻先生所作的注本简明晓畅，非常值得大家去阅读。对于普通读者而言，如果在阅读本书之后还有兴趣，可以选择朱熹的《孟子集注》作为拓展阅读的书籍。

《孟子》七篇，是孟子的言论汇编，集中体现了孟子学说在政治、社会、修身等方面的主张。与《论语》短篇汇集、文约意丰的语体文风格不同，孟子文章多长篇大论，气势宏大磅礴、论辩机智通达。《孟子》与《庄子》是中国先秦散文两种风格的扛鼎之作，对中国文学的发展有重要的影响。

《孟子》一书中的很多内容都已经成为我们日常言说中的常用语，如“民为贵，社稷次之，君为轻”“舍生取义”“贫贱不能移、威武不能屈”“顾左右而言他”“有恒产者有恒心”“老吾老以及人之老，幼吾幼以及人之幼”，还有“一曝十寒”“五十步笑百步”等，足见其在中国文化中的影响之深。

孟子的学说以“性善”论为出发点，以为人生来就具备恻隐之心、羞恶之心、辞让之心、是非之心；此四心，是仁、义、礼、智四种品德的起点（四端）。由于四心为生来所具有，故此，仁、义、礼、智这四种道德也是先天而有、与生俱来的。而人必须不断自省、不断努力，才不会丧失善的品质。

前言

在社会政治方面，孟子提出了“王道”的主张，主张以“仁者无敌”“亲亲而仁民”，“老吾老以及人之老，幼吾幼以及人之幼”。他主张以“德治”“仁政”争取民心归附。最为可贵的是，孟子提出了“民贵君轻”的主张，认为君主如果残暴，那么臣民便有权起来反抗。孟子曾当面追问齐宣王——朋友有辱所托，那么这样的朋友就应该与之绝交；如果一个官员不称职，就应该被罢免；那么如果一个国君不能够好好治理国家，又该怎样？齐宣王无言以对，只能“顾左右而言他”。熟悉中国历史的读者朋友都有这样的印象，一个个集权的中国古代王朝总是避免不了同样的命运，不免一次次踏入“由治而乱”的循环怪圈。原因之一，或许就在于此。孟子在千年前对齐宣王所提出的这个问题：“四境之内不治则如之何？”历代集权、专制且世袭的君主们都在有意无意地回避着。

孟子思想传承的千余年中，虽然他的很多主张都被学者、士人奉为圭臬，但他“民本君轻”的光辉思想却始终未能得到充分重视，甚至臣民自明代后更被统治者所删削。然而，今天看来，孟子所说的“民本”“仁政”，才是一个健康社会所应该追求的理想。

解译者

目录

梁惠王章句上

导读

《梁惠王章句上》是《孟子》的第一篇，共七节。在本篇中，集中表述了孟子关于“仁政”的观念。

战国时期，全中国仍处于分裂割据状态，各国都希望通过兼并战争而逐步走向统一。孟子游历各国，希望各国能推行“仁”道、王道，减少战争，使人民能安居乐业。“王亦曰仁义而已矣，何必曰利？”“五十步笑百步”“仁者无敌”“老吾老，以及人之老；幼吾幼，以及人之幼”等一系列著名的论断都是在本章中提出的。

【原典】

孟子见梁惠王①。王曰：“叟②不远千里而来，亦将有以利吾国乎？”

孟子对曰：“王何必曰利？亦③有仁义而已矣。王曰‘何以利吾国’？大夫曰‘何以利吾家’？士庶人④曰‘何以利吾身’？上下交征⑤利而国危矣。万乘⑥之国弑⑦其君者，必千乘之家；千乘之国弑其君者，必百乘之家。万取千焉，千取百焉，不为不多矣。苟⑧为后义而先利，不夺不餍⑨。未有仁而遗其亲者也，未有义而后其君者也。王亦曰仁义而已矣，何必曰利？”

【注释】

①梁惠王：即魏惠王（前 400~前 319），名罃，“惠”是谥号。公元前 370 年，魏国由安邑迁都大梁，魏国也称梁国。魏惠王故此也称梁惠王。他在位时期，是魏国的鼎盛时期。

②叟：老人。

③亦：只是。

④士庶人：士和庶人。庶人即老百姓。

⑤交征：互相争夺。征，取。

⑥万乘：古代用四匹马拉的一辆兵车叫一乘，诸侯国的大小以兵车的多少来衡量。据西汉刘向《战国策·序》说，战国末期的万乘之国有韩、赵、魏（梁）、燕、齐、楚、秦七国，千乘之国有宋、卫、中山以及东周、西周。至于千乘、百乘之家的“家”，则是指拥有封邑的公卿大夫，公卿封邑大，有兵车千乘；大夫封邑小，有兵车百乘。

⑦弑：古时候以下杀上，以卑杀尊，臣杀君叫弑。

⑧苟：如果。

⑨餍：满足。

【译文】

孟子拜见梁惠王。梁惠王说：“老先生不远千里而来，一定会对我的国家有利吧？”

孟子回答说：“大王！您为什么一定要说利呢？只要说仁义就行了。大王说‘怎样使我的国家有利？’大夫说，‘怎样对我的封地有利？’一般士人和老百姓说，‘怎样对我自己有利？’如果这样的话，那么全国上上下下互相争夺利益，国家就危险了啊！在一个拥有一万辆兵车的国家里，杀害它国君的人，一定是拥有一千辆兵车的大夫；在一个拥有一千辆兵车的国家里，杀害它国君的人，一定是拥有一百辆兵车的大夫。这些大夫在一万辆兵车的国家中就拥有一千辆，在一千辆兵车的国家中就拥有一百辆，他们的拥有不能说不多了。但是，如果先利后义，他们不夺得国君的地位是永远不会满足的。从来没有重‘仁’的人却抛弃他的父母的，从来也没有重‘义’的人却不顾君王的。大王只说仁义就行了，为什么一定要讲利益呢？”

【原典】

孟子见梁惠王，王立于沼上，顾鸿雁麋鹿，曰：“贤者亦乐此乎？”

孟子对曰：“贤者而后乐此，不贤者虽有此，不乐也。《诗》①云：‘经始灵台②，经之营之，庶民攻③之，不日④成之。经始勿亟⑤，庶民子来[6]。王在灵囿[7]，麀鹿[8]攸伏，麀鹿濯濯[9]，白鸟鹤鹤[10]。王在灵沼[11]，於牣[12]鱼跃。'文王以民力为台为沼。而民欢乐之，谓其台曰灵台，谓其沼曰灵沼，乐其有麋鹿鱼鳖。古之人与民偕乐，故能乐也。《汤誓》[13]曰：'时日害丧[14]？予及女[15]偕亡。'民欲与之偕亡，虽有台池鸟兽，岂能独乐哉？"

【注释】

①《诗》：即《诗经》，下面所引的是《诗经·大雅·灵台》，全诗共四章，文中引的是前两章。

②经始：开始规划营造；灵台，台名，故址在今陕西西安西北。

③攻：建造。

④不日：没几天。

⑤亟：急。

⑥庶民子来：老百姓像儿子似的来修建灵台。

⑦囿：古代帝王畜养禽兽的园林。

⑧麀鹿：母鹿。

⑨濯濯：肥胖而光滑的样子。

⑩鹤鹤：羽毛洁白的样子。

⑪灵沼：池名。

⑫於：旧读"乌"，赞叹词，位于句首，没有意义。牣：满。

⑬《汤誓》:《尚书》中的一篇，记载商汤王讨伐夏桀时的誓师词。

⑭时日害丧：这太阳什么时候毁灭呢？时，这；日，太阳；害，何，何时；丧，毁灭。

⑮予及女：我和你。女，同"汝"，你。

【译文】

孟子拜见梁惠王。梁惠王站在池塘边上，一面顾盼着鸿雁麋鹿等飞鸟走兽，一面说："有道德的人也高兴享受这种快乐吗？"

孟子回答说："只有贤良的人才能够享受到这种快乐，没有道德的人即使有这种快乐也是无法享受的。《诗经》说：'开始规划造灵台，仔细营造巧安排。天下百姓都来干，几天建成速度快。建台本来不着急，百姓起劲自动来，国王游览灵园中，母鹿伏在深草丛。母鹿肥大毛色润，白鸟洁净羽毛丰。国王游览到灵沼，满池鱼儿欢跳跃。’周文王虽然用了老百姓的劳力来修建高台深池，可是老百姓非常高兴，把那个台称作‘灵台’，把那个池称作‘灵沼’，以那里面有麋鹿鱼鳖等珍禽异兽为快乐。古代的君王与民同乐，所以能真正快乐。相反，《汤誓》中记载了老百姓的怨歌：‘太阳啊，你什么时候毁灭呢？我宁肯与你一起毁灭！’作为国家的君王，竟使老百姓恨不得与他同归于尽，即使有高台深池、珍禽异兽，难道能独自享受快乐吗？”

【原典】

梁惠王曰："寡人[1]之于[2]国也，尽心焉耳矣[3]。河内[4]凶[5]，则移其民于[6]河东[7]，移其粟[8]于河内。河东凶亦然[9]。察[10]邻国之政，无如[11]寡人之用心者。邻国之民不加少[12]，寡人之民不加多，何也？"

孟子对曰："王好战，请[13]以战喻。填然鼓之[14]，兵刃既接[15]，弃甲曳兵而走[16]。或[17]百步而后止，或五十步而后止。以五十步笑百步，则何如？"

曰："不可，直[18]不百步耳，是亦走也。"

曰："王如知此，则无望民之多于邻国也。不违农时，谷不可胜[19]食也；数罟[20]不入洿池，鱼鳖不可胜食也；斧斤以时[21]入山林，材木不可胜用也。谷与鱼鳖不可胜食，材木不可胜用，是使民养生丧死无憾[22]也。养生丧死无憾，王道之始也。

五亩之宅，树之以桑，五十者可以衣[23]帛矣；鸡豚狗彘之畜，无[24]失其时，七十者可以食肉矣；百亩之田，勿夺其时，数口之家可以无饥矣；谨庠序[25]之教，申[26]之以孝悌[27]之义，颁白者不负戴于道路矣[28]。七十者衣帛食肉，黎民不饥不寒，然而不王[29]者，未之有也。

狗彘食人食而不知检[30]，涂有饿莩[31]而不知发；人死，则曰：‘非我也，岁也。’是何异于刺人而杀之，曰：‘非我也，兵也。’

王无[32]罪岁，斯[33]天下之民至焉。”

【注释】

①寡人：寡德之人，是古代国君对自己的谦称。

②于：介词，对于。

③尽心焉耳矣：真是费尽心力了。

④河内：今河南境内黄河以北的地方。

⑤凶：谷物收成不好，荒年。

⑥于：到。

⑦河东：黄河以东的地方，在今山西西南部。

⑧粟：谷子，脱壳后为小米，也泛指谷类。

⑨亦然：也是这样。

⑩察：考察。

⑪无如：没有像。

⑫加少：减少。

⑬请：表敬副词，表示一种客气的语气，可以翻译成“请允许我”。

⑭鼓之：敲起鼓来。鼓，动词，击鼓。之，没有实在意义的衬字。

⑮兵刃既接：两军的兵器已经接触，指战斗已开始。兵，兵器、武器。刃，刀、刀剑等。既，已经。接，接触、交锋。

⑯走：跑，这里指逃跑。

⑰或：有的人。

⑱直：同“只”，只是，不过。

⑲胜：完全，尽。

⑳数罟：密网。

㉑以时：按一定的季节。

㉒养生：供养活着的人。丧死：为死了的人办丧事。憾：遗憾。

㉓衣：穿。

㉔无：同“毋”，不要。

㉕庠序：都指学校。商（殷）代叫序，周代叫庠。

㉖申：反复陈述。

㉗孝悌：古代尊敬父母为“孝”，敬爱兄长为“悌”。

㉘颁白者不负戴于道路矣：头发花白的老人不会在路上背着或者顶着东西了。意思是，年轻人知道孝敬老人，都来代劳了。颁白，头发花白。颁，通“斑”。负，背着东西。戴，顶着东西。

㉙王：称王。

㉚检：同“敛”，收积、储藏的意思。

㉛涂：同“途”，路上。饿莩：饿死的人。

㉜无：同“毋”，不要。

㉝斯：则、那么。

【译文】

梁惠王说：“我对国家的治理，很尽心竭力吧！黄河以南发生灾荒，就把那里的灾民移往黄河以东，把河东的粮食运到黄河以南。当黄河以东发生灾荒的时候，我也是这样做的。考察一下邻国的政治，没有像我这样尽心尽力的。可是，邻国的百姓并不见减少，而我的百姓并不见增多，这是什么原因呢？”

孟子回答道：“大王您喜欢打仗，请允许我用打仗来打比方吧。战鼓咚咚敲响，枪尖刀锋一接触，战败的士兵丢盔弃甲拖着武器逃跑，有的跑了上百步才停下，有的跑了五十步就停了脚。跑了五十步的人因此就去讥笑跑了一百步的人，您觉得行不行呢？”

梁惠王说：“不行。他只不过没有逃跑到一百步罢了，可是这也同样是逃跑呀！”

孟子说：“大王您既然懂得这个道理，就不要再期望您的百姓比邻国多了。只要不违背农时，那粮食就吃不完；不用细密的鱼网到池塘捕鱼，那鱼鳖水产就吃不完；砍伐林木有一定的时节，那木材便用不尽。粮食和鱼类吃不完，木材用不尽，这样便使老百姓能够养活家小，安葬死者而无遗憾了。老百姓养生安葬没有遗憾，这正是王道的开始。

在五亩大的住宅中种上桑树，五十多岁的人就可以穿着丝绸了；鸡鸭猪狗按照时节繁殖饲养，七十多岁的人就可以经常吃到肉食了。一家人百亩的田地不误农时得到耕种，几口人的家庭就不会闹灾荒了。注重乡校的教育，强调孝敬长辈的道理，须发花白的老人们就不再会肩挑头顶，行走在道路上了。七十多岁的人能穿上丝绸、吃上鱼肉，老百姓不缺衣少食，做到了这些而不称王于天下，这是绝不会有的。

现在，富贵人家的猪狗吃百姓的粮食，却不加以制止，路上出现饿死的人而不赈济饥民，人死了反而说‘与我无关，是年成不好的缘故’，这和把人杀了反而说‘与我无干，是武器杀的’又有什么不同呢？大王您要能够不归罪于荒年，这样，普天下的百姓便会涌向您这儿来了。”

【原典】

梁惠王曰：“寡人愿安①承教。”

孟子对曰：“杀人以梃②与刃，有以异乎？”

曰：“无以异也。”

“以刃与政，有以异乎？”

曰：“无以异也。”

曰：“庖③有肥肉，厩④有肥马，民有饥色，野有饿莩，此率兽而食人也。兽相食，且⑤人恶之。为民父母，行政不免于率兽而食人。恶⑥在其为民父母也？仲尼曰：‘始作俑者⑦，其无后乎！’为其象⑧人而用之也。如之何其使斯民饥而死也？”

【注释】

①安：乐意。

②梃：木棒。

③庖：厨房。

④厩：马栏。

⑤且：尚且。

⑥恶：疑问副词，何，怎么。

⑦俑：古代陪葬用的土偶、木偶。在用土偶、木偶陪葬之前，经历了一个用草人陪葬的阶段。草人只是略略像人形，而土偶、木偶却做得非常像活人。所以孔子深恶痛绝最初采用土偶、木偶陪葬的人。“始作俑者”就是指这最初采用土偶、木偶陪葬的人。后来这句话成为成语，指首开恶例的人。

⑧象：同“像”。

【译文】

梁惠王说：“我很乐意听您的指教。”

孟子回答说：“用木棒打死人和用刀子杀死人，有什么不同吗？”

梁惠王说：“没有什么不同。”

孟子又问：“用刀子杀死人和用政治害死人有什么不同吗？”

梁惠王回答：“没有什么不同。”

孟子于是说：“厨房里有肥嫩的肉，马栏里有健壮的马，可是老百姓却面带饥色，野外躺着饿死的人的尸体。这等于是在上位的人率领着野兽吃人啊！野兽自相残杀，人尚且厌恶它；作为老百姓的父母官，主持政治，却不免于率领野兽来吃人，那又怎么能够做老百姓的父母官呢？孔子说过：‘第一个造土偶木偶陪葬的人，该是会断子绝孙吧！’就是因为土偶木偶太像人形而用来陪葬。又怎么可以使老百姓活活地饿死呢？”

【原典】

梁惠王曰：“晋国[①]，天下莫强[②]焉，叟之所知也。及寡人之身，东败于齐，长子死焉[③]；西丧地于秦七百里[④]；南辱于楚[⑤]。寡人耻之，愿比[⑥]死者壹[⑦]洒[⑧]之，如之何则可？”

孟子对曰：“地方百里[⑨]而可以王。王如施仁政于民，省刑罚，薄税敛，深耕易耨[⑩]。壮者以暇日修其孝悌忠信，入以事其父兄，出以事其长上，可使制[⑪]梃以挞秦楚之坚甲利兵矣。

彼夺其民时，使不得耕耨以养其父母，父母冻饿，兄弟妻子离散。彼陷溺其民，王往而征之，夫谁与王敌？故曰：‘仁者无敌。’王请勿疑！”

【注释】

①晋国：韩、赵、魏三家分晋，被周天子和各国承认为诸侯国，称三家为三晋，所以，梁（魏）惠王自称魏国为晋国。

②莫强：没有比它更强的。

③东败于齐，长子死焉：公元前341年，魏与齐战于马陵，兵败，主将庞涓被杀，太子申被俘。

④西丧地于秦七百里：马陵之战后，魏国国势渐衰，秦屡败魏国，迫使魏国献出河西之地和上郡的十五个县，约七百里地。

⑤南辱于楚：公元前324年，魏又被楚将昭阳击败于襄陵，魏国失去八邑。

⑥比：介词，“替”“代”“给”的意思。

⑦壹：副词，“皆”“都”“全”的意思。

⑧洒：洗刷。

⑨地方百里：方圆百里的土地。

⑩易耨：及时除草。易，疾，速，快；耨，除草。

⑪制：制作，制造。

【译文】

梁惠王说：“魏国的强大，曾经在当时是没有别的国家能够赶得上的，这是您知道的。可是到了我这时候，东边被齐国打败，连我的大儿子都死掉了；西边丧失了七百里土地给秦国；南边又受楚国的侮辱。我为这些事感到非常羞耻，希望替所有的死难者报仇雪恨，我要怎样做才行呢？”

孟子回答说：“只要有方圆一百里的土地就可以施行仁政而使天下归服。大王如果对老百姓施行仁政，减免刑罚，少收赋税，使其能深耕细作，及时除草；让身强力壮的人抽出时间修养孝顺、尊敬、忠诚、守信的品德，在家侍奉父母兄长，在朝堂上尊敬上级。这样就是让他们制作木棒也可以打击那些拥有坚实盔甲锐利刀枪的秦楚军队了。

因为那些秦国、楚国的执政者剥夺了他们老百姓的生产时间，使他们不能够深耕细作来赡养父母。父母受冻挨饿，兄弟妻子东离西散。他们使老百姓陷入深渊之中，大王去征伐他们，哪还有谁来和您抗衡呢？所以说：‘施行仁政者无敌于天下。’大王请不要疑虑！”

【原典】

孟子见梁襄王[①]。出，语[②]人曰：“望之不似人君，就之而不见所畏焉。卒然[③]问曰：‘天下恶乎定？’

吾对曰：‘定于一。’

‘孰能一之？’

对曰：‘不嗜杀人者能一之。’

‘孰能与[④]之？’对曰：‘天下莫不与也。王知夫苗乎？七八月[⑤]之间旱，则苗槁矣。天油然作云，沛然下雨，则苗浡然兴之[⑥]矣。其如是，孰能御之？今夫天下之人牧[⑦]，未有不嗜杀人者也，如有不嗜杀人者，则天下之民皆引领而望之矣。诚如是也，民归之，由[⑧]水之就下，沛然谁能御之？’”

【注释】

①梁襄王：梁惠王的儿子，名嗣，公元前318年至公元前296年在位。

②语：动词，告诉。

③卒然：突然。卒，同“猝”。

④与：从，跟。

⑤七八月：这里指周代的历法，相当于夏历的五六月，正是禾苗需要雨水的时候。

⑥渤然：兴起的样子。渤然兴之即蓬勃地兴起。

⑦人牧：治理人民的人，指国君。“牧”由牧牛、牧羊的意义引申过来的。

⑧由：同“犹”，好像，如同。

【译文】

孟子谒见了梁襄王，出来告诉别人“远远地望去，不像个国君的样子；到了他跟前，也看不出他的威严所在。他突然问我：‘天

下要怎样才能安定？’

我回答说：‘天下统一，方可安定。’

他又问：‘谁能统一天下呢？’

我又答：‘不喜欢杀人的国君能统一天下。’

他又问：‘有谁愿意跟随不喜欢杀人的国君呢？’

我又答：‘天下的人没有不愿意跟随他的。’‘大王您知道禾苗的情况吗？七八月间天旱的时候，禾苗就干枯了。如果天上一阵乌云出现，哗啦哗啦下起大雨来，禾苗便会蓬勃生长起来。这样的情况，谁能够阻挡得住呢？如今各国的国君，没有一个不喜欢杀人的。如果有一个不喜欢杀人的国君，那么，天下的老百姓都会伸长脖子期待着他来解救了。真像这样的话，那么老百姓归服他，就像雨水向下奔流一样，这样的水势谁能阻挡得住呢？’”

【原典】

齐宣王[①]问曰：“齐桓、晋文[②]之事可得闻乎？”

孟子对曰：“仲尼之徒无道桓、文之事者，是以后世无传焉。臣未之闻也。无以[③]，则王乎？”

曰：“德何如，则可以王矣？”

曰：“保[④]民而王，莫之能御也。”

曰：“若寡人者，可以保民乎哉？”

曰：“可。”

曰：“何由知吾可也？”

曰：“臣闻之胡龁[⑤]曰，王坐于堂上，有牵牛而过堂下者，王见之，曰：‘牛何之[⑥]？’对曰：‘将以衅钟[⑦]。’王曰：‘舍之！吾不忍其觳觫[⑧]，若无罪而就死地。’对曰：‘然则废衅钟与？’曰：‘何可废也？以羊易之！’不识有诸[⑨]？”

曰：“有之。”

曰：“是心足以王矣。百姓皆以王为爱[⑩]也，臣固知王之不忍也。”

王曰：“然。诚有百姓者。齐国虽褊[⑪]小，吾何爱一牛？即不忍其觳觫，若无罪而就死地，故以羊易之也。”

曰："王无异[12]于百姓之以王为爱也。以小易大，彼恶知之？王若隐[13]其无罪而就死地，则牛羊何择焉？"

王笑曰："是诚何心哉？我非爱其财。而易之以羊也，宜乎百姓之谓我爱也。"

曰："无伤也，是乃仁术也，见牛未见羊也。君子之于禽兽也，见其生，不忍见其死；闻其声，不忍食其肉。是以君子远庖厨[14]也。"

王说[15]曰："《诗》云[16]：'他人有心，予忖度[17]之。'夫子之谓也。夫我乃行之，反而求之，不得吾心。夫子言之，于我心有戚戚[18]焉。此心之所以合于王者，何也？"

曰："有复于王者曰：'吾力足以举百钧[19]'，而不足以举一羽；'明足以察秋毫之末[20]'，而不见舆薪，则王许[21]之乎？"

曰："否。"

"今[22]恩足以及禽兽，而功不至于百姓者，独何与？然则一羽之不举，为不用力焉；舆薪之不见，为不用明焉，百姓之不见保，为不用恩焉。故王之不王，不为也，非不能也。"

曰："不为者与不能者之形何以异？"

曰："挟太山[23]以超北海[24]，语人曰'我不能'，是诚不能也。为长者折枝，语人曰'我不能'，是不为也，非不能也。故王之不王，非挟太山以超北海之类也；王之不王，是折枝之类也。

老吾老，以及人之老；幼吾幼，以及人之幼[25]。天下可运于掌[26]。《诗》云：'刑于寡妻[27]，至于兄弟，以御于家[28]邦。'言举斯心加诸彼而已。故推恩足以保四海，不推恩无以保妻子。古之人所以大过人者无他焉，善推其所为而已矣。今恩足以及禽兽，而功不至于百姓者，独何与？

权[29]，然后知轻重；度，然后知长短。物皆然，心为甚。王请度之！

抑[30]王兴甲兵，危士臣，构怨于诸侯，然后快于心与？"

王曰："否。吾何快于是？将以求吾所大欲也。"

曰："王之所大欲可得闻与？"

王笑而不言。

曰："为肥甘不足于口与？轻暖不足于体与？抑为采色[31]不足视

于目与？声音不足听于耳与？便嬖[32]不足使令于前与？王之诸臣皆足以供之，而王岂为是哉？”

曰：“否。吾不为是也。”

曰：“然则王之所大欲可知已。欲辟[33]土地，朝[34]秦楚，莅[35]中国而抚四夷也。以若[36]所为求若所欲，犹缘木而求鱼也。”

曰：“若是其甚与？”

曰：“殆[37]有甚焉。缘木求鱼，虽不得鱼，无后灾。以若所为，求若所欲，尽心力而为之，后必有灾。”

曰：“可得闻与？”

曰：“邹[38]人与楚[39]人战，则王以为孰胜？”

曰：“楚人胜。”

曰：“然则小固不可以敌大，寡固不可以敌众，弱固不可以敌强。海内之地方千里者九，齐集有其一。以一服八，何以异于邹敌楚哉？盖[40]亦反其本矣。

今王发政施仁，使天下仕者皆欲立于王之朝，耕者皆欲耕于王之野，商贾皆欲藏于王之市，行旅皆欲出于王之涂[41]，天下之欲疾其君者皆欲赴愬[42]于王。其若是，孰能御之？”

王曰：“吾惛[43]，不能进于是矣。愿夫子辅吾志，明以教我。我虽不敏，请尝试之。”

曰：“无恒产而有恒心者，惟士为能。若民，则无恒产，因无恒心。苟无恒心，放辟，邪侈，无不为已。及陷于罪，然后从而刑之，是罔[44]民也。焉有仁人在位，罔民而可为也？是故明君制民之产，必使仰足以事父母，俯足以畜妻子，乐岁终身饱，凶年免于死亡。然后驱而之善，故民之从之也轻[45]。

今也制[46]民之产，仰不足以事父母，俯不足以畜妻子，乐岁终身苦，凶年不免于死亡。此惟救死而恐不赡[47]，奚[48]暇治礼义哉？

王欲行之，则盍[49]反其本矣。五亩之宅，树之以桑，五十者可以衣帛矣；鸡豚狗彘之畜，无失其时，七十者可以食肉矣；百亩之田，勿夺其时，八口之家可以无饥矣；谨庠序之教，申之以孝悌之义，颁白者不负戴于道路矣。老者衣帛食肉，黎民不饥不寒，然而不王者，未之有也。”

【注释】

①齐宣王：姓田，名辟疆。齐威王的儿子，齐湣王的父亲，约公元前 319 年至 301 年在位。据推测，孟子在见了梁襄王之后便离开魏国到了齐国，这时齐宣王即位也不过两年。

②齐桓、晋文：指齐桓公、晋文公。齐桓公，春秋时齐国国君，姓姜，名小白。公元前 685 年至前 643 年在位，是春秋时第一个霸主。晋文公，春秋时晋国国君，姓姬，名重耳，公元前 636 至前 628 年在位，也是“春秋五霸”之一。

③无以：不得已，以同“已”。

④保：安。

⑤胡龁：人名，齐宣王身边的近臣。

⑥之：动词，去，往。

⑦衅钟：新钟铸成，杀牲取血涂抹钟的孔隙，用来祭祀。按照古代礼仪，凡是国家某件新器物或宗庙开始使用时，都要杀牲取血加以祭祀。

⑧觳觫：因恐惧而战栗的样子。

⑨诸：“之乎”的合音。

⑩爱：吝啬。

⑪褊：狭小。

⑫异：动词，奇怪，疑怪，责怪。

⑬隐：疼爱，可怜。

⑭庖厨：厨房。

⑮说：同“悦”，高兴。

⑯《诗》云：引自《诗经·小雅·巧言》。

⑰忖度：猜测，揣想。

⑱戚戚：心有所动的感觉。

⑲钧：古代重量单位，三十斤为一钧。

⑳秋毫之末：有人说是鸟尾之细毛，有人说是禾穗上之白毛，指细微难见的东西。

㉑许：赞许，同意。

㉒今字前省去“曰”字，便是表示孟子的话是紧接宣王的话的。

㉓太山：泰山。

㉔北海：渤海。

㉕老吾老幼吾幼：第一个“老”和“幼”都作动词用。老：尊敬。幼：爱护。

㉖运于掌：在手心里运转，比喻治理天下很容易。

㉗刑：同“型”，指树立榜样，做示范。寡妻：国君的正妻。

㉘家：指卿大夫中有采邑者。

㉙权：本指秤锤，这里用作动词，指称物。

㉚抑：选择连词，相当于现代汉语的“还是”。

㉛采色：即彩色。

㉜便嬖：君王左右被宠爱的人。

㉝辟：开辟。

㉞朝：使动用法，使……来朝。

㉟莅：临。

㊱若：人称代词，你。

㊲殆：副词，表示不肯定，有“大概”“几乎”“可能”等多种含义。

㊳邹：国名，就是当时的邾国，国土很少，首都在今山东邹县东南的邾城。

㊴楚：即楚国，春秋和战国时期都是大国。

㊵盖：同“盍”，“何不”的合音字，为什么不。

㊶涂：同“途”。

㊷愬：同“诉”，控告，仇恨。

㊸惛：同“昏”。

㊹罔：同“网”，此处用作动词，张网罗以捕捉之意，好比说“陷害”。

㊺轻：轻易，容易。

㊻制：订立制度。

㊼赡：足够。

㊽奚：何。

㊾盍：“何不”的合音。

【译文】

齐宣王问道："齐桓公、晋文公在春秋时代称霸的事情，您可以讲给我听听吗？"

孟子回答说："孔子的学生没有谈到齐桓公、晋文公称霸事迹的，所以没有传到后代来，我也没有听说过。大王如果一定要我说，那我就说说用道德来统一天下的王道吧？"

宣王问："有怎样的道德就可以统一天下了呢？"

孟子说："一切为了让老百姓的生活安居乐业。这样去统一天下，就没有人能够阻挡了。"

宣王说："像我这样的人能够让老百姓安居乐业吗？"

孟子说："能。"

宣王说："凭什么知道我能够做到呢？"

孟子说："我曾经听胡龁告诉过我一件事，说是大王您有一天坐在大殿上的时候有人牵着牛从殿下走过，您看到了，便问：'把牛牵到哪里去？'牵牛的人回答：'准备杀了取血祭钟。'您便说：'放了它吧！看到它那害怕得发抖的样子，就像毫无罪过却被判处死刑一样，我实在不忍心。'那人问道：'那么，就要废除祭钟这一仪节了吗？'您又说：'怎么可以不祭钟呢？用羊来代替牛吧！'——不知道是不是真有这样一件事？"

宣王说："是有这件事。"

孟子说："凭大王您有这样的仁心就可以统一天下了。老百姓听说这件事后都认为您是吝啬的，我却知道您不是吝啬，而是因为不忍心。"

宣王说："是啊，确实有的老百姓这样认为。我们齐国虽然不大，但我怎么会吝啬到舍不得一头牛的程度呢？我实在是不忍心看到它害怕得发抖的样子，就像毫无罪过却被判处死刑一样，所以用羊来代替它的。"

孟子说："老百姓认为您吝啬，大王也不要责怪。他们只看到您用小的羊去代替大的牛，哪里知道其中的深意呢？何况，大王如果可怜它毫无罪过却被宰杀，那牛和羊又有什么区别呢？"

宣王笑着说："是啊，这一点连我自己也不知道到底是一种什么心理了。我的确不是吝啬钱财才用羊去代替牛的，不过，老百姓这样认为，的确也有他们的道理啊。”

孟子说：“没有关系。大王这种不忍心正是仁爱的表现，只因为您当时亲眼见到了牛而没有见到羊。君子对于飞禽走兽，见到它们活着，便不忍心见到它们死去；听到它们哀叫，便不忍心吃它们的肉。所以，君子总是远离厨房。”

宣王很高兴地说：“《诗经》说：‘别人有什么心思，我能揣测出。’您就是这样的。我自己这样做了，反过来想想为什么要这样做，却说不出所以然来。倒是您老人家这么一说，我的心便豁然开朗了。但您说我的这种心态与用道德统一天下的王道相合又怎么理解呢？”

孟子说：“假如有人来向大王报告说：‘我的力量能够举得起三千斤，却拿不起一根羽毛；视力能够看得清秋天毫毛的末梢，却看不见摆在眼前的一车柴草。’大王您会相信他的话吗？”

宣王说：“当然不会相信。”

孟子便接着说：“如今大王您的恩惠能够施及动物，却偏偏不能够施及老百姓，是为什么呢？一根羽毛拿不起，是不愿意用力气拿的缘故；一车柴草看不见，是不愿意用眼睛看的缘故；老百姓不能安居乐业，是君王不愿意施恩惠的缘故。所以大王您没有能够用道德来统一天下，是不愿意做，而不是做不到。”

宣王说：“不愿意做和做不到有什么区别呢？”

孟子说：“把泰山夹在胳膊下跳过渤海，告诉别人说：‘我做不到。’这是真的做不到。替老年人折一根树枝，告诉别人说：‘我做不到。’这是不愿意做，而不是做不到。大王您没有做到用道德来统一天下，不是属于把泰山夹在胳膊下跳过渤海的一类，而是属于为老年人折树枝的一类。

尊敬自己的老人，并由此推广到尊敬别人的老人；爱护自己的孩子，并由此推广到爱护别人的孩子。做到了这一点，整个天下便会像在自己的手掌心里运转一样容易治理了。《诗经》说：‘先给妻子做榜样，再推广到兄弟，再推广到封邑和国家。’说的就是要把自己的心推广到别人身上去。所以，由近及远地推广恩德，便足以安定天下，不推广恩德连自己的妻子儿女都保护不了。古代的圣贤之所以能远远超过一般人，没有别的诀窍，不过是善于推广他们的好行为罢了。如今大王您的恩惠能够施及动物，却不能够施及老百姓，偏偏这样是为什么呢？

称一称才知道轻重，量一量才知道长短，什么东西都是这样，人心更是如此。大王您请考虑考虑吧！

难道真要发动全国军队，使将士冒着生命危险，去和别的国家结下仇怨，这样您的心里才痛快吗？"

宣王说："不，我为什么一定要这样做心里才痛快呢？我只不过想实现我心里的最大愿望啊。"

孟子说："大王最大的愿望是什么呢？可以讲给我听听吗？"

齐宣王笑了笑，却不说话。

孟子便说："是为了肥美的食物不够吃吗？是为了轻暖的衣服不够穿吗？还是为了艳丽的色彩不够看呢？是为了美妙的音乐不够听吗？还是为了身边伺候的人不够使唤呢？这些，您手下的大臣都能够尽量给您提供，难道您还真是为了这些吗？"

宣王说："不，我不是为了这些。"

孟子说："那么，您的最大愿望便可以知道了，您是想要扩张国土，使秦、楚这些大国都来朝贡您，君临天下，安抚四方落后的民族。不过，以您现在的做法来实现您现在的愿望，就好像爬到树上去捉鱼一样。"

宣王说："竟然有这样严重吗？"

孟子说："恐怕比这还要严重哩。爬上树去捉鱼，虽然捉不到鱼，却也没有什么后患。以您现在的做法来实现您现在的愿望，费尽心力去干，一定会有灾祸在后头。"

宣王说："可以把道理说给我听听吗？"

孟子说："假定邹国和楚国打仗，大王认为哪一国会取得胜利呢？"

宣王说："当然是楚国胜。"

孟子说："显然，小国的确不可以与大国为敌，人口很少的国家的确不可以与人口众多的国家为敌，弱国的确不可以与强国为敌。中国的土地，方圆千里的共有九块，齐国不过占有其中一块罢了。想用这一块去征服其他八块，这跟邹国和楚国打仗有什么区别呢？大王为什么不回过来好好想一想，从根本上着手呢？

现在大王如果能施行仁政，使天下做官的人都想到您的朝廷上来做官，天下的农民都想到您的国家来种地，天下做生意的人都想到您的国家来做生意，天下旅行的人都想到您的国家来旅行，天下痛恨本国国君的人都想到您这儿来控诉。果真做到了这些，还有谁能够抵挡得住呢？”

宣王说：“我糊涂，不能明白这道理。希望先生帮助我（实现）志愿，明白地教导我。我虽然不聪敏，请让我试着去做。

孟子说：“没有固定的产业收入但是却有仁爱之心，只有士人才能够做到。像一般的百姓，如果没有固定的产业收入，那么也就没有相应的道德观念和行为准则。这样的话，便会违法乱纪，行凶作恶，什么事情都干。等到他们犯了罪，然后对他们加以惩罚，那么这样就是陷害他们了。哪里有仁爱之人在朝廷上做事却做陷害百姓的事情呢？因此，贤明的君主管理百姓的产业，一定会让他们上足以赡养父母，下足以抚育妻儿；年岁好的时候，丰衣足食；遇到荒年，也不会饿死。在此基础上将他们引领上善良的道路，老百姓也就很容易听从了。

现如今，规定百姓的产业，上不足以赡养父母，下无法抚养妻儿。年成好的时候生活也是艰难困苦，年成不好的时候只能等死。在这样的情况下，百姓全力救活自己都恐怕来不及，哪有空暇去学习礼义呢？

大王如果要施行仁政，那么为什么不从根本上着手呢？每户人家分配五亩土地的住宅，四周种植桑树，这样的话，五十岁以上的人都可以穿丝绸了。饲养鸡狗猪这样的家畜，按时喂养繁殖，那么，七十岁以上的人就能够有肉吃了。一百亩田地，不去妨碍百姓生产，八口人的家庭便可以吃得饱饱的了。办好各级学校，教导百姓孝顺父母、敬爱兄长，那么，头发花白的人就不至于头上顶着、背上负着物件在路上行走了。每个老年人都能够穿绸缎、有肉吃，普通的百姓不受饥寒之苦，这样还不能够让天下人归服，那是从来都没有的事情了。”

梁惠王章句下

导读

《梁惠王章句下》共十六节。在上篇第二节中，孟子与梁惠王就曾经谈过“与民同乐”的问题。本章之重点在于突出在“爱民”基础上的“与民同乐”。在这一章中，孟子通过对“君主之乐”与“百姓之乐”巧妙地进行了辨析，指出：百姓之乐与诸侯国君之乐其实是不存在矛盾的，他们的取向是相同的（“与民同乐”）。这一以国家、民众、民族之忧乐为个人之忧乐的精神，最终成为了范仲淹笔下的名句：“先天下之忧而忧，后天下之乐而乐”。

百姓之乐、百姓之安居乐业、百姓之富足实为君王之乐的基础。也就是说，君主（国家政权）的存在目标并不是满足某人某家的享受，而应该是为国家的全体百姓去营造更加美好的生活。如果君主不能够做到这一点，那么，这样的君主就会被百姓所唾弃，甚至应该被推翻。正是因为阐发了这样的民本主义的观点，故此，在本章第六节中，齐宣王才无可奈何地回避了孟子的连环追问，顾左右而言他。

【原典】

庄暴见孟子，曰：“暴见于王①，王语暴以好乐②，暴未有以对也。”曰：“好乐何如？”

孟子曰：“王之好乐甚，则齐国其庶几③乎！”

他日见于王曰：“王尝语庄子以好乐，有诸？”

王变乎色，曰：“寡人非能好先王之乐也，直好世俗之乐耳。”

曰：“王之好乐甚，则齐其庶几乎！今之乐犹古之乐也。”

曰：“可得闻与？”

曰：“独乐乐，与人乐乐，孰乐？”

曰："不若与人。"

曰："与少乐乐，与众乐乐，孰乐？"

曰："不若与众。"

"臣请为王言乐。今王鼓乐于此，百姓闻王钟鼓之声，管籥[4]之音，举[5]疾首蹙頞[6]而相告曰：'吾王之好鼓乐，夫何使我至于此极也？父子不相见，兄弟妻子离散。'今王田猎[7]于此，百姓闻王车马之音，见羽旄[8]之美，举疾首蹙頞而相告曰：'吾王之好田猎，夫何使我至于此极也？父子不相见，兄弟妻子离散。'此无他，不与民同乐也。

今王鼓乐于此，百姓闻王钟鼓之声，管籥之音，举欣欣然有喜色而相告曰：'吾王庶几无疾病与？何以能鼓乐也？'今王田猎于此，百姓闻王车马之音，见羽旄之美，举欣欣然有喜色而相告曰'吾王庶几无疾病与？何以能田猎也？'此无他，与民同乐也。今王与百姓同乐，则王矣。"

【注释】

①王：指齐宣王。

②乐：音乐。古代的乐是为了身心合德而作。音乐是道德感情的心声，也是回归天地万物和谐境界的途径。

③庶几：差不多。

④管籥："籥"同"龠"。管龠，古代吹奏乐器，类似今天萧笙之类的东西。

⑤举：皆、俱、全都。

⑥疾首蹙頞：蹙，收紧。頞，额头。

⑦田猎：在野外打猎。在春秋战国时代，这是一项带有军事训练性质的活动。由于它要发动百姓驱赶野兽，各级地方官员都要准备物资和亲自参与，所以古人主张应该在农闲时候有节制地举行，以免扰乱正常的生产秩序。

⑧羽旄：旗帜的意思，这里译为"仪仗"。

【译文】

庄暴来见孟子，说："我朝见大王，大王告诉我他喜欢音乐，我无法应答。”接着又问道：“喜好音乐怎么样啊？”

孟子说，“大王如果非常爱好音乐，那齐国差不多会治理得很不错了！”

几天后，孟子在谒见齐宣王时问道：“大王曾经和庄暴谈论过爱好音乐，有这回事吗？”

宣王脸色一变，不好意思地说：“我并不是喜好先王清静典雅的音乐，只不过喜好当下世俗流行的音乐罢了。”

孟子说：“大王如果非常喜好音乐，那齐国差不多就会治理很不错了！在这件事上，现在世俗流行的音乐与古代的雅乐差不多。”

宣王说：“能告诉我这是什么道理吗？”

孟子说：“独自一人欣赏音乐快乐，与和他人一起欣赏音乐也快乐，哪个更快乐呢？”

宣王说：“不如与他人一起欣赏音乐更快乐。”

孟子说：“和少数人一起快乐，与和多数人一起快乐，哪个更快乐？”

宣王说：“不如与多数人一起更快乐。”

孟子马上接着说：“那就让我来为大王讲讲欣赏音乐和娱乐的道理吧！假如大王在奏乐，百姓们听到鸣钟击鼓、吹箫奏笛的声音，都愁眉苦脸地相互诉苦说：‘我们大王喜好音乐，为什么要使我们这般穷困呢？父亲和儿子不能相见，兄弟和妻儿分离流散。’假如大王在围猎，百姓们听到大王车马的喧嚣，见到仪仗的华丽，都愁眉苦脸地相互诉苦说：‘我们大王喜好围猎，为什么要使我们这般穷困呢，父亲和儿子不能相见，兄弟和妻儿分离流散。’这没有别的原因，是由于大王只图自己快乐而不同大家一起娱乐的缘故。

“假如大王在奏乐，百姓们听到大王鸣钟击鼓、吹箫奏笛的音声，都眉开眼笑地相互告诉说：‘我们大王大概没有疾病吧，否则怎么能奏乐呢？’假如大王在围猎，百姓们听到大王车马的喧嚣，见到仪仗的华丽，都眉开眼笑地相互告诉说：‘我们大王大概没有疾病吧，否则怎么能围猎呢？’这没有别的原因，是由于大王和百姓一起娱乐的缘故。如果大王能和百姓们一同娱乐，那就可以用王道统一天下。”

【原典】

齐宣王问曰："文王之囿[①]方七十里，有诸？"

孟子对曰："于传有之。"

曰："若是其大乎？"

曰："民犹以为小也。"

曰："寡人之囿方四十里，民犹以为大，何也？"

曰："文王之囿方七十里，刍荛者往焉，雉兔者往焉，与民同之。民以为小，不亦宜乎？臣始至于境，问国之大禁，然后敢入。臣闻郊关之内有囿方四十里，杀其麋鹿者如杀人之罪。则是方四十里，为阱于国中。民以为大，不亦宜乎？"

【注释】

①囿：古代畜养草木禽兽的园林，有围墙的叫"苑"，没有围墙的叫"囿"。

【译文】

齐宣王问道："听说周文王的狩猎园林方圆七十里，有这事吗？"

孟子答道："在文献上有这样的记载。"

宣王问："竟有这么大吗？"

孟子说："百姓还觉得小了呢。"

宣王说："我的园林只有方圆四十里，百姓还觉得大，这是为什么呢？"

孟子说："文王的园林方圆七十里，割草砍柴的人可以去，捕鸟猎兽的人可以去，是与百姓共同享用的，百姓认为太小，不也是很自然的吗？我刚到齐国边境时，问明白了齐国最严苛的禁令后，这才敢入境。我听说在齐国国都郊区之外有个园林方圆四十里，谁杀了其中的麋鹿，就如同犯了杀人罪；这方圆四十里的土地，就像是为百姓设下的一个陷阱，百姓认为太大了，不也是应该的吗？"

【原典】

齐宣王问曰："交邻国有道乎？"

孟子对曰："有。惟仁者为能以大事小，是故汤事葛[①]，文王事昆夷[②]；惟智者为能以小事大，故大王事獯鬻[③]，勾践事吴[④]。以大事小者，乐天者也；以小事大者，畏天者也。乐天者保天下，畏天者保其国。《诗》云[⑤]：'畏天之威，于时保之。'"

王曰："大哉言矣！寡人有疾，寡人好勇。"

对曰："王请无好小勇。夫抚剑疾视曰，'彼恶敢当我哉'！此匹夫之勇，敌一人者也。王请大之！

《诗》云[⑥]：'王赫斯[⑦]怒，爰[⑧]整其旅，以遏徂莒[⑨]，以笃周祜[⑩]，以对于天下。'此文王之勇也。文王一怒而安天下之民。

《书》曰[⑪]：'天降下民，作之君，作之师。惟曰其助上帝宠之。四方有罪无罪惟我在，天下曷敢有越厥[⑫]志？'一人衡行[⑬]于天下，武王耻之。此武王之勇也。而武王亦一怒而安天下之民。今王亦一怒而安天下之民，民惟恐王之不好勇也。"

【注释】

①汤事葛：汤，商汤，商朝的创建人。葛，葛伯，葛国的国君。葛国是商紧邻的小国，故城在今河南宁陵北十五里处。

②文王事昆夷：文王，周文王。昆夷，也写作"混夷"，周朝初年的西戎国名。

③大王事獯鬻：大王，周文王的祖父，即古公父。獯鬻又称猃狁，当时北方的少数民族。

④勾践：春秋时越国国君（公元前 497 年至前 465 年在位）。吴：指春秋时吴国国君夫差。

⑤《诗》云：引自《诗经·周颂·我将》。

⑥《诗》云：以下诗句引自《诗经·大雅·皇矣》。

⑦赫斯：发怒的样子。

⑧爰：语首助词，无义。

⑨遏：止；徂：往，到。莒：古国名，在今山东莒县，公元前 431 年被楚国消灭。

⑩笃：厚；祜：福。

⑪《书》曰：书，《尚书》，以下引文见伪《古文尚书·周

书·泰誓》。

⑫厥：用法同“其”。

⑬衡行：即“横行”。古书中“横”字多作“衡”。

【译文】

齐宣王问道：“和邻国交往有什么原则和方法吗？”

孟子回答说：“有。只有有仁德的人才能够以大国的身份侍奉小国，所以商汤侍奉葛国，周文王侍奉昆夷。只有有智慧的人才能够以小国的身份侍奉大国，所以周太王侍奉獯鬻，越王勾践侍奉吴王夫差。以大国身份侍奉小国的，是以天命为乐的人；以小国身份侍奉大国的，是敬畏天命的人。以天命为乐的人拥有天下，敬畏天命的人保有自己的国家。这正如《诗经》中所说：‘畏惧上天的威灵，因此才能够安定。’”

宣王说：“先生的话可真高深呀！不过，我有个毛病，就是逞强好勇。”

孟子说：“那么，就请大王不要喜好小勇。有的人只是手按着刀剑瞪着眼睛说：‘他怎么敢抵挡我呢？’这其实只是匹夫之勇，只能抵得住一个人。希望大王能够把这种匹夫之勇扩大！”

《诗经》说：‘文王义愤激昂，发令调兵遣将，阻挡侵略莒国的敌军，增添了周国的威望福祉，不辜负天下百姓的期望。’这是周文王的勇。周文王一生气便使天下百姓都得到安定。

《尚书》中说：‘上天降生了普通老百姓，又替他们降生了君王，降生了老师，这些君王和老师的唯一责任，就是帮助上天来爱护老百姓。所以，天下四方的有罪者和无罪者，都由我来负责，普天之下，何人敢超越上天的意志呢？’所以，只要有一人在天下横行霸道，周武王便感到羞耻。这是周武王的勇。周武王也是一怒便使天下百姓都得到安定。如今大王如果也做到一怒便使天下百姓都得到安定，那么，老百姓就会唯恐大王不喜好勇了啊。”

【原典】

齐宣王见孟子于雪宫[①]。王曰：“贤者亦有此乐乎？”

孟子对曰：“有。人不得，则非其上矣。不得而非其上者，非也；为民上而不与民同乐者，亦非也。乐民之乐者，民亦乐其乐；忧民之忧者，民亦忧其忧。乐以天下，忧以天下，然而不王者，未之有也。

昔者齐景公②问于晏子③曰：‘吾欲观于转附、朝儛④，遵海而南，放于琅邪⑤。吾何修而可以比于先王观也？’

晏子对曰：‘善哉问也！天子适诸侯曰巡狩，巡狩者巡所守也；诸侯朝于天子曰述职，述职者述所职也。无非事者。春省耕而补不足，秋省敛而助不给。夏谚曰：“吾王不游，吾何以休？吾王不豫⑥，吾何以助？一游一豫，为诸侯度。”今也不然：师行而粮食，饥者弗食，劳者弗息。睊睊胥谗⑦，民乃作慝⑧。方命⑨虐民，饮食若流。流连荒亡，为诸侯忧。从流下而忘反谓之流，从流上而忘反谓之连，从兽无厌谓之荒，乐酒无厌谓之亡。先王无流连之乐，荒亡之行。惟君所行也。’

景公说，大戒⑩于国，出舍于郊。于是始兴发补不足。召大师⑪曰：‘为我作君臣相说之乐！’盖《徵招》《角招》⑫是也。其诗曰：‘畜君何尤？’畜君者，好君也。”

【注释】

①雪宫：齐宣王的离宫（古代帝王在正宫以外临时居住的宫室，相当于当今的别墅之类）。

②齐景公：春秋时代齐国国君，公元前 547 年至前 490 年在位。

③晏子：春秋时齐国贤相，名婴，《晏子春秋》一书记载了他的事迹和学说。

④转附、朝儛：均为山名。

⑤琅邪：山名，在今山东省诸城东南。

⑥豫：义同“游”。

⑦睊睊：因愤恨侧目而视的样子。胥：皆，都。谗：毁谤，说坏话。

⑧慝：恶。

⑨方命：违反命令。方，反，违反。

⑩大戒：充分的准备。

⑪大师：读为“太师”，古代的乐官。

⑫《徵招》《角招》：与角是古代五音（宫、商、角、徵、羽）中的两个，“招”同“韶”，乐曲名。

【译文】

齐宣王在别墅雪宫里接见孟子。宣王说：“贤德之人也有这样的快乐吗？”

孟子回答说：“有。人们要是得不到这种快乐，就会埋怨他们的国君。得不到这种快乐就埋怨国君是不对的；可是作为一国之君而不与民同乐也是不对的。国君以老百姓的忧愁为忧愁，老百姓也会以国君的忧愁为忧愁。以天下人的快乐为快乐，以天下人的忧愁为忧愁，这样还不能够使天下归服，是从来都没有过的事情。

从前齐景公问晏子说：‘我想到转附、朝儛两座山去观光游览，然后沿着海岸向南行，一直到琅邪。我该怎样做才能够和古代圣贤君王的巡游相比呢？’

晏子回答说：‘问得好呀！天子到诸侯国家去叫作巡狩。巡狩就是巡视各诸侯所守疆土的意思。诸侯去朝见天子叫述职。述职就是报告在他职责内的工作的意思。没有不和工作有关系的。春天里巡视耕种情况，对粮食不够吃的给予补助；秋天里巡视收获情况，对歉收的给予补助。夏朝的谚语说：‘我王不出来游历，我怎么能得到休息？我王不出来巡视，我怎么能得到补给？一游历一巡视，足以作为诸侯的法度。”现在可不是这样了，国君一出游就兴师动众，索取粮食。饥饿的人得不到粮食，劳苦的人得不到休息。大家侧目而视，怨声载道，违法乱纪的事情也就做出来了。这种出游违背天意，虐待百姓，大吃大喝如同流水一样浪费。真是流连荒亡，连诸侯们都为此而忧虑。什么叫流连荒亡呢？顺流而下玩乐而忘返叫作流；逆流而上玩乐而忘返叫作连；打猎不知厌倦叫作荒；嗜酒不加节制叫作亡。古代圣贤君王没有这种流连荒亡的行为。至于大王您的行为，只有您自己选择了。’

齐景公听了晏子的话非常高兴，先在都城内做了充分的准备，然后驻扎在郊外，打开仓库赈济贫困的人。又召集乐官说：'给我创作一些君臣同乐的乐曲！'这就是《徵招》《角招》。其中的歌词说：'畜君有什么不对呢？'畜君，就是热爱国君的意思。"

【原典】

齐宣王问曰："人皆谓我毁明堂[①]。毁诸？已[②]乎？"

孟子对曰："夫明堂者，王者之堂也。王欲行王政，则勿毁之矣。"王曰："王政可得闻与？"

对曰："昔者文王之治岐[③]也，耕者九一[④]，仕者世禄[⑤]，关市讥[⑥]而不征，泽梁[⑦]无禁，罪人不孥[⑧]。老而无妻曰鳏，老而无夫曰寡，老而无子曰独，幼而无父曰孤。此四者，天下之穷民而无告者。文王发政施仁，必先斯四者。《诗》云：'哿矣富人，哀此茕独。'[⑨]"

王曰："善哉言乎！"

曰："王如善之，则何为不行？"

王曰："寡人有疾，寡人好货。"

对曰："昔者公刘[⑩]好货；《诗》云[⑪]：'乃积乃仓，乃裹糇粮，于橐于囊[⑫]。思戢用光[⑬]。弓矢斯张，干戈戚扬[⑭]，爰方启行。'故居者有积仓，行者有裹粮也，然后可以爰方启行。王如好货，与百姓同之，于王何有？"

王曰："寡人有疾，寡人好色。"

对曰："昔者大王好色，爱厥妃。《诗》云[⑮]：'古公亶父，来朝走马，率西水浒[⑯]，至于岐下。爰及姜女[⑰]，聿来胥宇[⑱]。'当是时也，内无怨女，外无旷夫[⑲]。王如好色，与百姓同之，于王何有？"

【注释】

①明堂：为天子接见诸侯而设的建筑。这里是指泰山明堂，是周天子东巡时设，至汉代还有遗址。

②已：止，不。

③岐：地名，在今陕西岐山县一带。

④耕者九一：指井田制。把耕地划成井字形，每井九百亩，

周围八家各一百亩，属私田，中间一百亩属公田，由八家共同耕种，收入归公家，所以叫九一税制。

⑤仕者世禄：这应该是指大夫以上的官职而言。

⑥关：道路上的关卡，近于现代“海关”的概念。市：集市。讥：稽查。

⑦泽梁：在流水中拦鱼的设备。

⑧孥：本指妻子儿女，这里用作动词，不孥即指不牵连妻子儿女。

⑨哿矣富人，哀此茕独：引自《诗经·小雅·正月》。哿，可以。茕：孤单。

⑩公刘：人名，后稷的后代，周朝的创业始祖。

⑪《诗》云：引自《诗经·大雅·公刘》。

⑫橐囊：都是盛物的东西，囊大橐小。

⑬思：语气词，无义。戢：同“辑”，和睦。用：因而。光：发扬光大。

⑭干戈戚扬：四种兵器。

⑮《诗》云：引自《诗经·大雅·绵》。

⑯古公亶父：即周文王的祖父周太王。率：循者。浒：水边。

⑰爰：语首词，无义。姜女：太王的妃子，也称太姜。

⑱聿：语首词，无义。胥：动词，省视，视察。宇：屋宇。

⑲怨女：未出嫁的老处女。旷夫：未娶妻的单身汉。古代女子居内，男子居外，所以以内外代指。

【译文】

齐宣王问道：“别人都建议我拆毁明堂，究竟是拆毁好呢，还是不拆毁好呢？”

孟子回答说：“明堂是有道德而能统一天下的君王的殿堂。大王如果想施行王政，就请不要拆毁它吧。”

宣王说：“可以把王政说给我听听吗？”

孟子回答说：“从前周文王治理岐周的时候，对农民的税率是九分抽一；对于做官的人是给予世代承袭的俸禄；在关卡和市场上只稽查，不征税；任何人到湖泊捕鱼都不禁止；对罪犯的处罚不牵连妻子儿女。失去妻子的老年人叫作鳏夫，失去丈夫的老年人叫作寡妇，没有儿女的老年人叫作独老，失去父亲的儿童叫作孤儿。这四种人是天下穷苦无靠的人。文王施行仁政，一定最先考虑到他们。《诗经》说：‘有钱财的人是可以过得去了，可怜那些无依无靠的孤独的人吧。’”

宣王说：“说得好呀！”

孟子说：“大王如果认为说得好，为什么不这样做呢？”

宣王说：“我有个毛病，我喜爱钱财。”

孟子说：“从前公刘也喜爱钱财。《诗经》说：‘收割粮食装满仓，备好充足的干粮，装进小袋和大囊。紧密团结争荣光，张弓带箭齐武装。盾戈斧钺拿手上，开始动身向前方。’因此留在家里的人有谷，行军的人有干粮，这才能够率领军队前进。大王如果喜爱钱财，能想到老百姓也喜爱钱财，这对于您施行王政统一天下有什么困难呢？”

宣王说：“我还有个毛病，我喜爱女色。”

孟子回答说：“从前周太王也喜爱女色，非常爱他的妃子。《诗经》说：‘周太王古公亶父，一大早驱驰快马。沿着西边的河岸，一直走到岐山下。带着妻子姜氏女，勘察地址建新居。’那时，没有找不到丈夫的老处女，也没有找不到妻子的老光棍。大王如果喜爱女色，能想到老百姓也喜爱女色，这对于您施行王政统一天下有什么困难呢？”

【原典】

孟子谓齐宣王曰：“王之臣有托其妻子于其友，而之楚游者。比其反[①]也，则冻馁其妻子，则如之何？”

王曰：“弃之。”

曰：“士师[③]不能治士，则如之何？”

王曰：“已之。”

曰：“四境之内不治，则如之何？”

王顾左右而言他。

【注释】

①比（bì）：及，至，等到。反：同“返”。

②士师：司法官。

【译文】

孟子对齐宣王说：“如果大王您有一个臣子把妻子儿女托付给他的朋友照顾，自己出游楚国去了。等他回来的时候，他的妻子儿女却在挨饿受冻。对待这样的朋友，应该怎么办呢？”

齐宣王说：“和他绝交！”

孟子说：“如果您的司法官不能管理他的下属，那应该怎么办呢？”

齐宣王说：“撤他的职！”

孟子又说：“如果一个国家治理得很糟糕，那又该怎么办呢？”

齐宣王回过头来左右张望，把话题扯到别处去了。

【原典】

孟子见齐宣王曰：“所谓故国①者，非谓有乔木②之谓也，有世臣③之谓也。王无亲臣矣，昔者所进，今日不知其亡④也。”

王曰：“吾何以识其不才而舍之？”

曰：“国君进贤，如不得已，将使卑逾尊，疏逾戚，可不慎与？左右皆曰贤，未可也；诸大夫皆曰贤，未可也；国人皆曰贤，然后察之；见贤焉，然后用之。左右皆曰不可，勿听；诸大夫皆曰不可，勿听；国人皆曰不可，然后察之；见不可焉，然后去之。左右皆曰可杀，勿听；诸大夫皆曰可杀，勿听；国人皆曰可杀，然后察之；见可杀焉，然后杀之。故曰，国人杀之也。如此，然后可以为民父母。”

【注释】

①故国：指历史悠久的国家。

②乔木：高大的树木。

③世臣：世代建立功勋的大臣。

④亡：去位，去职。

【译文】

孟子拜见齐宣王，说："我们平时所说历史悠久的国家，并不是指那个国家有高大的树木，而是指有世代建立功勋的大臣。可大王您现在却没有亲信的大臣了，过去所任用的一些人，现如今也都罢免了。"

齐宣王问："我应该怎样去识别那些缺乏才能的人而不用他呢？"

孟子回答说："国君选择贤才，在不得已的情况下，甚至会把原本地位低的提拔到地位高的人之上，把原本关系疏远的提拔到关系亲近的人之上，这种事情能不慎重对待吗？因此，左右的亲信都说某人好，不可轻信；众位大夫都说某人好，还是不可轻信；全国的人都说某人好，然后去了解他，发现他是真正的贤才，再任用他。左右的亲信都说某人不好，不可轻信；众位大夫都说某人不好，还是不可轻信；全国的人都说某人不好，然后去了解他，发现他真不好，再罢免他。左右的亲信都说某人该杀，不可轻信；众位大夫都说某人该杀，还是不可轻信；全国的人都说某人该杀，然后去了解他，发现他真该杀，再杀掉他。所以说，是全国人杀的他。这样做，才可以做老百姓的父母官。"

【原典】

齐宣王问曰："汤放桀①，武王伐纣②，有诸？"

孟子对曰："于传有之。"

曰："臣弑其君，可乎？"

曰："贼仁者谓之贼，贼义者谓之残，残贼之人谓之一夫。闻诛一夫纣矣，未闻弑君也。"

【注释】

①汤放桀：桀，夏朝最后一个君主，暴虐无道。传说商汤灭夏后，把桀流放到南巢（据传在今安徽省巢县一带）。

②武王伐纣：纣，商朝最后一个君主，昏乱残暴。周武王起兵讨伐，灭掉商朝，纣自焚而死。

【译文】

齐宣王问道："商汤流放夏桀，武王讨伐商纣，有这些事吗？"

孟子回答道："文献上有这样的记载。"

宣王问："作为臣子，杀掉他的君主，可以吗？"

孟子说："败坏仁德的人叫'贼'，败坏道义的人叫'残'。这样的人我们叫他'独夫'。我只听说周武王诛杀了独夫纣罢了，没听说臣杀君的。"

【原典】

孟子见齐宣王曰："为巨室，则必使工师①求大木。工师得大木。则王喜，以为能胜其任也。匠人斲②而小之，则王怒，以为不胜其任矣。夫人幼而学之，壮而欲行之。王曰'姑舍女所学而从我'，则何如？今有璞玉③于此，虽万镒④，必使玉人雕琢之。至于治国家，则曰'姑舍女所学而从我'，则何以异于教玉人雕琢玉哉？"

【注释】

①工师：管理各种工匠的官员。

②斲：砍削。

③璞玉：未雕琢加工过的玉。

④镒：古代重量单位，二十两（一说二十四两）为一镒。

【译文】

孟子谒见齐宣王，说："建造一所大房子，那么就一定要派工师去寻找大木料。工师找到了大木料，大王就高兴，认为工师尽到了他的职责。木匠砍削木料，把木料砍小了，大王就发怒，认为木匠不能够承担他的职责。一个人从小学到了一种本领，长大了想运用它，大王却说：'暂且放弃你所学的本领来听我的'，那样行吗？设想现在有块璞玉在这里，虽然价值万金，也必定要叫玉匠来雕琢加工。至于治理国家，却说：'暂且放弃你所学的本领来听我的'，那么，这和非要玉匠按您的办法去雕琢玉石有什么区别呢？"

【原典】

齐人伐燕，胜之[1]。宣王问曰："或谓寡人勿取，或谓寡人取之。以万乘之国伐万乘之国，五旬而举之[2]，人力不至于此。不取，必有天殃[3]。取之，何如？"

孟子对曰："取之而燕民悦，则取之。古之人有行之者，武王是也[4]。取之而燕民不悦，则勿取。古之人有行之者，文王是也[5]。以万乘之国伐万乘之国，箪食壶浆[6]，以迎王师。岂有他哉？避水火也。如水益深，如火益热，亦运[7]而已矣。"

【注释】

①齐人伐燕，胜之：公元前315年（齐宣王五年），燕王哙将燕国让给他的相国子之，国人不服气，将军市被和太子平进攻子之，子之反攻，杀死了市被和太子平，国内一片混乱。齐宣王趁机进攻燕国，很快就取得了胜利。

②五旬而举之：据《战国策·燕策》记载，当齐国的军队攻打燕国时，燕国"士卒不战，城门不闭"，因此齐国军队五十天就攻进了燕国的首都，杀死了燕王哙和子之。

③不取，必有天殃：因齐宣王认为他攻打燕国太顺利，"人力不至于此"，是天意。所以，如果不占领它就是违背天意，必有灾殃。这是当时人流行的观念。

④武王是也：指武王灭纣。

⑤文王是也：指文王已三分天下有其二，但仍然服侍殷商而没有造反。

⑥箪：盛饭的竹筐。食：饭。浆：米酒。

⑦运：转。

【译文】

齐国攻打燕国，大获全胜。齐宣王问道："有人劝我不要吞并燕国，也有人劝我吞并它。以一个拥有万辆兵车的大国去攻打一个同样拥有万辆兵车的大国，只用了五十天就打下来了，光凭人力是做不到的呀。如果我们不吞并它，一定会遭到天灾吧。吞并它，怎么样？”

孟子回答说：“如果吞并它能让燕国的老百姓高兴，那就吞并它。古人有这样做的，周武王便是。如果吞并它却使燕国的老百姓不高兴，那就不要吞并它。古人有这样做的，周文王便是。以齐国这样一个拥有万辆兵车的大国去攻打燕国这样一个同样拥有万辆兵车的大国，燕国的老百姓却用饭筐装着饭，用酒壶盛着酒浆来欢迎大王您的军队，难道有其他意思吗？只不过是想摆脱他们那水深火热的日子罢了。如果您让他们的灾难更加严重，那他们也就会转而去求其他的出路了。”

【原典】

齐人伐燕，取之。诸侯将谋救燕。宣王曰：“诸侯多谋伐寡人者，何以待之？”

孟子对曰：“臣闻七十里为政于天下者，汤是也。未闻以千里畏人者也。书曰：‘汤一征，自葛始①。’天下信之。‘东面而征，西夷怨；南面而征，北狄怨。曰，奚为后我？’民望之，若大旱之望云霓②也。归市者不止，耕者不变。诛其君而吊③其民，若时雨降，民大悦。书曰：‘徯我后④，后来其苏⑤。’今燕虐其民，王往而征之。民以为将拯己于水火之中也，箪食壶浆，以迎王师。若杀其父兄，系累⑥其子弟，毁其宗庙，迁其重器⑦，如之何其可也？天下固畏齐之强也。今又倍地而不行仁政，是动天下之兵也。王速出令，反其旄倪⑧，止其重器，谋于燕众，置君而后去之，则犹可及止也。”

【注释】

①汤一征，自葛始：《尚书》逸文。

②云霓：霓，虹霓。虹霓在清晨出现于西方是下雨的征兆。

③吊：这里是安抚、慰问的意思。

④徯：等待。后：王，君主。

⑤后来其苏：君王来了就会有起色。苏：恢复，苏醒，复活。

⑥系累：束缚，捆绑。

⑦重器：指贵重的祭器。

⑧旄倪：旄，同“耄”（mào），八十、九十岁的人叫作“耄”，

这里通指老年人。倪，指小孩子。

【译文】

齐国人攻打燕国，占领了它。一些诸侯国在谋划着要救助燕国。齐宣王说："不少诸侯在谋划着要来攻打我，该怎么办呢？"

孟子回答说："我听说过，有凭借着方圆七十里的国土就统一天下的，商汤就是这样的。却没有听说过拥有方圆千里的国土而害怕别国的。《尚书》说：'商汤征伐，从葛国开始。'天下人都相信了。所以，当他向东方进军时，西边国家的老百姓便抱怨；当他向南方进军时，北边国家的老百姓便抱怨。都说：'为什么把我们放到后面呢？'老百姓盼望他，就像久旱盼乌云和虹霓一样。这是因为汤的征伐一点也不惊扰百姓。做生意的照常做生意，种庄稼的照常种庄稼。只是诛杀那些暴虐的国君来抚慰那些受害的老百姓。就像天上下了及时雨一样，老百姓非常高兴。《尚书》说：'等待我们的王，他来了，我们也就有活路了！'如今，燕国的国君虐待老百姓，大王您的军队去征伐他，燕国的老百姓认为您是要把他们从水深火热中拯救出来，因此他们用饭筐装着饭，用酒壶盛着酒浆来欢迎您的军队。然而您呢，却杀死他们的父兄，抓走他们的子弟，毁坏他们的宗庙祠堂，抢走他们宝器，这怎么可以呢？天下各国本来就害怕齐国强大，现在齐国的土地又扩大了一倍，而且还不施行仁政，这样就必然会激起天下各国兴兵动武。大王您赶快发出命令，放回燕国老老小小的俘虏，停止搬运燕国的宝器，再和燕国的各界人士商议，为他们选立一位国君，然后从燕国撤回齐国的军队。这样做，还可以来得及制止各国兴兵。"

【原典】

邹与鲁哄[①]。穆公[②]问曰："吾有司死者三十三人，而民莫之死[③]也。诛之，则不可胜诛；不诛，则疾[④]视其长上之死而不救，如之何则可也？"

孟子对曰："凶年饥岁，君之民老弱转[⑤]乎沟壑，壮者散而之四方者，几[⑥]千人矣；而君之仓廪实，府库充，有司莫以告，是上慢而残下也。曾子[⑦]曰：'戒之戒之！出乎尔者，反乎尔者也。'夫民今而后得反之也。君无尤[8]焉。君行仁政，斯民亲其上、死其长矣。”

【注释】

①邹与鲁哄：邹国与鲁国交战。哄，争吵，冲突，交战。

②穆公：即邹穆公。孟子是邹国人，所以穆公问他。

③莫之死：即“莫死之”的倒装，“之”指“有司”。意思是“没有人为他们而死”。

④疾：憎恨。

⑤转：弃尸的意思。

⑥几：接近，差不多。

⑦曾子：即孔子的学生曾参。

⑧尤：动词，责备、归罪。

【译文】

邹国与鲁国交战。邹穆公问孟子说：“我的官吏死了三十三个，百姓却没有一个为他们而牺牲的。杀了他们吧，杀不了那么多；不杀他们吧，又实在憎恨他们眼睁睁地看着长官被杀而不去营救。到底怎么办才好呢？”

孟子回答说：“灾荒年岁，您的老百姓中，年老体弱的弃尸于山沟荒野之中，年轻力壮的便四处逃荒，差不多有上千人吧；而您的粮仓里堆满粮食，货库里装满财宝，官吏们却从来不向您报告老百姓的情况，这是在上位的人不关心老百姓并且还残害他们的表现。曾子说：‘提高警惕，提高警惕！你怎样对待别人，别人也会怎样对待你。’现在就是老百姓报复他们的时候了。您不要归罪于老百姓吧！只要您施行仁政，老百姓自然就会亲近他们的上级，肯为他们的长官而牺牲了。”

【原典】

滕文公[1]问曰：“滕，小国也，间于齐楚。事齐乎？事楚乎？”

孟子对曰：“是谋非吾所能及也。无已，则有一焉：凿斯池[2]也，筑斯城也，与民守之，效[3]死而民弗去，则是可为也。”

【注释】

①滕文公：滕国国君。滕国，古国名，西周分封的诸侯国，姬姓，开国国君是周文王的儿子错叔绣。在今山东滕县西南。公元前 414 年被越国灭，不久复国，又被宋国消灭。

②池：城池，也就是护城河。

③效：献，致。

【译文】

滕文公问道："滕国是一个弱小的国家，处在齐国和楚国两个大国之间。是归服齐国好呢，还是归服楚国好呢？"

孟子回答说："这个问题不是我的能力所能解决的。如果您一定要我谈谈看法，那就只有另一个办法：把护城河挖深，把城墙筑坚固，与老百姓一起坚守它，宁可献出生命，老百姓也不离开。这样就有办法了。"

【原典】

滕文公问曰："齐人将筑薛[①]，吾甚恐。如之何则可？"

孟子对曰："昔者大王居邠[②]，狄[③]人侵之，去之岐山[④]之下居焉。非择而取之，不得已也。苟为善，后世子孙必有王者矣。君子创业垂统，为可继也。若夫[⑤]成功，则天也。君如彼何哉？强为善而已矣。"

【注释】

①薛：国名，其地在今山东滕县东南，战国初期为齐所灭，后成为齐权臣田婴、田文的封邑。

②邠：地名，在今陕西郴县。

③狄：即獯鬻。

④岐山：在今陕西省岐山县东北。

⑤若夫：相当于今天的"至于"。

【译文】

滕文公问道："齐国将要修筑薛地的城池，我很害怕，怎么办才好呢？”

孟子回答道：“从前，周太王居住在邠地，狄人侵犯那里，他便离开，迁到岐山下居住。不是愿意选择那里居住，而是迫不得已罢了。如果一个君主能够施行仁政，后代子孙中必定会有称王于天下的。君子创立基业，传给后世，是为了可以继承下去。至于能否成功，那就得依靠天命了。您怎样对付齐国呢？只有努力推行仁政罢了。”

【原典】

滕文公问曰：“滕，小国也。竭力以事大国，则不得免焉。如之何则可？”

孟子对曰：“昔者大王居邠，狄人侵之。事之以皮币[①]，不得免焉；事之以犬马，不得免焉；事之以珠玉，不得免焉。乃属[②]其耆[③]老而告之曰：‘狄人之所欲者，吾土地也。吾闻之也：君子不以其所以养人者害人。二三子何患乎无君？我将去之。’去邠，逾梁山[④]，邑[⑤]于岐山之下居焉。邠人曰：‘仁人也，不可失也。’从之者如归市。

或曰：‘世守也，非身之所能为也。效死勿去。’

君请择于斯二者。”

【注释】

①皮币：动物毛皮和丝绸布帛。

②属：召集，集合。

③耆：古称六十岁曰耆，即老年人之意。

④梁山：在今陕西乾县西北。

⑤邑：动词，建筑城邑。

【译文】

滕文公问道：“滕国是个弱小的国家，尽心尽力去侍奉大国，却仍然不能免除威胁，该怎么办才好呢？”

孟子回答道：“从前，周太王居住在邠地，狄人来侵犯他，太王拿裘皮和丝绸进献给狄人，不能免遭侵犯；拿好狗良马送给狄人，不能免遭侵犯；拿珠宝玉器送给狄人，还是不能免遭侵犯。太王于是召集邠地的父老，对他们说：‘狄人想要的是我们的土地。我听说过这样一句话：有道德的人不拿用来养活人的东西害人。你们何必担心没有君主？我要离开这里了。’于是离开邠地，越过梁山，在岐山下建城邑定居下来。邠地的人说：‘这是位仁德之人啊，不能失去他。’追随他迁居的人，多得像赶集市一般。

也有人说：‘这是祖宗传下来让我们必须世世代代守护的基业，我们是不能自作主张抛弃它的。拼了命也不能舍弃它。’

这两种方法，请您选择一种吧。”

【原典】

鲁平公①将出。嬖人②臧仓者请曰："他日君出，则必命有司所之。今乘舆已驾矣，有司未知所之。敢请。"

公曰："将见孟子。"

曰："何哉？君所为轻身以先于匹夫者，以为贤乎？礼义由贤者出。而孟子之后丧逾前丧。君无见焉！"

公曰："诺。"

乐正子③入见，曰："君奚为不见孟轲也？"

曰："或告寡人曰：'孟子之后丧逾前丧。'是以不往见也。"

曰："何哉君所谓逾者？前以士，后以大夫；前以三鼎，而后以五鼎④与？"

曰："否。谓棺椁衣衾之美也。"

曰："非所谓逾也，贫富不同也。"

乐正子见孟子，曰："克告于君，君为来见也。嬖人有臧仓者沮君，君是以不果来也。"

曰："行或使之，止或尼之。行止，非人所能也。吾之不遇鲁侯，天也。臧氏之子焉能使予不遇哉？"

【注释】

①鲁平公：名叔，鲁景公的儿子。公元前 314 ~ 前 294 年在位。

②嬖人：被宠爱之人，有时指姬妾。

③乐正子：名克，孟子的学生，当时正在鲁国做官。

④三鼎、五鼎：鼎是古代的一种器皿，大小不一，用途也有所不同。古代祭祀用鼎来盛动物类的祭品。三鼎、五鼎是士礼和卿大夫礼的区别。

【译文】

鲁平公将要外出，他宠爱的近臣臧仓请示说："平日您外出，都要让有关官员知道您前去的地方。今天车马已经备好，有关官员还不知道要去哪里，胆敢请君王示下。"

鲁平公说："要去拜见孟子。"

臧仓说："这是为什么呀？您为什么要降低身份去拜见一个普通人呢？您认为他是贤能之人吗？贤德之人的行为应该符合礼义的规范；而孟子后来为母亲操办的丧事超过先前为父亲操办的丧事。君王还是不要见他的好。"

鲁平公说："好吧。"

乐正子入宫见鲁平公，问道："大王您为什么不去见孟轲呢？"

鲁平公说："有人告诉寡人说：'孟子后来为母亲操办的丧事超过先前为父亲操办的丧事。'所以我不去见他。"

乐正子说："这是为什么呀？您所说的超过，是前面用士的丧礼，后面以大夫的丧礼？还是前面用三鼎礼，后面用五鼎礼？"

鲁平公说"不是，我所说的是指棺椁和寿衣的精美不同。"

乐正子说："这不叫超过，这只是前后家境贫富不同而已。"

乐正子去见孟子，说："我告诉了君王，君王本来要来见你的，但有一个他宠爱的近臣臧仓阻止了他，鲁君因此没有来。"

孟子说："一个行动，或许有人促进它；停止了，或许有人制止它。行动和停止，不是单凭一个人的力量所能左右的。我之所以不能与鲁君相见，天意呀！臧仓那小子怎么能使我们不能相见呢？"

公孙丑章句上

导读

《公孙丑章句上》共九节。在这一章里，仍是孟子对“仁政”的进一步阐释。孟子通过与公孙丑的对话，借着管仲、晏子等人的事例，阐明了施行仁政而王天下的王道的优越性及施行仁政的机遇、条件和结果。

孟子在强调“仁政”的同时，重点阐述了“仁、义、礼、智”四端说（即恻隐之心，仁之端也；羞恶之心，义之端也；辞让之心，礼之端也；是非之心，智之端也）和培养“虽千万人，吾往矣”的“浩然正气”。这种大丈夫、大勇毅的浩然之气，成为激励着中华民族千百万仁人志士奋斗、牺牲、奉献的精神之源。

【原典】

公孙丑[①]问曰：“夫子当路[②]于齐，管仲、晏子[③]之功，可复许[④]乎？”

孟子曰：“子诚齐人也，知管仲、晏子而已矣。或问乎曾西[⑤]曰：‘吾子[⑥]与子路[⑦]孰贤？’曾西蹵然[⑧]曰：‘吾先子[⑨]之所畏也。’曰：‘然则吾子与管仲孰贤？’曾西艴然[⑩]不悦，曰：‘尔何曾[⑪]比予于管仲？管仲得君，如彼其专也；行乎国政，如彼其久也；功烈，如彼其卑也。尔何曾比予于是？’”曰：“管仲，曾西之所不为也，而子为[⑫]我愿之乎？”

曰：“管仲以其君霸，晏子以其君显。管仲、晏子犹不足为与？”

曰：“以齐王，由[⑬]反手也。”

曰：“若是，则弟子之惑滋甚。且以文王之德，百年而后崩[⑭]，犹未洽于天下；武王、周公[⑮]继之，然后大行。今言王若易然，则文王不足法与？”

曰：“文王何可当也？由汤至于武丁，贤圣之君六七作[16]。天下归殷久矣，久则难变也。武丁朝诸侯有天下，犹运之掌也。纣之去武丁未久也，其故家遗俗，流风善政，犹有存者；又有微子、微仲、王子比干、箕子、胶鬲皆贤人也，相与[17]辅相[18]之，故久而后失之也。尺地莫非其有也，一民莫非其臣也，然而文王犹方百里起，是以难也。齐人有言曰：‘虽有智慧，不如乘势；虽有镃基[19]，不如待时。’今时则易然也。夏后、殷、周之盛，地未有过千里者也，而齐有其地矣；鸡鸣狗吠相闻，而达乎四境，而齐有其民矣。地不改辟矣，民不改聚矣，行仁政而王，莫之能御也。且王者之不作，未有疏于此时者也；民之憔悴于虐政，未有甚于此时者也。饥者易为食，渴者易为饮。孔子曰：‘德之流行，速于置邮[20]而传命。’当今之时，万乘之国行仁政，民之悦之，犹解倒悬也。故事半古之人，功必倍之，惟此时为然。”

【注释】

①公孙丑：孟子的学生，齐国人。

②当路：当权，当政。

③管仲、晏子：管仲，齐桓公之相；晏子即晏婴，齐景公之相。

④许：兴盛、复兴。

⑤曾西：名曾申，字子西，鲁国人，孔子学生曾参的儿子。

⑥吾子：亲密的对称敬辞，相当于“吾兄”“老兄”之类。

⑦子路：孔子弟子，即仲由。

⑧蹵然：不安的样子。

⑨先子：指已逝世的长辈。这里指曾西的父亲曾参。

⑩艴然：恼怒的样子。

⑪曾：副词，竟然、居然。

⑫为：同“谓”，认为。

⑬由：同“犹”，好像。

⑭百年而后崩：相传周文王活了九十七岁。百年是泛指寿命

很长。

⑮周公：名姬旦，周文王的儿子，武王的弟弟，辅助武王伐纣，统一天下，又辅助成王定乱，安定天下成为鲁国的始祖。

⑯作：在这里为量词，相当于现代口语“起”。

⑰相与：双音副词，“共同”的意思。

⑱辅相：双音动词，辅助。

⑲镃基：农具，相当于今天的锄头之类。

⑳置邮：置和邮都是名词，相当于后代的驿站。

【译文】

公孙丑问道：“先生如果在齐国当权，管仲、晏子的功业可以再度兴起来吗？”

孟子说：“你可真是个齐国人啊，只知道管仲、晏子。曾经有人问曾西：‘您和子路相比，哪个更有才能？’曾西不安地说：‘子路可是我父亲所敬畏的人啊，我怎么能和他相提并论呢？那人又问：‘那么您和管仲相比，哪个更有才能呢？’曾西马上不高兴起来，说：‘你怎么竟拿管仲来和我相比呢？管仲受到齐桓公那样信任不疑，行使国家政权那样长久，而功绩却是那样少，你怎么竟拿他来和我相比呢？’”停了一会儿，孟子接着说：“管仲是曾西都不愿跟他相比的人，你以为我愿意跟他学习吗？”

公孙丑说：“管仲辅佐桓公称霸天下，晏子辅佐景公名扬诸侯。难道管仲、晏子还不值得学习吗？”

孟子说：“以齐国的实力来统一天下，易如反掌。”

公孙丑说：“照您这样说，我就更疑惑不解了。以周文王那样的仁德，活了将近一百岁，他推行的德政尚且不能遍布于天下。直到周武王、周公继承他的事业，然后才大大推行王道，统一天下。现在您说用王道统一天下易如反掌，那么，连周文王都不值得学习了吗？”

孟子说：“我们怎么可以比得上周文王呢？由商汤到武丁，贤明的君主有六七个，天下人归服殷朝已经很久了，久就难以变动，武丁使诸侯们来朝，统治天下就像在自己的手掌心里运转一样容易。纣王离武丁并不久远，武丁时期的勋臣世家、良好习俗、传统风尚、慈善政治都还有遗存，又有微子、微仲、王子比干、箕子、胶鬲等一批贤臣共同辅佐，所以能统治很久以后才失去政权。当时没有一尺土地不属于纣王所有，没有一个百姓不属于纣王统治，在那种情况下，文王还只能从方圆百里的小国兴起，所以是非常困难的。齐国人有句俗话说：'虽然有智慧，不如趁形势；虽然有锄头，不如等农时。'现在的时势就很利于用王道统一天下。夏、商、周三代兴盛的时候，没有哪一国的国土有超过方圆千里的，而现在的齐国却超过了；鸡鸣狗叫的声音处处都听得见，一直到四方边境，这说明齐国人口众多。国土不需要新开辟，老百姓不需要再增加，如果施行仁政来统一天下，没有谁能够阻挡。何况，统一天下的贤君没有出现，从来没有隔过这么久的；老百姓受暴政的压榨，从来没有这么厉害过的。饥饿的人不择食物，口渴的人不择饮料。孔子说：'德政的流行，比驿站传递政令还要迅速。'现在这个时候，拥有一万辆兵车的大国施行仁政，老百姓的高兴，就像被倒挂着的人得到解救一样。所以，做古人一半的事，就可以成就古人双倍的功绩。只有这个时候才做得到吧。"

【原典】

公孙丑问曰："夫子加齐之卿相，得行道焉，虽由此霸王不异矣。如此，则动心否乎？"

孟子曰："否。我四十不动心。"

曰："若是，则夫子过孟贲[①]远矣。"

曰："是不难，告子[②]先我不动心。"

曰："不动心有道乎？"

曰："有。北宫黝[③]之养勇也，不肤桡[④]，不目逃，思以一豪挫于人，若挞之于市朝。不受于褐宽博[⑤]，亦不受于万乘之君。视刺万乘之君，若刺褐夫。无严[⑥]诸侯。恶声至，必反之。孟施舍[⑦]之所养勇也，曰：'视不胜犹胜也。量敌而后进，虑胜而后会，是畏三军者也。舍岂能为必胜哉？能无惧而已矣。'孟施舍似曾子，北宫黝似子夏[⑧]。夫二子之勇，未知其孰贤，然而孟施舍守约也。昔者曾子谓子襄[9]曰：'子好勇乎？吾尝闻大勇于夫子矣：自反而不缩，虽褐宽博，吾不惴焉；自反而缩，虽千万人，吾往矣。'孟施舍之守气，又不如曾子之守约也。"

曰："敢问夫子之不动心，与告子之不动心，可得闻与？"

"告子曰：'不得于言，勿求于心；不得于心，勿求于气。'不得于心，勿求于气，可；不得于言，勿求于心，不可。夫志，气之帅也；气，体之充也。夫志至[10]焉，气次焉。故曰：'持其志，无暴[11]其气。'"

"既曰'志至焉，气次焉'，又曰'持其志无暴其气'者，何也？"

曰："志壹则动气，气壹则动志也。今夫蹶者趋者，是气也，而反动其心。"

"敢问夫子恶乎长？"

曰："我知言，我善养吾浩然之气。"

"敢问何谓浩然之气？"

曰："难言也。其为气也，至大至刚，以直养而无害，则塞于天地之间。其为气也，配义与道；无是，馁也。是集义所生者，非义袭而取之也。行有不慊[12]于心，则馁矣。我故曰，告子未尝知义，以其外之也。必有事焉而勿正，心勿忘，勿助长也。无若宋人然：宋人有闵其苗之不长而揠之者，芒芒然归。谓其人曰：'今日病矣，予助苗长矣。'其子趋而往视之，苗则槁矣。天下之不助苗长者寡矣。以为无益而舍之者，不耘苗者也；助之长者，揠苗者也。非徒无益，而又害之。"

"何谓知言？"

曰："诐[13]辞知其所蔽，淫辞知其所陷，邪辞知其所离，遁辞知其所穷。生于其心，害于其政；发于其政，害于其事。圣人复起，必从吾言矣。"

"宰我[14]、子贡[15]善为说辞，冉牛[16]、闵子[17]、颜渊[18]善言德行。孔子兼之，曰：'我于辞命则不能也。'然则夫子既圣矣乎？"

曰："恶！是何言也？昔者子贡，问于孔子曰：'夫子圣矣乎？'孔子曰：'圣则吾不能，我学不厌而教不倦也。'子贡曰：'学不厌，智也；教不倦，仁也。仁且智，夫子既圣矣！’夫圣，孔子不居，是何言也？”

“昔者窃闻之：子夏、子游[19]、子张[20]皆有圣人之一体，冉牛、闵子、颜渊则具体而微。敢问所安。”

曰：“姑舍是。”

曰：“伯夷[21]、伊尹[22]何如？”

曰：“不同道。非其君不事，非其民不使；治则进，乱则退，伯夷也。何事非君，何使非民；治亦进，乱亦进，伊尹也。可以仕则仕，可以止则止，可以久则久，可以速则速，孔子也。皆古圣人也，吾未能有行焉；乃所愿，则学孔子也。”

“伯夷、伊尹于孔子，若是班乎？”

曰：“否。自有生民以来，未有孔子也。”

曰：“然则有同与？”

曰：“有。得百里之地而君之，皆能以朝诸侯有天下。行一不义、杀一不辜而得天下，皆不为也。是则同。”

曰：“敢问其所以异？”

曰：“宰我、子贡、有若[23]智足以知圣人。汙[24]，不至阿其所好。宰我曰：‘以予观于夫子，贤于尧[25]舜[26]远矣。’子贡曰：‘见其礼而知其政，闻其乐而知其德。由百世之后，等百世之王，莫之能违也。自生民以来，未有夫子也。’有若曰：‘岂惟民哉？麒麟之于走兽，凤凰之于飞鸟，太山之于丘垤[27]，河海之于行潦，类也。圣人之于民，亦类也。出于其类，拔乎其萃，自生民以来，未有盛于孔子也。’”

【注释】

①孟贲：卫国人，当时著名的勇士。

②告子：中国战国时期的哲学家。生平事迹不详。他曾与墨子辩论政治问题，与孟子辩论人性问题。《墨子·公孟篇》和《孟子》中的《公孙丑》《告子》等篇保存了他的某些言论片断。后世对告子的了解，主要通过《孟子》书中有关告子言论的记载。

③北宫黝：齐国人，传说是一名刺客。

④桡：或本作挠，这里作屈服之意讲。不肤挠：肌肤被刺破而不屈服。

⑤褐宽博：指穿粗布制的宽大衣服的人，实指卑贱之人。

⑥严：这里是尊敬之意。

⑦孟施舍：人名。传说是一勇士。

⑧子夏：孔子弟子。姓卜名商，字子夏。后亦称卜子夏。春秋末晋国温人。少孔子四十四岁。

⑨子襄：曾子的学生。

⑩至：这里用为周密、周到之意。

⑪暴：这里用为糟蹋、损害之意。

⑫慊：这里用为满足之意。

⑬诐：这里用为偏颇，不正之意。

⑭宰我：孔子的学生，姓宰我，名予，字子我。春秋末鲁国人。少孔子二十九岁。能言善辩，以“言语”著称。

⑮子贡：孔子的弟子。姓端木，名赐，字子贡。也作子赣，亦称卫赐。春秋末卫国人。少孔子三十一岁。

⑯冉牛：孔子的学生。姓冉，名耕，字伯牛。春秋末鲁国人。少孔子七岁。以德行著称。

⑰闵子：孔子的学生。姓闵，名损，字子骞。春秋末鲁国人。少孔子十五岁。在孔门中以德行与颜回并称，尤以孝行著称于世。

⑱颜渊：是孔子最得意的学生，姓颜，名回，字子渊。春秋末鲁国人。少孔子三十岁。

⑲子游：孔子的学生。姓言，名偃，字子游。亦称言游。春秋末吴国人。少孔子四十五岁。与子夏、子张并为孔门晚期著名弟子。

⑳子张：姓颛孙，名师，字子张。孔子的学生。春秋末陈国阳城（今河南省淮阳）人。

㉑伯夷：殷朝末年殷诸侯国孤竹君的儿子。

㉒伊尹：尹是官名。传说伊尹出身奴隶，生于伊水边，原为有莘之君的近身奴仆，听说商汤“贤德仁义”，而心向往之。商汤与有莘结亲，他作为有莘氏女的陪嫁之臣来到商汤手下，成为汤

的“小臣”。他身为庖人（厨师），便乘机用“割烹”作比喻向商汤陈说，要他“伐夏救民”。据《韩非子·难言》载，伊尹曾对汤“七十说而不受”，可见耐心陈说之情形。后伊尹受汤的赏识，被任以国政，帮助商汤攻灭夏桀，并潜入夏王朝内部以“间夏”。在商汤被夏桀扣押后，伊尹等人又给桀送去大批珍宝，使汤得以释放。他辅佐商汤先后灭掉葛、韦、顾、昆吾等方国，最后一举灭夏，建立了商王朝。伊尹被商汤尊为“阿衡”（相当于宰相）。商建国初，伊尹总结海内万邦存亡的教训，制订出君臣之间的关系准则。汤去世后，他又历佐汤子外丙、中壬两王。中壬后，汤之孙太甲继位，商朝实权落到身居相位的伊尹手里。因太甲不理国政，破坏了商汤之法制德行，伊尹将他放逐，囚禁于桐，自摄行政当国。太甲居桐三年，悔过自新，伊尹还政于太甲。太甲死后，伊尹作《太甲训》三篇（今佚），并尊太甲为“中宗”。据说伊尹活了一百余岁，卒于沃丁时，沃丁以天子礼葬之。伊尹在商代受到诸王隆重的祭祀，殷墟甲骨文中就有祭祀伊尹的卜辞，可见他的地位之高。

㉓有若：孔子晚年弟子。姓有，名若，字子有。春秋末鲁国人，少孔子三十三岁。

㉔汙：这里用为贪官污吏的污之意，亦用为卑劣之意。

㉕尧：这里用指为中国古代的皇帝陶唐氏之号。生于伊，嗣后耆，故称“伊耆氏”；初封陶，后徙唐；又称“伊唐氏”。

㉖舜：中国传说中父系氏族社会后期部落联盟领袖。姚姓，有虞氏，名重华，史称虞舜。相传因四岳推举，尧命他摄政。他巡行四方，除去鲧、共工、饯兜和三苗等四人。尧去世后继位，又咨询四岳，挑选贤人治理民事，并选拔治水有功的禹为继承人。

㉗垤：小土堆。

【译文】

公孙丑问：“先生您要是担任齐国的卿相大官，能够推行您的主张，由此成就霸业和王道，并不足为奇。像这样，您会动心吗？”

孟子说：“不，我四十岁后就不动心了。”

公孙丑说："这样看来，先生比孟贲要强多了。"

孟子说："做到这个并不难，告子做到不动心比我还要早。"

公孙丑问："做到不动心有什么方法吗？"

孟子说："有，北宫黝培养勇气的方法是，肌肤被刺破而不屈服，看见可怕的不逃避，即使有一根毫毛被别人伤害，也觉得犹如在大庭广众下遭到鞭打一样。他不受制于贫贱的人，也不受制于大国的君主；把刺杀大国君主看作如同刺杀普通平民一样；他不畏惧各国君王，受到辱骂必然要回骂。孟施舍培养勇气的方法又不同，他说：'在失败的情况下还要看到胜利，如果估量敌方的强弱而后前进，思虑胜败后才交锋，就是害怕敌方的三军。我怎么能因为必胜才战斗？我只要无所畏惧就行了。'孟施舍像曾子，北宫黝像子夏。这两个人的勇气，不知道谁更好些，然而孟施舍却更简易可行。从前曾子告诉子襄说：'你喜欢勇敢吗？我曾经听孔子老师说过关于大勇的观点，反躬自问正义不在我，虽然是平民，我也不恐吓他；反躬自问正义在我，虽然有千万人，我也勇往直前。'孟施舍仅仅是保持无所畏惧的态度，自然就不如曾子的方法那样简易可行了。"

公孙丑说："请问先生的不动心与告子的不动心，可以说来听听吗？"

孟子说："告子说：'不懂得对方的语言，就无法理解对方的心思；不理解对方的心思，就无法理解对方的意气。'不理解对方的心思，就无法理解对方的意气，是可以的；不懂得对方的语言，就无法理解对方的心思，就不可以了。人的意志，乃是人的意气的主帅，人的意气，是充满人体内的巨大的精神力量。那意志是周密而周到的，意气比起来就稍差一点。所以说：'要坚定自己的意志，也不要滥用自己的意气。'"

公孙丑又问："既然您说：'那意志是周密而周到的，意气比起来就稍差一点。'又说：'要坚定自己的意志，也不要滥用自己的意气。'这是为什么呢？"

孟子说："意志专一则会使意气转移，意气专一又会使意志摇摆，现在看那些倒行逆施、趋炎附势的人，正是因为意气用事，反而牵动他们的心。”

公孙丑又问：“请问先生擅长于什么呢？”

孟子说：“我擅长分析别人的言辞，我擅长培养我的浩然之气。”

公孙丑说：“请问什么叫作浩然之气？”

孟子说：“这很难说明白。这种气，最伟大、最刚强。用正直去培养它而不损害它，那就会充满于天地之间。这种气，要配义和道，如果不是，就会缺乏力量。它是集聚正义的力量所生起的，不是凭偶然正义的行为方式所能获取的。行为中有不满足于心的，就会泄气。所以我说，告子不一定知道义，因为他把义看作是外在的东西。如果有事情必然要发生，先不要去纠正，心里面不要忘记它，不要去助长它。千万不要像宋国人那样，宋国有个人担心他的禾苗长不快而把禾苗拔高，累了一天回家，告诉家里人说：‘今天我太担忧，所以帮助禾苗长高了。’他的儿子赶快跑去一看，禾苗都枯萎了。天下不拔苗助长的人太少了。以为没有什么益处而放弃的人，就是不锄草松土的懒汉；帮助禾苗快速成长的人，就是拔苗助长的人；他们这样做，不但没有什么好处，反而会伤害事情的发展。”

公孙丑又问：“什么叫作擅长分析别人的言辞呢？”

孟子说：“听了偏颇不正的言辞就知道其有所隐蔽，听了放荡的言辞就知道其有所沉溺，听了邪恶的言辞就知道其有所偏离，听了搪塞的言辞就知道其有所困穷。这是从心里产生，而危害到政务；如果把它体现在政务上，就会危及国家的各种具体工作。如果再有圣人出现，也会同意我这个见解的。”

公孙丑又问：“宰我、子贡善于言辞，冉牛、闵子、颜渊善于阐述规律的变化。孔子则兼而有之，可他还说：‘我对于辞令，是不擅长的。’那么先生就是圣人了？”

孟子说：“哎呀，你这是什么话呢？从前子贡向孔子问道：‘先生是圣人吗？’孔子说：‘圣人那是我做不到的，我只是学而不厌烦，教育上不怠倦罢了。’子贡说：‘学习上不厌烦，是智慧；教育上不怠倦，是仁爱。既有仁又有智，先生就是圣人了。’圣人，连孔子都不敢自居，你的话说到哪儿去了？”

公孙丑又问：“从前我听说，子夏、子游、子张都各有孔圣人的一部分，冉牛、闵子、颜渊则学得很具体，请问您属于哪一种？”

孟子说：“暂时不谈这些吧。”

公孙丑又问：“伯夷、伊尹这两个人如何？”

孟子说：“他们不是同一条道路上的人，不是他的君主不侍奉，不是他的人民不使用，国家能治理他就上进，国家混乱他就退避，这就是伯夷。任何君主都侍奉，任何人民都使唤，国家能治理也上进，国家混乱也上进，这就是伊尹。可以出仕就出仕，可以退避就退避，能长久干就长久干，能迅速果断就迅速果断，这就是孔子。他们都是古代的圣人，我没有能做到他们那样；至于我所愿望的，则是向孔子学习。”

公孙丑又问：“伯夷、伊尹能与孔子相提并论吗？”

孟子说：“不，自有人类以来，没有能够比得上孔子的。”

公孙丑说：“那么，他们之间有相同之处吗？”

孟子说：“有。得到方圆百里的土地来统治，他们都能使诸侯来朝见，而拥有天下；如果让他们采取不合理的行为方式，杀一个无辜的人，而得到天下，他们都不会干的。这就是他们的共同之处。”

公孙丑又问：“请问他们之间的不同之处？”

孟子说：“宰我、子贡、有若，他们的智谋足以知道圣人，他们再卑劣也不至于阿谀奉承。宰我说：‘依我来观察孔夫子，其贤能超过尧、舜远多了。’子贡说：‘见其外表就知道其政务如何，听到其音乐就知道其君施政的规律，即使从百世之后来评价这百世中的君王，也没有一个人能违背孔夫子的观点。自有人类以来，没有能够比得上孔子的。’有若说：‘难道只有民众有高下之分吗？麒麟比于走兽，凤凰比于飞鸟，泰山比于土堆，河海比于水塘，都是同类。圣人比于民众，也是同类。高出同类，超越群体，自有人类以来，没有谁比孔子更负有盛名的了。’”

【原典】

孟子曰：“以力假仁者霸，霸必有大国，以德行仁者王，王不待大。汤以七十里，文王以百里。以力服人者，非心服也，力不赡[①]也；以德服人者，中心悦而诚服也，如七十子[②]之服孔子也。《诗》云[③]：‘自西自东，自南自北，无思[④]不服。’此之谓也。”

【注释】

①赡：这里用为供养、供给之意。

②七十子：七十个弟子，这里是说孔子的弟子有七十多人。

③《诗》云：引自《诗经·大雅·文王有声篇》。

④思：这里用为司法之意。

【译文】

孟子说：“倚仗实力假借仁义之名借以号召征伐的可以称霸诸侯，称霸一定要凭借国力的强大；依靠道德来实行仁义的可以使天下归服，这样的称王不需要以强大的国家为基础——商汤凭借七十里国土，周文王凭借百里国土就使人心归服。倚仗实力使人民服从，并不能使人民心服，是因为实力不能供养人民。依靠道德仁政使人民服从，人民心中喜悦而诚心诚意归服，正如有七十多个弟子诚心诚意归服孔子一样。《诗经》上说：‘从西面到东面，从南面到北面，没有司法人民就不归服。’说的就是这个道理。”

【原典】

孟子曰：“仁则荣，不仁则辱。今恶辱而居不仁，是犹恶湿而居下也。如恶之，莫如贵德而尊士，贤者在位，能者在职。国家闲暇，及是时明其政刑。虽大国，必畏之矣。《诗》云[①]：‘迨[②]天之未阴雨，彻[③]彼桑土，绸缪[④]牖户。今此下民，或敢侮予？’孔子曰：‘为此诗者，其知道乎！能治其国家，谁敢侮之？’今国家闲暇，及是时般[⑤]乐怠敖[⑥]，是自求祸也。祸福无不自己求之者。《诗》云[⑦]：‘永言配命，自求多福。’太甲曰：‘天作孽，犹可违；自作孽，不可活。’此之谓也。”

【注释】

①《诗》云：下文引自《诗经·豳风·鸱鸮篇》。

②迨：这里用为趁、乘之意。

③彻：这里用为税田十取一的周朝田税制度之意。

④绸缪：本义为紧密缠缚之意。后遂用“未雨绸缪”喻事前做好准备工作之意。这里用为做好准备工作之意。

⑤般：同“班”。这里用为颁布之意。

⑥敖：倨傲、骄傲。

⑦《诗》云：以下诗文引自《诗经·大雅·文王篇》。

【译文】

孟子说：“施行仁政就会有荣耀，不施行仁政就会遭到屈辱；如今憎恶屈辱而又不施行仁政，就好像是既憎恶潮湿又居住在地势低下的地方一样。如果憎恶屈辱，不如尊重仁德而且使贤能者在位，有才能的人担任职务。在国家局势稳定时，趁此时机，修明政教法典。虽然邻有大国，也必然会畏惧。《诗经》上说：‘乘着天还没有阴雨，桑树根儿上剥些皮，门儿窗儿都得修理。下面的人们，谁敢把我欺？’孔子说：‘做这一篇诗的人懂得道理啊！能够治理他的国家，谁敢侮辱他呢？’现今国家局势稳定，趁此时机，追求享乐，怠慢国政，倨傲处世，是自找灾祸。无论是福是祸，无不是自己找来的。《诗经》上说：‘长久地配合天命，为自己寻找更多的幸福。’《尚书·太甲》上说：‘天降灾祸，还可以躲避；自己做坏事，就逃脱不了灭亡。’说的就是这个意思。”

【原典】

孟子曰：“尊贤使能，俊杰在位，则天下之士皆悦而愿立于其朝矣。市廛[①]而不征，法而不廛，则天下之商皆悦而愿藏于其市矣。关讥[②]而不征，则天下之旅皆悦而愿出于其路矣。耕者助而不税，则天下之农皆悦而愿耕于其野矣。廛无夫里[③]之布[④]，则天下之民皆悦而愿为之氓[⑤]矣。信能行此五者，则邻国之民仰之若父母矣。率其子弟，攻其父母，自生民以来，未有能济者也。如此，则无敌于天下。无敌于天下者，天吏[⑥]也。然而不王者，未之有也。”

【注释】

①廛：本义为古代城市平民一户人家所居的房地，这里用为交易市场的房屋之意。

②讥：这里用为查问之意。

③里：古代一种居民组织，先秦时期以二十五家为里。这里用为一区域地方之意。

④布：分布、分散。

⑤氓：古代称外来的百姓为氓，这里用为百姓之意。

⑥天吏：代表上天管理人民的官员之意。

【译文】

孟子说："尊重贤才，使用有能力的人，杰出的人物都有一定的职位，那么天下的士子们都会喜悦，就会愿意在这样的朝廷里供职；在市场上，出租房屋储藏货物但不征税，有法而不针对房屋，那么天下的商人们都会喜悦，从而愿意将货物屯藏在这样的市场；在关卡上，仅是查问而不征税，那么天下的旅客们都会喜悦，从而愿意出入于这样的道路；从事农业的人，只须助耕井田制中的公田而不再征税，那么天下的农民们都会喜悦，从而愿意耕种这样的土地；房屋，没有一些额外的雇役钱和地税，那么天下的老百姓都会喜悦，从而愿意在那里居住。如果能做到这五点，那么邻国的人民就会像对父母一样敬仰他了。而率领他的儿女们，攻打父母，自有人类以来，是没有人会这样做的。这样的话，就会无敌于天下。天下无敌的人，是代表上天管理人民的官员，这样还不能统一天下，是不曾有过的事情。"

【原典】

孟子曰："人皆有不忍人之心。先王有不忍人之心，斯有不忍人之政矣。以不忍人之心，行不忍人之政，治天下可运之掌上。

所以谓人皆有不忍人之心者，今人乍[①]见孺子将入于井，皆有怵惕恻隐[②]之心。非所以内交[③]于孺子之父母也，非所以要誉[④]于乡党朋友也，非恶其声而然也。

由是观之，无恻隐之心，非人也；无羞恶之心，非人也；无辞让之心，非人也；无是非之心，非人也。恻隐之心，仁之端[⑤]也；羞恶之心，义之端也；辞让之心，礼之端也；是非之心，智之端也。人之有是四端也，犹其有四体也。有是四端而自谓不能者，自贼者也；谓其君不能者，贼其君者也。

凡有四端于我[⑥]者，知皆扩而充之矣，若火之始然[⑦]，泉之始达。苟能充之，足以保[⑧]四海；苟不充之，不足以事父母。”

【注释】

①乍：突然、忽然。

②怵惕：惊惧。恻隐：哀痛，同情。

③内交：即结交。内，同“纳”。

④要誉：博取名誉。要同“邀”，求。

⑤端：开端，起源，源头。

⑥我：同“己”。

⑦然，同“燃”。

⑧保：定，安定。

【译文】

孟子说：“每个人都有怜悯体恤别人的心情。先王由于有怜悯体恤别人的心情，所以才有怜悯体恤百姓的政治。用怜悯体恤别人的心情，施行怜悯体恤百姓的政治，治理天下就可以像在手掌心里面运转东西一样容易了。之所以说每个人都有怜悯体恤别人的心情，是因为，如果今天有人突然看见一个小孩要掉进井里面去了，必然会产生惊骇和同情的心理——这不是因为要想去和这孩子的父母攀结交情，不是因为要想在乡邻朋友中博取声誉，也不是因为厌恶这孩子的哭叫声才这样做的。由此看来，没有同情心，简直不是人；没有羞耻心，简直不是人；没有谦让心，简直不是人；没有是非心，简直不是人。同情心是仁的发端，羞耻心是义的发端，谦让心是礼的发端，是非心是智的发端。人有这四种发端，就像有四肢一样。有了这四种发端却自认为不行的，是自暴自弃的人；认为他的君主不行的，是暴弃君主的人。凡是有这四种发端的人，知道都要扩大充实它们，就像火刚刚开始燃烧，泉水刚刚开始流淌。如果能够扩充它们，便足以安定天下，如果不能够扩充它们，就连赡养父母都成问题。”

【原典】

孟子曰："矢人[1]岂不仁于函人哉？矢人唯恐不伤人，函人[2]唯恐伤人。巫匠[3]亦然，故术[4]不可不慎也。孔子曰：'里仁为美。择不处仁，焉得智？'夫仁，天之尊爵也，人之安宅也。莫之御[5]而不仁，是不智也。不仁、不智、无礼、无义，人役也。人役而耻为役，由[6]弓人而耻为弓，矢人而耻为矢也。如耻之，莫如为仁。仁者如射，射者正己而后发。发而不中，不怨胜己者，反求诸己而已矣。"

【注释】

①矢人：造箭的人。

②函人，造销甲的人。

③巫：巫医。匠：匠人，这里特指做棺材的木匠。

④术：这里指选择谋生之术，也就是选择职业。

⑤御：阻挡。

⑥由：同"犹"，好像。

【译文】

孟子说："造箭的人难道不如造甲的人仁慈吗？造箭的人唯恐自己造的箭不能够伤害人，造甲的人却唯恐箭伤害了人。巫医和棺材匠之间也是这样。所以，一个人选择谋生职业不可以不谨慎。孔子说：'居住在有仁厚风气的地方才好。选择住处而不处在有仁厚风气的地方，怎么能说是明智呢？'仁，是上天尊贵的爵位，人间最安逸的住宅。没有人阻挡却不选择仁，是不明智。不仁不智，无礼无义的人，只配被别人驱使。被别人驱使而引以为耻，就像做了造弓的人却又以造弓为耻，做了造箭的人却又以造箭为耻一样。如果真正引以为耻，那就不如好好行仁。有仁德的人就像比赛射箭的人：射箭的人先端正自己的姿势然后才放箭；如果没有射中，不埋怨那些胜过自己的人，而是反过来找自己的原因。"

【原典】

孟子曰："子路，人告之以有过则喜。禹闻善言则拜。大舜有大焉，善与人同[1]。舍己从人，乐取于人以为善。自耕稼、陶、渔以至为帝，无非取于人者。取诸人以为善，是与人为善[2]者也。故君子莫大乎与人为善。”

【注释】

①善与人同：与人共同做善事。

②与人为善：与，偕同之意。

【译文】

孟子说：“子路，别人指出他的过错，他就很高兴。大禹听到有教益的话，就给人家敬礼。伟大的舜帝又更为了不得：总是与别人共同做善事。舍弃自己的缺点，学习人家的优点，非常快乐地吸取别人的优点来行善。从他种庄稼、做陶器、捕鱼一直到做帝王，没有哪个时候他不向别人学习。吸取别人的优点来行善，也就是偕同别人一起来行善。所以君子最高的德行就是偕同别人一道行善。

【原典】

孟子曰：“伯夷，非其君不事，非其友不友。不立于恶人之朝，不与恶人言。立于恶人之朝，与恶人言，如以朝衣朝冠坐于涂炭。推恶恶之心，思与乡人立，其冠不正，望望然去之，若将浼[1]焉。是故诸侯虽有善其辞命而至者，不受也。不受也者，是亦不屑就已。柳下惠[2]，不羞污君，不卑小官。进不隐贤，必以其道。遗佚而不怨，阨[3]穷而不悯。故曰：‘尔为尔，我为我，虽袒裼裸裎[4]于我侧，尔焉能浼我哉？’故由由然[5]与之偕而不自失焉，援而止之而止。援而止之而止者，是亦不屑去已。”孟子曰：“伯夷隘，柳下惠不恭。隘与不恭，君子不由[6]也。”

【注释】

①浼：沾染之意。

②柳下惠：姓展名获，字禽。鲁国大夫。柳下是他住的地方，惠是他的谥号，故称柳下惠。

③阨：困厄、困窘。

④袒裼裸裎：古代行礼时，袒出上衣之左袖，以左袖插入前襟

之右，而露出裼衣，或袒所有衣服之左袖，而露出左臂，这是一种违礼不敬之举。这里用为袒臂露身之意。

⑤由由然：很随便地遵从别人。

⑥由：遵从，遵照。

【译文】

孟子说："伯夷这个人，不是他所理想的君主不侍奉，不是他理想的朋友不交往，不在凶恶的人的朝廷里做官，不与凶恶的人谈话；如果在恶人的朝廷里做官，和恶人交谈，就好像穿着礼服戴着礼帽坐在污泥和炭灰等污浊的地方上一样。推广这种厌恶坏人坏事的心情，想象他与乡下人站在一起，那人衣冠不整，他就会不高兴地离开，好像他将会被沾染上一样。因此，诸侯中虽然有人用好言好语来招致他的，他却不接受。不接受的原因，是因为他不屑于去接触那些人。柳下惠并不觉得侍奉贪官污吏是耻辱，不会因官职小而觉得卑贱；入朝做官，他不隐藏自己的才干，一定要按自己的主张行事；被冷落遗忘而隐逸也不怨恨，处于困窘之境也不发愁。所以他说：'你是你，我是我，你纵然在我旁边袒臂露体，又怎么能沾染我呢？'所以无论什么人他都高兴地同他一道，并且一点不失常态。拉着他让他留下，他也留下的原因，是因为他用不着离开的缘故。"孟子又说："伯夷这个人狭隘，柳下惠有失庄严。狭隘和有失庄严，都是君子不该遵从和仿效的。"

公孙丑章句下

导读

《公孙丑章句下》共十四节。本章主要记载了孟子在齐国的言行和一系列活动，是孟子对“爱民”的行为方式的继续深入说明。

本章开篇第一节中所说的“得道者多助，失道者寡助。”“天时不如地利，地利不如人和”已经成为中国传统王朝政治的核心理念。

然而，孟子在齐国看到统治者不断发生战争，自己的主张不被采纳，最终选择了离开。但即便如此，他也从未气馁。正如孟子自己所言“当今之世，舍我其谁也？”在这段话中，除了对自己政治理念的自信外，对于社会责任的主动担当才是更深刻的内涵。

【原典】

孟子曰：“天时不如地利，地利不如人和①。三里之城，七里之郭②，环而攻之而不胜。夫环而攻之，必有得天时者矣；然而不胜者，是天时不如地利也。城非不高也，池③非不深也，兵革④非不坚利也，米粟非不多也；委⑤而去之，是地利不如人和也。故曰：域民⑥不以封疆之界，固国不以山溪之险，威天下不以兵革之利。得道者多助，失道者寡助。寡助之至，亲戚畔⑦之；多助之至，天下顺之。以天下之所顺，攻亲戚之所畔；故君子有⑧不战，战必胜矣。”

【注释】

①天时、地利、人和：荀子所指的“天时”指农时，“地利”指土壤肥沃，“人和”是指人的分工。而孟子在这里所说的“天时”则指士兵作战的时机、气候等；“地利”是指山川险要，城池坚固等；“人和”则指人心所向，内部团结等。

②三里之城，七里之郭：内城叫“城”，外城叫“郭”。内外城比例一般是三里之城，七里之郭。

③池：即护城河。

④兵：武器，指戈矛刀箭等攻击性武器。革：皮革，指甲胄。古代甲胄有皮革做的，也有用铜铁做的。

⑤委：弃。

⑥域民：限制人民。域，界限。

⑦畔：同“叛”。

⑧有：或，要么。

【译文】

孟子说：“有利的时机和气候不如有利的地势，有利的地势不如人心团结。一个三里内城墙、七里外城墙的小城，四面围攻都不能够攻破。既然四面围攻，总有遇到好时机或好天气的时候，但还是攻不破，这说明有利的时机和气候不如有利的地势。另一种情况是，城墙不是不高，护城河不是不深，兵器和甲胄不是锐利和坚固，粮草也不是不充足，但还是弃城而逃了，这就说明有利的地势不如人心团结。所以说：限制老百姓不是靠封锁边境线，保卫国家不是靠山川险阻，扬威天下也不是靠锐利的兵器就可以做到的。施行仁政的人得到的帮助就多，不施行仁政的人得到的帮助就少。帮助的人少到极点时，连亲戚也会叛离；帮助的人多到极点时，全天下的人都会顺从。以全天下人都顺从的力量去攻打连亲戚都会叛离的人，必然是不战则已，战则无不胜的了。”

【原典】

孟子将朝王①，王使人来曰：“寡人如②就见者也，有寒疾，不可以风。朝，将视朝③，不识可使寡人得见乎？”

对曰：“不幸而有疾，不能造④朝。”

明日，出吊于东郭氏⑤。公孙丑曰：“昔者辞以病，今日吊，或者不可乎？”

曰：“昔者疾，今日愈，如之何不吊？”

王使人问疾，医来。

孟仲子⑥对曰：“昔者有王命，有采薪之忧⑦，不能造朝。今病小愈，趋造于朝，我不识能至否乎。”

使数人要[8]于路，曰："请必无归，而造于朝！"

不得已而之景丑氏[9]宿焉。

景子曰："内则父子，外则君臣，人之大伦也。父子主恩，君臣主敬。丑见王之敬子也，未见所以敬王也。"

曰："恶！是何言也！齐人无以仁义与王言者，岂以仁义为不美也？其心曰：'是何足与言仁义也'云尔，则不敬莫大乎是。我非尧舜之道，不敢以陈于王前，故齐人莫如我敬王也。"

景子曰："否，非此之谓也。礼曰：'父召，无诺[10]；君命召不俟驾[11]。'固将朝也，闻王命而遂不果，宜[12]与夫礼若不相似然。"

曰："岂谓是与？曾子曰：'晋楚之富，不可及也；彼以其富，我以吾仁；彼以其爵，我以吾义，吾何慊[13]乎哉？'夫岂不义而曾子言之？是或一道也。天下有达尊三：爵一，齿一，德一。朝廷莫如爵，乡党莫如齿，辅世长民莫如德。恶得有其一以慢其二哉？故将大有为之君，必有所不召之臣；欲有谋焉，则就之。其尊德乐道，不如是，不足与有为也。故汤之于伊尹，学焉而后臣之，故不劳而王；桓公之于管仲，学焉而后臣之，故不劳而霸。今天下地丑[14]德齐，莫能相尚，无他，好臣其所教，而不好臣其所受教。汤之于伊尹，桓公之于管仲，则不敢召。管仲且犹不可召，而况不为管仲者乎？"

【注释】

①王：指齐王。

②如：宜，当，应当。

③朝，将视朝：第一个"朝"读zhāo，即"清晨"的意思；第二个"朝"读cháo，意即"朝廷"，"视朝"即在朝廷处理政务。

④造：到，上。

⑤东郭氏：齐国的大夫。

⑥孟仲子：孟子的堂兄弟，跟随孟子学习。

⑦采薪之忧：本意是说有病不能去打柴，引申为自称生病的代词。薪，柴草。

⑧要：拦截。

⑨景丑氏：齐国的大夫。

⑩父召，无诺："唯"和"诺"都是表示应答，急时用"唯"，缓时用"诺"。"父召，无诺"的意思是说，听到父亲叫，不等说"诺"就要起身。

⑪不俟驾：不等到车马备好就起身。

⑫宜：义同"殆"，大概，恐怕。

⑬慊：憾，少。

⑭丑：类似，相近，同。

【译文】

孟子准备去朝见齐王，恰巧齐王派了个人来说："我本应该来看您，但是感冒了，不能吹风。明早我将上朝处理政务，不知您能否来朝廷上，让我见到您？"

孟子回答说："不幸得很，我也有病，不能上朝廷去。"

第二天，孟子要到东郭大夫家里去吊丧。公孙丑说："昨天您托辞生病谢绝了齐王的召见，今天却又去东郭大夫家里吊丧，这或许不太好吧？"

孟子说："昨天生病，今天好了，为什么不可以去吊丧呢？"

齐王打发人来问候孟子的病，并且有医生同来。

孟仲子应付说："昨天大王命令来时，他正生着病，不能上朝廷去。今天病刚好了一点，已经上朝廷去了，但我不知道他能否到达。"

孟仲子又立即派人到路上去拦孟子，转告孟子说："请您无论如何不要回家，而赶快上朝廷去！"

孟子不得已而到景丑的家里去住宿。景丑说："在家庭里有父子，在家庭外有君臣，这是人与人之间最重要的伦理关系。父子之间以慈爱为主，君臣之间以恭敬为主。我只看见齐王尊敬您，却没看见您是如何尊敬齐王的。"

孟子说："哎！这是什么话！在齐国人中，没有一个与齐王谈论仁义的。难道是他们觉得仁义不好吗？不是。他们心里想的是：'这样的王哪里配和他谈论仁义呢？这才是他们对齐王最大的不恭敬。至于我，不是尧舜之道就不敢拿来向齐王陈述。所以，齐国人中没有比我对齐王更恭敬的了。”

景丑说：“不，我不是说的这个方面。礼经上说过，父亲召唤，不等到应‘诺’，‘唯’一声就起身；君王召唤，不等到车马备好就起身，可您呢，本来就准备朝见齐王，听到齐王的召见却反而不去了，这似乎和礼经上所说的不大相合吧。”

孟子说：“原来你说的是这个呀！曾子说过：‘晋国和楚国的财富，是我们赶不上的。不过，他有他的财富，我有我的仁；他有他的爵位，我有我的义。我有什么不如他的呢？’曾子说这些话难道没有道理吗？应该是有道理的吧。天下有三样最尊贵的东西：一样是爵位，一样是年龄，一样是德行。在朝廷上最尊贵的是爵位；在乡里最尊贵的是年龄；至于辅助君王治理百姓，最尊贵的是德行。他怎么能够凭爵位就来怠慢我的年龄和德行呢？所以，大有作为的君主一定有他不能召唤的大臣，如果他有什么事情需要出谋划策，就亲自去拜访他们。这就叫尊重德行喜爱仁道，不这样，就不能够做到大有作为。因此，商汤对于伊尹，先向伊尹学习，然后才以他为臣，于是不费大力气就统一了天下；桓公对于管仲，也是先向他学习，然后才以他为臣，于是不费大力气就称霸于诸侯。现在，天下各国的土地都差不多，君主的德行也都不相上下，相互之间谁也不能高出一筹，没有别的原因，正是因为君王们只喜欢用听他们的话的人为臣，而不喜欢用能够教导他们的人为臣。商汤对于伊尹，桓公对于管仲就不敢召唤。管仲尚且不可以被召唤，更何况连管仲都不屑于做的人呢？”

【原典】

陈臻[①]问曰：“前日于齐，王馈兼金[②]一百[③]而不受；于宋，馈七十镒而受；于薛[④]，馈五十镒而受。前日之不受是，则今日之受非也；今日之受是，则前日之不受非也。夫子必居一于此矣。”

孟子曰：“皆是也。皆适于义也。当在宋也，予将有远行。行者必以赆，辞曰：‘馈赆[⑤]。’予何为不受？当在薛也，予有戒心[⑥]。辞曰：‘闻戒。’故为兵馈之，予何为不受？若于齐，则未有处[⑦]也。无处而馈之，是货之也。焉有君子而可以货[⑧]取乎？”

【注释】

①陈臻：孟子的学生。

②兼金：好金。因其价格双倍于普通金，所以称为“兼金”。

③一百：即一百镒。镒为古代重量单位，一镒为二十两。

④薛：春秋时有薛国，但在孟子的时代已被齐国所灭，所以，这里的薛是指齐国靖郭君田婴的封地，在今山东滕县东南。

⑤赆：给远行的人送路费或礼物。

⑥戒心：戒备意外发生。

⑦未有处：没有出处，引申为没有理由。

⑧货：动词，收买，贿赂。

【译文】

陈臻问道：“以前在齐国的时候，齐王送给您上等金一百镒，您不接受；到宋国的时候，宋君送给您七十镒，您却接受了；在薛地，薛君送给您五十镒，您也接受了。如果以前的不接受是正确的，那后来的接受便是错误的；如果后来的接受是正确的，那以前的不接受便是错误的。老师您总有一次做错了吧。”

孟子说：“都是正确的。在宋国的时候，我准备远行，对远行的人一定送些盘缠。所以宋王说：‘送上一些盘缠。’我为什么不接受呢？当在薛地的时候，我听说路上有危险，需要戒备。薛君说：‘听说您需要戒备，所以送上一点买兵器的钱。’我为什么不接受呢？至于在齐国，则没有任何理由。没有理由却要送给我一些钱，这等于是用钱来收买我。哪里有君子可以拿钱收买的呢？”

【原典】

孟子之平陆[1]。谓其大夫[2]曰：“子之持戟之士，一日而三失伍，则去之否乎？”曰：“不待三。”

“然则子之失伍也亦多矣。凶年饥岁，子之民，老羸[3]转于沟壑，壮者散而之四方者，几千人矣。”曰：“此非距心[4]之所得为也。”

曰：“今有受人之牛羊而为之牧之者，则必为之求牧与刍[5]矣。求牧与刍而不得，则反诸其人乎？抑亦立而视其死与？”曰：“此则距心之罪也。”

他日，见于王曰：“王之为都者，臣知五人焉。知其罪者，惟孔距心。为王诵[6]之。”

王曰：“此则寡人之罪也。”

【注释】

①平陆：齐国的边境县，在今山东汶水县北。

②大夫：此指平陆县的行政长官孔距心。

③羸：身体瘦弱之意。

④距心：人名，即平陆县长官，姓孔，名距心。

⑤刍：这里用为喂养牲畜的草料之意。

⑥诵：背诵复述。

【译文】

孟子到了齐国的平陆县，对这个县的长官说：“如果你的守卫战士在一天内三次失职，你会开除他们吗？”

回答道：“不用等三次我就开除他了。”

孟子说：“然而您失职的地方很多了。灾荒欠收的年份，你的百姓们，老弱病残在山沟中抛尸的，年轻力壮往四方逃难的，有好几千人啊。”

回答道：“这不是我孔距心的能力所能做到的呀。”

孟子说：“现在假如有个人接受了替别人放牧牛羊的事，那一定要设法找到牧场和喂养牲畜的草料，要是找不到牧场和草料，那么是把牛羊还给主人呢？还是站在一旁眼看着牛羊饿死呢？”

回答道：“这是我孔距心的罪过了。”

过了几天，孟子见到齐王，就对齐王说：“大王管理都邑的地方长官，我知道了五个人，能够知道自己有失职罪过的，只有孔距心。”于是就为齐王讲述了经过。

齐王说：“这也是我的失职罪过啊。”

【原典】

孟子谓蚳鼃[1]曰：“子之辞灵丘[2]而请士师[3]，似也，为其可以言也。今既数月矣，未可以言与？”

蚳鼃谏于王而不用，致为臣而去。

齐人曰：“所以为蚳鼃，则善矣；所以自为，则吾不知也。”

公都子[③]以告。

曰：“吾闻之也：有官守者，不得其职则去；有言责者，不得其言则去。我无官守，我无言责也，则吾进退，岂不绰绰然有余裕哉？”

【注释】

①蚳鼃：齐国大夫。“鼃”即今天的“蛙”字。

②灵丘：齐国边境邑名。

③士师：官名，管禁令，狱讼，刑罚等，是法官的通称。

④公都子：孟子的学生。

【译文】

孟于对蚳蛙说：“您辞去灵丘县长的职位而请求做法官，这似乎有道理，因为可以向齐王进言。可是现在你已经做了好几个月的法官了，还不能向齐王进言吗？”

蚳蛙向齐王进谏，齐王不听。蚳蛙因此辞职而去。

齐国人说：“孟子为蚳蛙的考虑倒是有道理，但是他怎样替自己考虑呢？我们就不知道了。”

公都子把这些话告诉了孟子。

孟子说：“我听说过：有官位的人，如果无法尽其职责就应该辞官不干；有进言责任的人，如果言不听，计不从，就应该辞职不干。至于我，既无官位，又无进言的责任，那我的进退去留，难道不是非常宽松而有自由的回旋余地吗？”

【原典】

孟子为卿于齐，出吊于滕[①]，王使盖[②]大夫王驩[③]为辅行[④]。王驩朝暮见，反齐滕之路，未尝与之言行事也。

公孙丑曰：“齐卿之位，不为小矣；齐滕之路，不为近矣。反之而未尝与言行事，何也？”

曰："夫既或治之，予何言哉？"

【注释】

①滕：指春秋战国时代的滕国。

②盖：齐国邑名。

③王驩：齐王的宠臣。盖地的行政长官。

④辅行：副使。指协助孟子到滕国的副手。

【译文】

孟子在齐国担任国卿，奉命出使滕国吊丧，齐王派盖地的长官王驩为孟子的副使。王驩早晚同孟子相见，一起往返于齐国至滕国的路上，孟子却从来没有与他谈论过公事。

公孙丑说："齐国国卿的职位不算小了，从齐国到滕国的路程也不算近了，但往返途中未曾与他谈过公事，这是为什么呢？"

孟子说："他既然已经独断专行，我还有什么话可说呢？"

【原典】

孟子自齐葬于鲁①，反于齐，止于嬴②。充虞③请曰："前日不知虞之不肖，使虞敦匠事④。严⑤，虞不敢请。今愿窃有请也，木若以⑥美然。"

曰："古者棺椁⑦无度，中古⑧棺七寸，椁称之。自天子达于庶人。非直为观美也，然后尽于人心。不得⑨，不可以为悦；无财，不可以为悦。得之为有财，古之人皆用之，吾何为独不然？且比⑩化者⑪，无使土亲肤，于人心独无恔⑫乎？吾闻之也，君子不以天下俭其亲。"

【注释】

①自齐葬于鲁：孟子在齐国时，随行的母亲去世，孟子从齐国把母亲的遗体带回鲁国安葬。

②嬴：地名，故城在今山东莱芜西北。

③充虞：孟子的学生。

④敦：治，管。匠事：木匠制作棺材的事。

⑤严：急，忙。

⑥以：太。

⑦棺椁无度：古代棺材分内外两层，内层叫棺，外层的套棺叫椁。棺椁无度是说棺与椁都没有尺寸规定。

⑧中古：指周公治礼以后的时代。

⑨不得：指礼制规定所不允许。

⑩比：为了。

⑪化者：死者。

⑫恔：快，快慰，满足。

【译文】

孟子从齐国到鲁国安葬母亲后返回齐国，住在嬴县。

学生充虞请教说："前些日子承蒙老师您不嫌弃我，让我管理制作棺椁的事情。当时大家都很忙碌，我不敢来请教。现在我想把心里的疑问提出来请教老师：棺木似乎太好了一点吧！"

孟子回答说："上古对于棺律用木的尺寸没有规定；中古时规定棺木厚七寸，椁木以与棺木的厚度相称为准。从天子到老百姓，讲究棺木的质量并非仅仅是为了美观，而是因为要这样才能尽到孝心。为礼制所限不能用上等木料做棺椁，不能够称心；没有钱不能用上等木料做棺椁，也不能够称心。既为礼制所允许，又有财力，古人都会这么做，我又怎么不可以呢？况且，为了不让泥土沾上死者的尸体，难道孝子之心就不可以有这样一点满足吗？我听说过：君子不因为天下大事而俭省应该用在父母身上的钱财。"

【原典】

沈同[①]以其私问曰："燕[②]可伐与？"

孟子曰："可。子哙[③]不得与人燕，子之[④]不得受燕于子哙。有仕于此，而子悦之，不告于王而私与之吾子之禄爵；夫士也，亦无王命而私受之于子，则可乎？何以异于是？"

齐人伐燕。

或问曰："劝齐伐燕，有诸？"

曰："未也。沈同问'燕可伐与'？吾应之曰'可'，彼然而伐之也。彼如曰'孰可以伐之'？则将应之曰：'为天吏[⑤]，则可以伐之。’今有杀人者，或问之曰‘人可杀与’？则将应之曰‘可’。彼如曰‘孰可以杀之’？则将应之曰：‘为士师，则可以杀之。’今以燕伐燕，何为劝之哉？”

【注释】

①沈同：齐国的大臣。

②燕：周代诸侯国名。本作：匽、郾。姬姓；周召公之后，世称北燕，拥有今河北省北部和辽宁省西端，建都蓟（今北京）。战国时成为七雄之一。后灭于秦。

③子哙：燕国的国君。

④子之：燕国的宰相。

⑤天吏：代表上天管理人民的官员之意。

【译文】

沈同以个人的身份问孟子："燕国可以讨伐吗？"

孟子说："可以！燕王子哙不应该把燕国交给别人，相国子之也不应该从子哙手中接受燕国。比方说，有这样一个人，你很喜欢他，便不向国君请示而自作主张地把你的俸禄官位转让给他；而他呢，也没有得到国君的任命就从你手上接受了俸禄官位，这样可以吗？子哙、子之私下互相授受的事和这个例子有什么区别吗？"

齐国去讨伐燕国。

有人问："您曾经劝说齐国去讨伐燕国，有这回事吗？"

孟子说："没有！沈同曾经以个人的身份问我：'燕国可以讨伐吗？'我回答说：'可以！'他们就这样去讨伐它了。如果他问：'谁可以讨伐燕国？'我就会回答说：'只有代表上天管理人民的官员，才可以讨伐燕国。'比如现在有个杀人犯，有人问道：'犯人可以杀吗？'我将回答说：'可以！'如果他是问：'谁可以杀他呢？'我将回答说：'只有法官才有权杀他。'现如今用一个同燕国一样暴虐的齐国去讨伐燕国，我怎么会劝说他们呢？"

【原典】

燕人畔[①]。王曰："吾甚惭[②]于孟子。"

陈贾[3]曰："王无患焉。王自以为与周公，孰仁且智？"

王曰："恶！是何言也？"

曰："周公使管叔监殷，管叔以殷畔。知而使之，是不仁也；不知而使之，是不智也。仁智，周公未之尽也，而况于王乎？贾请见而解之。"

见孟子，问曰："周公何人也？"

曰："古圣人也。"

曰："使管叔监殷，管叔以殷畔也，有诸？"

曰："然。"

曰："周公知其将畔而使之与？"

曰："不知也。"

"然则圣人且有过与？"

曰："周公，弟也；管叔，兄也。周公之过，不亦宜乎？且古之君子，过则改之；今之君子，过则顺之。古之君子，其过也，如日月之食[4]，民皆见之；及其更也，民皆仰之。今之君子，岂徒顺之，又从为之辞。"

【注释】

①畔：这里用为背叛之意。

②慙：今作"惭"。

③陈贾：齐国的大夫。

④食：同"蚀"。这里指日食月食之意。

【译文】

齐国占领燕国后，燕国人反叛。齐王说："我对孟子感到非常惭愧。"

陈贾说："大王不要担心。大王自以为和周公相比，谁更仁爱，谁更有智慧？"

齐王说："哎呀，你这是什么话？"

陈贾说："周公派管叔监管殷国，管叔却带领殷族人叛乱；如果周公知道但还这样做，就是不仁爱；如果不知道而这样做，就是没有智慧。仁爱和智慧，周公都没有完全做到，何况大王您呢？我请求见孟子并向他解释。”

于是陈贾去见了孟子，陈贾问：“周公是个什么样的人？”

孟子说：“是古代的圣贤。”

陈贾说：“他派管叔监管殷族人，但管叔却带领殷族人叛乱，有这回事吗？”

孟子说：“有的。”

陈贾说：“周公知道管叔将要叛乱而还要派他去吗？”

孟子说：“他不知道。”

陈贾说：“那么圣贤之人也会犯错误？”

孟子说：“周公，是弟弟；管叔，是哥哥。周公的过错，不是很合乎情理吗？况且古时候的君子，有了过错就会改正；如今的君子，有了过错则任其发展。古时候的君子，他的过错，就像日食月食一样，老百姓都看见了，等到他改正过错的时候，百姓就会很敬仰他。如今的君子，不仅仅是让过错顺其自然发展，而且还会编一套言辞来为自己辩解。”

【原典】

孟子致为臣而归[①]。王就见孟子，曰：“前日愿见而不可得，得侍，同朝甚喜。今又弃寡人而归，不识可以继此而得见乎？”

对曰：“不敢请耳，固所愿也。”

他日，王谓时子[②]曰：“我欲中国[③]而授孟子室，养弟子以万钟[④]，使诸大夫国人皆有所矜式[⑤]。子盍为我言之？”

时子因陈子[⑥]而以告孟子，陈子以时子之言告孟子。

孟子曰：“然。夫时子恶知其不可也？如使予欲富，辞十万而受万，是为欲富乎？季孙[⑦]曰：‘异哉子叔疑[⑧]！使己为政，不用，则亦已矣，又使其子弟为卿。人亦孰不欲富贵？而独于富贵之中，有私龙断[⑨]焉。’古之为市也，以其所有易其所无者，有司者治之耳。有贱丈夫焉，必求龙断而登之，以左右望而罔市利。人皆以为贱，故从而征之。征商，自此贱丈夫[⑩]始矣。”

【注释】

①致为臣而归：指孟子辞去齐宣王的客卿而归故乡。致，在

古代有“致仕”“致禄”“致政”等多种说法，其中的“致”都是“归还”的意思。

②时子：齐王的臣子。

③中国：在国都中，指临淄城。“中”在这里是介词，“国”即国都。

④万钟：钟，古代量器。齐国量器有豆、区、釜、钟四种。每豆四升，每区四斗，每釜四区，每钟十釜。万钟为六万四千石。

⑤矜式：敬重，效法。

⑥陈子：即孟子的学生陈臻。

⑦季孙：赵岐注为孟子的弟子。

⑧子叔疑：人名，与季孙一样不可考。

⑨龙断：即“垄断”。原意是名词，指高而不相连属的土墩子，后逐渐引申为把持、独占。

⑩丈夫：对成年男子的通称。

【译文】

孟子辞去齐国的官职准备回乡。齐王前去见孟子，说：“过去希望见到您却不可能；后来终于得以在一起共事，我感到很高兴；现在您又将抛弃我而回去了，不知我们以后还能不能够相见？”

孟子回答说：“我不敢请求罢了，这本来就是我的愿望。”

过了几天，齐王对时子说：“我想在都城中给孟子一所房子，再用万钟粮食养活他的学生，使我们的官吏和百姓都有所效法。您何不替我告诉孟子呢？”

时子便托陈子把这话转告给孟子。陈子也就把时子的话告诉了孟子。

孟子说：“嗯，那时子哪里知道这事做不得呢？如果我是贪图财富的人，辞去十万钟俸禄的官不做却去接受一万钟的赏赐，这难道是贪图富贵吗？季孙说过：‘子叔疑真奇怪！自己要做官，别人不重用，也就罢了，却又让自己的子弟去做卿大夫。谁不想做官发财呢？可他却想在这做官发财中搞垄断。’这正如古代的市场交易，本来不过是以有换无，有关的部门进行管理。但却有那么一个卑鄙的汉子，一定要找一个独立的高地登上去，左边望望，右边望望，恨不得把全市场的获利都由他一人赚去。别人都觉得这人卑鄙，因此向他征税。征收商业税也就从这个卑鄙的汉子开始了。”

【原典】

孟子去[1]齐，宿于昼[2]。有欲为王留行者，坐而言。不应，隐几而卧[3]。

客不悦曰："弟子齐宿[4]而后敢言，夫子卧而不听，请勿复敢见矣。"

曰："坐！我明语子。昔者鲁缪公[5]无人乎子思之侧，则不能安子思[6]；泄柳[7]、申详[8]，无人乎缪公之侧，则不能安其身。子为长者[9]虑，而不及子思，子绝长者乎？长者绝子乎？"

【注释】

①去：离开。

②昼：齐国西南部的近邑，在今山东省淄博市临淄西北。

③隐几而卧：靠着几案睡眠之意。隐，倚，靠。几，是指古人席地而坐时有靠背的坐具。

④齐宿：齐同"斋"。先一日斋戒，便叫"齐宿"。

⑤鲁缪公：即鲁穆公，春秋战国时期鲁国的国君，在位三十三年。

⑥子思：（公元前483～前402年）是战国初期思想家。姓孔，名伋，孔子之孙。相传曾授业于曾子。孟子受业于子思的门人，发挥子思的思想，形成思孟学派。

⑦泄柳：鲁穆公时人。

⑧申详：孔子学生子张的儿子，子游的女婿。

⑨长者：本义指年老的人，这里是孟子的自称。

【译文】

孟子离开齐国，在昼邑歇宿。有个想替齐王挽留孟子的人来看孟子，严肃地端坐着与孟子谈话，孟子不理睬他，靠着几案睡觉。

客人很不高兴地说："我是先一天斋戒沐浴后才敢跟您说话，先生睡卧而不听，今后再也不敢请求见您了。"

孟子说："坐下来！我明白地告诉你。过去鲁缪公要是没有人在子思身边侍候，就不能让子思安心。泄柳、申详要是没有人在鲁缪公身边侍候，就不能使自己安身。你为我这个年长的人考虑，是远远比不上子思的，是你拒绝长者呢，还是长者拒绝你？"

【原典】

孟子去齐。尹士[①]语人曰："不识王之不可以为汤武，则是不明也；识其不可，然且至，则是干泽[②]也。千里而见王，不遇故去。三宿而后出昼，是何濡滞也？士则兹不悦。"

高子[③]以告。

曰："夫尹士恶知予哉？千里而见王，是予所欲也；不遇故去，岂予所欲哉？予不得已也。予三宿而出昼，于予心犹以为速。王庶几改之。王如改诸，则必反予。夫出昼而王不予追也，予然后浩然有归志。予虽然，岂舍王哉？王由[④]足用为善。王如用予，则岂徒齐民安，天下之民举安。王庶几改之，予日望之。予岂若是[⑤]小丈夫然哉？谏于其君而不受，则怒，悻悻然[⑥]见[⑦]于其面。去则穷日之力而后宿哉？"

尹士闻之曰："士诚小人也。"

【注释】

①尹士：齐国人。

②干：求取。泽：恩泽、恩惠。

③高子：孟子的学生。

④由：同"犹"。

⑤是：这，这样的。

⑥悻悻然：怨恨失意的样子。

⑦见：同"现"。

【译文】

孟子离开齐国，尹士对别人说："不能识别齐王是不可以成为商汤王和周武王，就是不明白世事；如果能识别他们不可以，但是又来了，那就是想要求取国君的恩惠。大老远前来见齐王，得不到赏识又走了，在昼地住宿了三天才走，为何要如此长期滞留呢？我最不高兴的就是这种人。”

高子把这个话告诉了孟子。

孟子说：“那个尹士怎么能知道我呢？不远千里来见齐王，是我的愿望！得不到赏识而离开，难道是我希望的吗？我是无可奈何罢了。我住了三天才离开昼地，在我心里仍觉得快了，希望大王或许会改变态度吧。齐王如果改变态度，那就会反过来找我。而我离开昼地，齐王没有来追赶我，我这才无所留恋地有了回家的念想。我虽然这样做，我难道肯抛弃齐王吗？齐王仍然可以好好地成就一番事业；齐王如果使用我，我怎么会只是让齐国的人民能安居乐业，全天下的人民都可以安居乐业了。齐王或许能够改变态度吧，我每天盼望着。我难道像是一个目光短浅的小人吗？向国君进谏言不被接受，就发怒，怨恨失意的神色就会露在脸上，离开后就要精疲力竭才肯住宿歇息吗？”

尹士听说孟子这番话后，说：“我真是个小人呀！”

【原典】

孟子去齐。充虞路问曰：“夫子若有不豫[1]色然。前日虞闻诸夫子曰：‘君子不怨天，不尤人[2]。’”

曰：“彼一时，此一时也。五百年必有王者兴，其间必有名世者[3]。由周而来，七百有余岁矣。以其数则过矣，以其时考之则可矣。夫天，未欲平治天下也；如欲平治天下，当今之世，舍我其谁也？吾何为不豫哉？”

【注释】

①豫：快乐，愉快。

②不怨天，不尤人：这是引的孔子的话，见《论语·宪问》。尤，责怪，抱怨。

③名世者：有名望而辅佐君王的人。

【译文】

孟子离开齐国，充虞在路上问道：“您似乎有不快乐的样子。

可是以前我曾听您讲过：‘君子不抱怨上天，不责怪别人。”’

孟子说：“那是一个时候，现在又是一个时候。从历史上来看，每五百年就会有一位圣贤君主兴起，其中必定还有名望很高的辅佐者。从周武王以来，到现在已经七百多年了。从年数来看，已经超过了五百年；从时势来看，也应当是圣贤君主出现的时候了。大概老天不想使天下太平了吧，如果想使天下太平，在当今这个世界上，除了我还有谁呢？我为什么不快乐呢？”

【原典】

孟子去齐，居休[①]。公孙丑问曰：“仕而不受禄，古之道乎？”

曰：“非也。于崇[②]，吾得见王。退而有去志，不欲变，故不受也。继而有师命[③]，不可以请。久于齐，非我志也。”

【注释】

①休：地名。在今山东滕县北。

②崇：地名，今不可考。

③师命：师旅之命，指发生战争。

【译文】

孟子离开齐国，住在休地。公孙丑问他：“做官而不接受俸禄，是古时候的道理吗？”

孟子说：“不是，在崇地的时候我见到齐王，回来我就有离开的想法，我不想改变，所以就不接受俸禄。后来发生了战争，不能够申请离开。长期留在齐国，不是我的心愿。”

滕文公章句上

导读

《滕文公章句上》共五节。本章中的一些小节，集中反映了孟子的社会治理理念。如孟子主张恢复“井田制”的主张，显然是很难付诸实施的。不过瑕不掩瑜，在具体举措方面的问题并不能掩盖孟子“民本”“仁政”理念的合理性的一面。孟子之所以提倡井田制，是为了降低税制（即主张“什一税”），根本上仍然是为了使民众安居乐业，少受盘剥。在这一节里他提出了著名的论断，“有恒产者有恒心，无恒产者无恒心”。

本节中，孟子还与“农家”学说的学者展开了辩论，从辩论的内容看，孟子并不是泥古不化，他并不反对社会分工与产品的商业交换。“劳心者治人、劳力者治于人”这一论断，就是在这一节中提出的。平心而论，孟子在此的论断，是为了驳斥农家的偏见，为社会分工的合理性辩护；只不过，在其后漫长的流传过程中，这句话慢慢被赋予了新的内涵。

【原典】

滕文公为世子[①]，将之楚，过宋而见孟子。孟子道性善，言必称尧舜。

世子自楚反，复见孟子。孟子曰：“世子疑吾言乎？夫道一而已矣。成覸[②]谓齐景公曰：‘彼丈夫也，我丈夫也，吾何畏彼哉？’颜渊曰：‘舜何人也？予何人也？有为者亦若是。’公明仪[③]曰：‘文王我师也，周公岂欺我哉？’今滕，绝长补短，将五十里也，犹可以为善国。书曰：‘若药不瞑眩[④]，厥疾不瘳[⑤]。’”

【注释】

①世子：即太子。“世”和“太”古音相同，古书常通用。

②成覸：齐国的勇士。

③公明仪：人名，复姓公明，名仪，鲁国贤人，曾子学生。

④瞑眩：眼睛昏花看不清楚。

⑤瘳：病愈。

【译文】

滕文公作太子的时候，要到楚国去，经过宋国时会见了孟子。孟子给他讲人性本是善良的道理，话题不离尧舜。

太子从楚国回来，又来拜访孟子。孟子说："太子不相信我的话吗？真理都是一样的啊。成覸对齐景公说：'他是一个男子汉，我也是一个男子汉，我为什么怕他呢？'颜渊说：'舜是什么人，我是什么人，有作为的人也会像他那样。'公明仪说：'文王是我的老师，周公难道会欺骗我吗？'现在的滕国，假如把疆土截长补短，也有将近方圆五十里吧，还可以治理成一个好国家。《尚书》说：'如果药不能使人头昏眼花，那病是不会痊愈的。'"

【原典】

滕定公[①]薨[②]。世子谓然友[③]曰："昔者孟子尝与我言于宋，于心终不忘。今也不幸至于大故[④]，吾欲使子问于孟子，然后行事。"

然友之[⑤]邹问于孟子。

孟子曰："不亦善乎！亲丧固所自尽[⑥]也。曾子曰[⑦]：'生，事之以礼；死，葬之以礼，祭之以礼，可谓孝矣。'诸侯之礼，吾未之学也；虽然，吾尝闻之矣。三年之丧[⑧]，齐疏之服[⑨]，飦粥之食[⑩]，自天子达于庶人，三代共之。"

然友反命，定为三年之丧。父兄百官皆不欲，曰："吾宗国[⑪]鲁先君莫之行，吾先君亦莫之行也，至于子之身而反之，不可。且《志》[⑫]曰：'丧祭从先祖。'"曰："吾有所受之也。"

谓然友曰："吾他日未尝学问，好驰马试剑。今也父兄百官不我足也，恐其不能尽于大事，子为我问孟子。"

然友复之邹问孟子。

孟子曰："然。不可以他求者也。孔子曰：'君薨，听于冢宰[⑬]。歠[⑭]粥，面深墨。即位而哭，百官有司，莫敢不哀，先之也。'上有好者，下必有甚焉者矣。‘君子之德，风也；小人之德，草也。草尚之风必偃。’⑮是在世子。”

然友反命。

世子曰：“然。是诚在我。”

五月居庐⑯，未有命戒。百官族人可谓曰知。及至葬，四方来观之，颜色之戚，哭泣之哀，吊者大悦。

【注释】

①滕定公：滕文公的父亲。

②薨：死。古代称侯王死叫“薨”，唐代以后用于指二品以上官员死。

③然友：人名，太子的老师。

④大故：重大的事故，指大丧、凶灾之类。

⑤之：至，到。邹与滕相距只有四十余里，所以可以问后行事。

⑥自尽：尽自己最大的心力。

⑦曾子曰：这几句话在《论语·为政》中是孔子对樊迟说的。

⑧三年之丧：指子女为父母、臣下为君主守孝三年。

⑨齐疏之服：用粗布做的缝边的丧服。齐，指衣服缝边。古代丧服叫作“衰”，不缝衣边的叫“斩衰”，缝衣边的叫“齐衰”。

⑩饘：稠粥。粥：稀粥。这里是偏义复词，指稀粥。

⑪宗国：鲁、滕诸国的始封祖都是周文王的儿子，而周公封于鲁，于行辈较长，所以其余姬姓诸国都以鲁为宗国。

⑫《志》：记国家世系等的一种书。

⑬冢宰：官名。在君王居丧期间代理朝政。

⑭歠：饮。

⑮君子之德……必偃：这几句出自《论语·颜渊篇》孔子的话。“尚”同“上”；偃，倒下。

⑯五月居庐：居住在丧庐中五个月。

【译文】

滕定公死了，太子对老师然友说：“过去在宋国的时候孟子和我谈了许多，我记在心里久久不忘。今天不幸父亲去世，我想请您先去请教孟子，然后才办丧事。”

然友便到邹国去向孟子请教。

孟子说：“好得很啊！父母的丧事本来就应该尽心竭力。曾子说：‘父母活着的时候，依照礼节侍奉他们；父母去世，依照礼节安葬他们，依照礼节祭祀他们，就可以叫作孝了。’诸侯的礼节，我不曾专门学过，但却也听说过。三年的丧期，穿着粗布做的孝服，喝稀粥。从天子一直到老百姓，夏、商、周三代都是这样的。”

然友回国报告了太子，太子便决定实行三年的丧礼。滕国的父老官吏都不愿意。他们说：“我们的宗国鲁国的历代君主没有这样实行过，我们自己的历代祖先也没有这样实行过，到了您这一代便改变祖先的做法，这是不应该的。而且《志》上说过：‘丧礼祭祖一律依照祖先的规矩。’还说：‘道理就在于我们有所继承。’”

太子对然友说：‘我过去不曾做过什么学问，只喜欢骑马舞剑。现在父老官吏们都对我实行三年丧礼不满，恐怕对于这一丧礼我不能尽心竭力，请您再去替我问问孟子吧！”

然友再次到邹国请教孟子。

孟子说：“嗯！这是不能够求于别人的。孔子说过：‘君王死了，太子把一切政务都交给宰相，自己每天喝稀粥。脸色深黑，就临孝子之位便哭泣，大小官吏没有谁敢不悲哀，这是因为太子亲自带头的缘故。’在上位的人有什么喜好，下面的人一定就会喜好得更厉害。君主的德行是风，老百姓的德行是草。草受风吹，必然随风倒。所以，这件事完全取决于太子。”

然友回国向太子报告。

太子说：“是啊，这件事确实取决于我。”

于是太子在丧庐中住了五个月，没有颁布过任何命令和禁令。大小官吏和同族的人都很赞成，认为太子知礼。等到下葬的那一天，四面八方的人都来观礼，太子面容的悲伤，哭泣的哀痛，使前来吊丧的人都非常满意。

【原典】

滕文公问为国。

孟子曰："民事不可缓也。《诗》云[①]：'昼尔于茅，宵尔索绹[②]；亟其乘屋，其始播百谷。'民之为道也，有恒产者有恒心，无恒产者无恒心。苟无恒心，放辟邪侈，无不为已。及陷乎罪，然后从而刑之，是罔民也。焉有仁人在位，罔民而可为也？是故贤君必恭俭礼下，取于民有制。阳虎[③]曰：'为富不仁矣，为仁不富矣。'

夏后氏五十而贡，殷人七十而助，周人百亩而彻，其实皆什一也。彻[④]者，彻也；助者，藉[⑤]也。龙子[⑥]曰：'治地莫善于助，莫不善于贡。贡者挍[⑦]数岁之中以为常。乐岁，粒米狼戾，多取之而不为虐，则寡取之；凶年，粪其田而不足，则必取盈焉。为民父母，使民盻盻然[⑧]，将终岁勤动，不得以养其父母，又称贷而益之。使老稚转乎沟壑，恶在其为民父母也？'夫世禄，滕固行之矣。《诗》云[⑨]：'雨我公田，遂及我私。'惟助为有公田。由此观之，虽周亦助也。

设为庠[⑩]序[⑪]学校以教之：庠者，养也；校者，教也；序者，射也。夏曰校，殷曰序，周曰庠，学则三代共之，皆所以明人伦也。人伦明于上，小民亲于下。有王者起，必来取法，是为王者师也。

《诗》云[⑫]'周虽旧邦，其命维新'，文王之谓也。子力行之，亦以新子之国。"

使毕战[⑬]问井地。

孟子曰："子之君将行仁政，选择而使子，子必勉之！夫仁政，必自经界始。经界不正，井地不钧，谷禄不平。是故暴君污吏必慢其经界。经界既正，分田制禄可坐而定也。

夫滕壤地褊小，将为君子焉，将为野人焉。无君子莫治野人，无野人莫养君子。请野九一而助，国中什一使自赋。卿以下必有圭田[⑭]，圭田五十亩。余夫二十五亩。死徙无出乡，乡田同井。出入相友，守望相助，疾病相扶持，则百姓亲睦。方里而井，井九百亩，其中为公田。八家皆私百亩，同养公田。公事毕，然后敢治私事，所以别野人也。此其大略也。若夫润泽之，则在君与子矣。"

【注释】

①《诗》云：下文引自《诗经·豳风·七月》。

②绹：绳索。

③阳虎：又称阳货，季氏的家臣。季氏曾几代掌握了鲁国的朝政，而此时阳货又掌握着季氏的家政。后来他与公山弗扰共谋杀害了季桓子，失败后逃往晋国。

④彻：这里用为税田十取一的周朝田税制度之意。

⑤藉：凭借。

⑥龙子：古代贤人。

⑦挍：同“校”，比较、估量之意。

⑧盻盻然：勤苦不休息的样子。

⑨《诗》云：下文引自《诗经·小雅·大田篇》。

⑩庠：指学校。

⑪序：学校。

⑫《诗》云：下文引自《诗经·大雅·文王篇》。

⑬毕战：人名，滕国的一个臣子。

⑭圭：本义为古代容量单位。圭田：这里用为供祭祀用的田土之意。

【译文】

滕文公询问有关治理国家的问题。

孟子说：“人民的事情是刻不容缓的。《诗经》上说：‘白天赶紧割茅草，晚上搓绳到通宵。抓紧时间补漏房，开年又要种百谷。’百姓生活的准则是，有一定产业收入的人就有一定的道德观念和行为准则，没有一定产业收入的人就没有一定的道德观念和行为准则。如果没有一定的道德观念和行为准则，就会胡作非为，无恶不作。等到犯了罪，然后对他们施以刑罚，这等于是设下罗网陷害民众。哪里有爱民的国君当政，却干出陷害民众的事呢？所以贤明的君主必须谦恭俭朴，礼贤下士，向百姓征税有制度。阳虎说过：‘要想发财致富便不能仁爱，要仁爱便不能发财致富。’

夏朝时每家授田五十亩而实行贡法，商朝时每家授田七十亩而实行助法，周朝时每家授田一百亩而实行彻法，实际上征的税都是十分取一。什么叫彻法呢？彻是抽取之意；助是凭借之意。龙子说：'管理土地的税制以助法为最好，而贡法最不好。'所谓贡法就是参照几年中的收成取一个固定数。不管丰年灾年，都要按照这个确定的税额征税。丰收年成，处处是谷物，多征收一些也不算苛暴，但却并不多收；灾年欠收，每家的收获量甚至还不够第二年肥田的费用，却一定要征足这个额定数。作为百姓父母的国君，却使百姓一年到头辛勤劳动，也不足以赡养自己的父母，却还要靠借贷来凑足租税，致使老弱幼小在山沟荒野奄奄一息，哪里还称得上是百姓的父母呢？那世代承袭俸禄的制度，滕国早已实行了。《诗经》上说：'雨水浇灌我们的公田，同时也滋润到我的私田。'只有实行助法才会有公田，从此诗来看，周朝也是实行助法的。

另外还要开办庠、序、学、校以教育人民。所谓庠，意思是培养；所谓校，意思是教导；所谓序，意思是陈列实物以便实施教学。（地方学校）夏朝时叫校，殷商朝时叫序，周朝时叫庠；（至于大学）三个朝代都叫'学'。都是教育人民懂得人与人之间的伦理关系以及人与人之间的各种行为法则。人与人之间的伦理关系和行为准则，上层统治者懂得了，百姓自然就能够亲密地团结在一起。如果有贤明的君王兴起，必然会来学习效法，这样便做了贤明君王的老师了。

《诗经》上说：'周国虽然是一个旧的邦国，但却充满着新气象。'这是对周文王的称赞。你努力实行这些，也可以使你的国家气象一新！"

滕文公派毕战来问孟子关于井田制的问题。

孟子说："你的国君将要施行仁政，特意选派你来，你一定要努力！所谓仁政，必须从划分整理田界开始。田界划分得不正确，井田就不会均匀，作租税的俸禄就不会公平。所以残暴的国君和贪官污吏必然是不重视田界的划分的。田界一旦划分正确，怎样分配田土和俸禄就可以坐下来议定了。

而滕国，虽然土地狭小，但一样要有官员，一样要有在田野里耕田的农民。没有官员，就没有办法管理农民，没有农民，也就没有办法养活官吏。希望你们在田野上实行九分抽一的助法，在都城中实行十分抽一的税法让人们自行交纳。国卿以下的官员必须要有供祭祀用的田土，这供祭祀用的田土为五十亩；其余的人给田土二十五亩。安葬和搬迁都不离开本乡范围，乡里的田都要同样是井田制，人们出入劳作时相互伴随，抵御盗寇时互相帮助，有疾病事故时互相照顾，这样百姓就友爱和睦了。方圆一里为一个井田，一个井田为九百亩，中间一块田土为公田，八家各以一百亩为私田，但要共同料理好公田；把公田的事办完了，然后才能做私事，这就是区别农民的办法。这只是一个大概情况，至于怎样更健全和完善，就要靠国君和你了。"

【原典】

有为神农之言[①]者许行[②]，自楚之滕，踵[③]门而告文公曰："远方之人闻君行仁政，愿受一廛而为氓[④]。"

文公与之处。

其徒数十人，皆衣褐，捆屦、织席以为食[⑤]。

陈良之徒陈相与其弟辛[⑥]，负耒耜而自宋之滕，曰："闻君行圣人之政，是亦圣人也，愿为圣人氓。"

陈相见许行而大悦，尽弃其学而学焉。

陈相见孟子，道许行之言曰："滕君，则诚贤君也；虽然，未闻道也。贤者与民并耕而食，饔飧[⑦]而治。今也滕有仓廪府库，则是厉[⑧]民而以自养也，恶得贤？"

孟子曰："许子必种粟而后食乎？"

曰："然。"

"许子必织布而后衣乎？"

曰："否。许子衣褐。"

"许子冠乎？"

曰："冠。"

曰："奚冠？"

曰："冠素。"

曰："自织之与？"

曰："否。以粟易之。"

曰："许子奚为不自织？"

曰："害于耕。"

曰："许子以釜甑爨，以铁[9]耕乎？"

曰："然。"

"自为之与？"

曰："否。以粟易之。"

"以粟易械器者，不为厉陶冶；陶冶亦以其械器易粟者，岂为厉农夫哉？且许子何不为陶冶。舍[10]皆取诸其宫中[11]而用之？何为纷纷然与百工交易？何许子之不惮烦？"

曰："百工之事，固不可耕且为也。"

"然则治天下独可耕且为与？有大人[12]之事，有小人之事。且一人之身，而百工之所为备。如必自为而后用之，是率天下而路[13]也。故曰：或劳心，或劳力；劳心者治人，劳力者治于人；治于人者食人，治人者食于人：天下之通义也。

当尧之时，天下犹未平，洪水横流，泛滥于天下。草木畅茂，禽兽繁殖，五谷不登，禽兽逼人。兽蹄鸟迹之道，交于中国。尧独忧之，举舜而敷[14]治焉。舜使益掌火，益烈山泽而焚之，禽兽逃匿。禹疏九河，瀹济漯[15]，而注诸海；决汝汉，排淮泗，而注之江，然后中国可得而食也。当是时也，禹八年于外，三过其门而不入，虽欲耕，得乎？

后稷[16]教民稼穑。树艺[17]五谷，五谷熟而民人育。人之有道也，饱食、暖衣、逸居而无教，则近于禽兽。圣人有忧之，使契[18]为司徒，教以人伦：父子有亲，君臣有义，夫妇有别，长幼有序，朋友有信。放勋[19]曰：'劳之来之[20]，匡之直之，辅之翼之，使自得之，又从而振德之。'圣人之忧民如此，而暇耕乎？

尧以不得舜为己忧，舜以不得禹、皋陶[21]为己忧。夫以百亩之不易[22]为己忧者，农夫也。分人以财谓之惠，教人以善谓之忠，为天下得人者谓之仁。是故以天下与人易，为天下得人难。孔子曰：'大哉尧之为君！惟天为大，惟尧则之，荡荡乎民无能名焉！君哉舜也！巍巍乎有天下而不与焉！'尧舜之治天下，岂无所用其心哉？亦不用于耕耳。

吾闻用夏变夷者，未闻变于夷者也。陈良，楚产也。悦周公、仲尼之道，北学于中国。北方之学者，未能或之先也。彼所谓豪杰之士也。子之兄弟事之数十年，师死而遂倍[23]之。昔者孔子没，三年之外，门人治任[24]将归，入揖于子贡，相向而哭，皆失声，然后归。子贡反，筑室于场，独居三年，然后归。他日，子夏、子张、子游以有若似圣人，欲以所事孔子事之，强曾子。曾子曰：'不可。江汉以濯之，秋阳以暴之，皜皜[25]乎不可尚已。'今也南蛮鴃[26]舌之人，非先王之道，子倍子之师而学之，亦异于曾子矣。吾闻出于幽谷迁于乔木者，未闻下乔木而入于幽谷者。鲁颂曰：'戎狄是膺，荆舒是惩[27]。'周公方且膺之，子是之学，亦为不善变矣。"

"从许子之道，则市贾不贰[28]，国中无伪。虽使五尺之童[29]适市，莫之或欺。布帛长短同，则贾相若；麻缕丝絮轻重同，则贾相若；五谷多寡同，则贾相若；屦大小同，则贾相若。"

曰："夫物之不齐，物之情也；或相倍蓰[30]，或相什伯，或相千万。子比而同之，是乱天下也。巨屦小屦[31]同贾，人岂为之哉？从许子之道，相率而为伪者也，恶能治国家？"

【注释】

①神农之言：神农氏的学说。神农是上古传说中的人物，常与伏羲氏、燧人氏一道被称为"三皇"。神农氏主要的功绩是教人从事农业生产，所以叫"神农"。春秋战国时期诸子百家多托古圣贤之名而标榜自己的学说。"农家"就假托为"神农之言"。

②许行：农家代表人物之一，生平不详。

③踵：至，到。

④廛：住房。氓：移民。

⑤衣褐，捆屦、织席以为食：穿粗麻衣，靠编草鞋，织草席谋生。衣，动词，穿；褐，粗麻短衣；屦，草鞋。

⑥陈良：楚国的儒士。陈相、陈辛：都是陈良的学生。

⑦饔飧：饔，早餐；飧，晚餐。

⑧厉：病。

⑨釜：金属制的锅；甑：用瓦做的茶饭器；爨：烧火做饭；铁：指用铁做的农具。

⑩舍：相当于方言“啥”，即什么东西、一切东西的意思。

⑪宫中：家中。古代住宅无论贵贱都可以叫“宫”，秦汉以后才专指帝王所居为宫。

⑫大人：这里指有地位的人，与下文“小人”相对。

⑬路：指奔波、劳累。

⑭敷：遍。

⑮瀹济漯：瀹，疏导。济漯，济水和漯水。

⑯后稷：相传为周的始祖，名弃，尧帝时为农师。

⑰树艺：种植。

⑱契：人名，相传是殷的祖先，姓子，尧帝时任司徒。

⑲放勋：尧的称号，放是大，勋是功劳，原本是史官的赞誉之辞，后来成为尧的称号。

⑳劳之来之：劳、来都读为去声，劝勉，慰劳。

㉑皋陶：人名，相传为虞舜时的司法官。

㉒易：治。

㉓倍：同“背”，背叛。

㉔治任：准备行李。治，整治；任，负担。

㉕秋阳以暴：秋阳，周历七八月相当于夏历五六月，所以这里所说的秋阳实际相当于今天的夏阳。暴，同“曝”，晒。皜皜：光明洁白的样子。

㉖鴃：伯劳鸟。

㉗戎狄是膺，荆舒是惩：引自《诗经·鲁颂·閟宫》。膺，击退；惩，抵御；戎狄是北方的异族；荆、舒是南方的异族。

㉘市贾不贰：贾通“价”；不贰，没有两样。

㉙五尺之童：古代尺寸短，五尺约相当于现在三尺多一点。

㉚倍蓰：倍，一倍；蓰，五倍。后文的什、百、千、万都是指倍数。

㉛巨屦小屦：粗糙的草鞋与精致的草鞋。

【译文】

有一个奉行神农氏学说，名叫许行的人从楚国到滕国觐见滕文公说："我这个从远方来的人听说您施行仁政，希望得到一所住处，成为您的百姓。"

滕文公给了他住处。

许地的门徒有几十个人，都穿着粗麻衣服，靠打草鞋织席子谋生。

陈良的门徒陈相和他弟弟陈辛背着农具从宋国来到滕国，也觐见滕文公说："听说您施行仁政，那么，您也是圣人了，我们都愿意做圣人的百姓。"

陈相见到许行后非常高兴，完全抛弃了自己以前所学的而改学许行的学说。

陈相有一天去拜访孟子，转述许行的话说："滕君确实是个贤明的君主，不过，他还没有掌握真正的治国之道。贤人治国应该和老百姓一道耕种而食，一道亲自做饭。现在滕国却有储藏粮食的仓库，存放财物的仓库，这是损害老百姓来奉养自己，怎么能够叫作贤明呢？"

孟子说："许先生一定要自己种庄稼才吃饭吗？"

陈相回答说："对。"

"许先生一定要自己织布然后才穿衣吗？"

回答说："不，许先生只穿粗麻衣服。"

"许先生戴帽子吗？"

回答说："戴。"

孟子问："戴什么帽子呢？"

回答说："戴白帽子。"

孟子问："他自己织的吗？"

回答说："不是，是用粮食换来的。"

孟子问："许先生为什么不自己织呢？"

回答说："因为怕误了农活儿。"

孟子问："许先生用锅甑做饭，用铁器耕种吗？"

回答说："是的。"

“他自己做的吗？”

回答说：“不是，是用粮食换的。”

孟子于是说：“农夫用粮食换取锅甑和农具，不能说是损害了瓦匠铁匠。那么，瓦匠和铁匠用锅甑和农具换取粮食，难道就能够说是损害了农夫吗？而且，许先生为什么不自己烧窑冶铁做成锅甑和各种农具，什么东西都储备在家里随时取用呢？为什么要一件一件地去和各种工匠交换呢？为什么许先生这样不怕麻烦呢？”

陈相回答说：“各种工匠的事情当然不是可以一边耕种一边同时干得了的。”

“那么治理国家就偏偏可以一边耕种一边治理了吗？官吏有官吏的事，百姓有百姓的事。况且，每一个人所需要的生活资料都要靠各种工匠生产制作才能齐备，如果都一定要自己亲手做成才能使用，那就是率领天下的人疲于奔命。所以说：有的人用脑力劳动，有的人用体力劳动；脑力劳动者统治人，体力劳动者被人统治；被统治者养活别人，统治者靠别人养活：这是通行天下的原则。

在尧那个时代，天下还未太平，洪水成灾，四处泛滥；草木无限制生长，禽兽大量繁殖，谷物没有收成，飞禽走兽危害人类，到处都是它们的踪迹。尧为此而非常担忧，选拔舜出来全面治理。舜派伯益掌管用火烧，伯益便用烈火焚烧山野沼泽的草木，飞禽走兽于是四散而逃。大禹疏通九条河道，治理济水、漯水，引流入海；挖掘汝水、汉水，疏通淮水、泗水，引流进入长江。这样中国才可以进行农业耕种。当时，禹八年在外，三次经过自己的家门前都不进去，即便他想亲自种地，可能吗？

后稷教老百姓耕种收获，栽培五谷，五谷成熟了才能够养育百姓。人之所以为人，吃饱了，穿暖了，住得安逸了，如果没有教养，那就和禽兽差不多。圣人又为此而担忧，派契做司徒，用人与人之间应有的伦常关系和道理来教育百姓——父子之间有骨肉之亲，君臣之间有礼义之道，夫妻之间有内外之别，老少之间有尊卑之序，朋友之间有诚信之德。尧说道：‘慰劳他们，安抚他们，开导他们，纠正他们，辅助他们，保护他们，使他们各有所得，再进一步提高他们的品德。’圣人为老百姓考虑得如此周到，难道还有闲暇来亲自耕种吗？

尧把得不到舜这样的人作为自己的忧虑，舜把得不到禹和皋陶这样的人作为自己的忧虑。那些把耕种不好田地作为自己忧虑的，是农夫。把钱财分给别人叫作惠，把好的道理教给别人叫作忠，为天下发现人才叫作仁。所以把天下让给人容易，为天下发现人才却很难。孔子说：‘尧做天子真是伟大！只有天最伟大，只有尧能够效法天，他的圣德无边无际，老百姓找不到恰当的词语来赞美他！舜也是了不得的天子！虽然有了这样广阔的天下，自己却并不占有它！’尧和舜治理天下，难道不用心思吗？只不过没有用在耕田种地上罢了。”

我只听说过用中原的一切来改变边远落后地区的，没有听说过用边远落后地区的一切来改变中原的。陈良本来是楚国的人，喜爱周公、孔子的学说，由南而北来到中原学习。北方的学者还没有人能够超过他。他可以称得上是豪杰之士了。你们兄弟跟随他学习几十年，他一死，你们就背叛了他！以前孔子死的时候，门徒们都为他守孝三年，三年以后，大家才收拾行李准备回家。临走的时候，都去向子贡行礼告别，相对而哭，泣不成声，然后才离开。子贡又回到孔子的墓地重新筑屋，独自守墓三年，然后才离开。后来，子夏、子张、子游认为有若有点像孔子，便想用尊敬孔子的礼来尊敬他，他们希望曾子也同意。曾子说：‘不可以。就像曾经用江汉的水清洗过，又在夏天的太阳下曝晒过，洁白无暇。我们的老师是没有谁还能够相比的。’如今这个怪腔怪调的南方蛮子，说话诽谤先王的圣贤之道，你们却背叛自己的老师而向他学习，这和曾子的态度恰恰相反。我只听说过从幽暗的山沟飞出来迁往高大的树木的，从没听说过从高大的树木飞下来迁往幽暗的山沟的。《鲁颂》说：‘攻击北方的戎狄，惩罚南方的荆舒。’周公尚且要攻击楚国这样的南方蛮子，你们却去向他学习，这简直是越变越坏了啊。”

陈相说：“如果听从许先生的学说，市场价格就会统一，人人没有欺诈。即使打发一个小孩子去市场，也不会被欺骗。布匹丝绸的长短一样，价格也就一样；麻线丝绵的轻重一样，价格也就一样；五谷的多少一样，价格也就一样；鞋子的大小一样，价格也就一样。”

孟子说：“各种东西的质量和价格不一样，这是很自然的，有的相差一倍五倍，有的相差十倍百倍，有的甚至相差千倍万倍。您想让它们完全一样，只是搞乱天下罢了。一双粗糙的鞋子与一双精致的鞋子价格完全一样，人们难道会同意吗？听从许先生的学说，是率领大家走向虚伪，怎么能够治理好国家呢？”

【原典】

墨者夷之[①]，因徐辟[②]而求见孟子。孟子曰：“吾固愿见，今吾尚病，病愈，我且往见，夷子不来！”

他日又求见孟子。孟子曰：“吾今则可以见矣。不直，则道不见[③]；我且直之。吾闻夷子墨者。墨之治丧也，以薄为其道也。夷子思以易天下，岂以为非是而不贵也？然而夷子葬其亲厚，则是以所贱事亲也。”

徐子以告夷子。

夷子曰：“儒者之道，古之人‘若保赤子’，此言何谓也？之则以为爱无差等，施由亲始。”

徐子以告孟子。

孟子曰：“夫夷子，信以为人之亲其兄之子为若亲其邻之赤子乎？彼有取尔也。赤子匍匐将入井，非赤子之罪也。且天之生物也，使之一本，而夷子二本故也。盖上世尝有不葬其亲者。其亲死，则举而委之于壑。他日过之，狐狸食之，蝇蚋姑嘬[④]之。其颡[⑤]有泚[⑥]，睨而不视。夫泚也，非为人泚，中心达于面目。盖归反虆梩[⑦]而掩之。掩之诚是也，则孝子仁人之掩其亲，亦必有道矣。”

徐子以告夷子。夷子怃然[⑧]为间曰：“命之矣。”

【注释】

①墨者夷之：信奉墨子学说，名叫夷之的人。

②徐辟：孟子的学生。

③见：同“现”。

④嘬：叮咬。

⑤颡：额头。

⑥泚：出汗的样子。

⑦蔂梩：蔂，盛土之笼；梩，挖土的铁锹。

⑧怃然：怅然失意的样子。

【译文】

墨家学派的信奉者夷之想通过孟子的学生徐辟求见孟子。孟子说："我是很愿意见他的，但我现在正病着，等我病好了我去见他，夷子就不用来了。"

过了几天，夷子又提出想见孟子。孟子说："我今天可以见他，不说直话，则道理就会不显明；那我就直话直说吧。我听说夷子是信奉墨家学说的，墨家学说提倡办理丧事，以节葬为合理的方式；夷子想用这种主张移风易俗于天下，难道不是认为不这样就不可贵吗？然而夷子又厚葬他的亲人，那就是用他认为低贱的方法来侍奉亲人。"

徐辟把这些话告诉了夷子。夷子说："儒家学说认为，古代帝王对待百姓就像爱护婴儿一样，这是说的什么意思呢？我也认为爱是没有差别等级的，只是施行的时候由亲人开始。"

徐辟把这些话告诉了孟子。孟子说："这个夷子真的认为人们爱护他的哥哥的孩子和爱护邻居的孩子一样吗？那是有取舍的。婴儿在地上爬着将要跌进井里，这不是婴儿的罪过。况且天生万物，每物只有一个根本，而夷子却认为有两个根本。大概上古时候曾经有不安葬自己亲人的人，他的亲人死了，就把尸体扛起来丢到山沟里。后来路过那里，看见狐狸在撕食尸体，苍蝇蚋虫也聚来叮咬。他的额头上就冒出了汗，斜着眼而不敢正视。这个汗呀，不是自己想出的汗，是内心真情表现在脸上的结果，于是这人就回家取了畚箕来掩埋尸体。掩埋尸体确实是对的，那么孝子和仁爱的人埋葬自己的亲人，也必然是有道理的。"

徐辟把这些话告诉了夷子。夷子怅然若失，停了一会儿才说："我懂得了。"

滕文公章句下

导读

《滕文公章句下》共十节。在上一篇中，孟子就提出，百姓富足之后，还要进行教育，使“父子有亲，君臣有义，夫妇有别，长幼有序，朋友有信”。在孟子看来，这才是真正“有道”的社会。而在本章中，孟子强调的更多的是个人的自我修养。孟子强调士大夫要有“大丈夫气概”，并提出了“富贵不能淫，贫贱不能移，威武不能屈”作为大丈夫的标准。正是有了这种精神，才能“救民于水火”。

作为儒家学说的继承人，孟子一方面承认民众反抗残暴君主的合理性，但另外一方面，也承认君主的重要性与合理性。正如他对杨朱“个人主义”学说的主要批判——“杨氏为我，是无君也”。杨氏学说以个人为中心，将个人看得比君主更重要，这在孟子看来也是不对的。今人看起来或许有些矛盾，但在孟子的思想中，“君主—诸侯—大夫—百姓”的社会结构是合理而稳定的，只有当天子或诸侯失德之际，才应该更换“人选”，但是应该仍然保持这种阶层性的社会结构。孟子认为有一定的社会秩序、有健康的人伦关系，才是人类社会文明的标志（“无君无父，是禽兽也”）。对于君臣之间的关系，孟子是理性的，他所强调的君臣关系重在“义”，而非后世所熟知的“忠”，这一点需要注意。与战国时期其他学说比较起来，孟子并不偏执迂腐。

【原典】

陈代[①]曰：“不见诸侯，宜若小然；今一见之，大则以王，小则以霸。且《志》曰：‘枉尺而直寻[②]’，宜若可为也。”

孟子曰：“昔齐景公田，招虞人以旌[③]，不至，将杀之。志士不忘在沟壑，勇士不忘丧其元。孔子奚取焉？取非其招不往也，如不待其招而往，何哉？且夫枉尺而直寻者，以利言也。如以利，则枉寻直尺而利，亦可为与？昔者赵简子[④]使王良[⑤]与嬖奚[⑥]乘，终日而不获一禽。嬖奚反命曰：‘天下之贱工也。’或以告王良。良曰：‘请复之。’强而后可，一朝而获十禽。嬖奚反命曰：‘天下之良工也。’简子曰：‘我使掌与女乘。’谓王良。良不可，曰：‘吾为之范[⑦]我驰驱，终日不获一；为之诡遇[⑧]，一朝而获十。《诗》云[⑨]：“不失其驰，舍矢如破。”我不贯[⑩]与小人乘，请辞。’御者且羞与射者比。比而得禽兽，虽若丘陵，弗为也。如枉道而从彼，何也？且子过矣，枉己者，未有能直人者也。”

【注释】

①陈代：孟子的学生。

②枉尺而直寻：弯曲一尺而伸展八尺，比喻以小的牺牲而换取大的成就。枉：弯曲。寻，八尺。

③招虞人以旌：虞人，守园林的官吏；旌，古代君王有所召唤，一定有相当的事物以见信。旌是召唤大夫用的，弓是召唤士用的，若是召唤虞人，只能用皮冠。

④赵简子：即赵鞅，春秋末年晋国的大夫。

⑤王良：晋国的善御者。

⑥嬖奚：赵简子的宠臣，名奚。

⑦范：同“笵”。这里用为用模子浇铸，引申纳入规范之意。

⑧诡遇：不依法驾御。

⑨《诗》云：下文引自《诗经·小雅·车攻篇》。

⑩贯：同“惯”，习惯。

【译文】

陈代说：“不去拜谒诸侯，似乎无关紧要，现在去拜谒他们，大可以称王天下，做小也可以称霸一方。而且《志》上说：‘弯曲一尺而伸展八尺。’或许可以去拜谒他们。”

孟子说：“从前齐景公田猎时，用旌旗召唤管理园林的官吏而召唤不来，就想杀掉他。‘有志之士不会忘记自己身处沟壑的处境，有勇之士不会忘记抛头颅洒热血。’孔子会取哪一种呢？取他不是自己所应该接受的召唤之礼他不去。如果不待其召唤就前往，那又是怎样的呢？况且那个屈曲一尺而伸展八尺的说法是从利上来说的，如果要说利，那么屈曲八尺而伸展一尺有利，是否也能做呢？从前赵简子派王良为他宠幸的小臣奚驾车田猎，一整天捕不到一只鸟。宠臣奚回去汇报说：‘王良是天下最差的车手。’有人把这话告诉了王良，王良说：‘请让我们再去一次。’奚勉强同意后又去，一早上就捕获到十只鸟。宠臣奚回去汇报说：‘王良是天下最优秀的驾车手。’赵简子说：‘我派他专门为你驾车。’便告诉了王良。王良不同意，说：‘我按照规矩赶车奔驰，终日捕不到一只鸟；不依法驾驭，一早晨却捕获十只鸟。《诗经》上说：“按照规矩驱马驾车，箭一放出去便射中目标。”我不习惯替小人驾车，请不要任命。’驾御战车的人尚且羞于与奚这样的射手合作，即便合作得到的鸟兽多得像山丘一样，也是不干的。如果我们违背自己的志向和主张而追随诸侯，那是为什么呢？并且你也弄错了，自己本身不正直的话，是不能够使别人正直的。”

【原典】

景春[①]曰："公孙衍[②]、张仪[③]岂不诚大丈夫哉？一怒而诸侯惧，安居而天下熄。"

孟子曰："是焉得为大丈夫乎？子未学礼乎？丈夫之冠[④]也，父命之；女子之嫁也，母命之，往送之门，戒之曰：'往之女家，必敬必戒，无违夫子！'以顺为正者，妾妇之道也。居天下之广居，立天下之正位，行天下之大道。得志与民由之，不得志独行其道。富贵不能淫[⑤]，贫贱不能移，威武不能屈。此之谓大丈夫。"

【注释】

①景春：孟子的朋友。

②公孙衍：当时著名的人物，魏国人。

③张仪：（？～前310年）战国时著名的纵横家。魏国人，于魏惠王时入秦。秦惠文王以为客卿。惠文王十年（前328年），秦使张仪、公子华伐魏，魏割上郡（今陕西东部）于秦。当年，张仪为秦相。

④冠：古代男子到成年则举行加冠礼，叫作冠。一般在二十岁左右。这里用指为成年男子之意。

⑤淫：过度。

【译文】

景春说："公孙衍和张仪，难道不是真正的大丈夫吗？他们一发怒，诸侯就害怕；他们安静下来，天下便太平无战事。"

孟子说："这怎么能算大丈夫呢？你没有学习社会行为规范吗？男子行成年礼，父亲对他有所嘱托；女子要出嫁，母亲有所嘱托并送到大门口，告诫她说：'到了你自己的家，一定要恭敬，一定要谨慎，不要违抗丈夫。'以顺从作为准则，是为人妻妾的道理。应住在天下最宽广的住宅里，站在天下最正确的位置上，走天下最光明的大路；如果得志，让人民遵循大道前进；如果不得志，就自己走自己的道路。富贵时不能过度，贫贱时不要动摇改变意志，面对威武之势而不屈服，这才叫大丈夫！"

【原典】

周霄[①]问曰："古之君子仕乎？"

孟子曰："仕。传曰：'孔子三月无君，则皇皇[②]如也，出疆必载质[③]。'公明仪曰：'古之人三月无君则吊[④]。'"

"三月无君则吊，不以急乎？"

曰："士之失位也，犹诸侯之失国家也。《礼》曰：'诸侯耕助[⑤]，以供粢[⑥]盛；夫人蚕缫，以为衣服。牺牲不成，粢盛不洁，衣服不备，不敢以祭。惟士无田，则亦不祭。'牲杀器皿衣服不备，不敢以祭，则不敢以宴，亦不足吊乎？"

"出疆必载质，何也？"

曰："士之仕也，犹农夫之耕也，农夫岂为出疆舍其耒耜哉？"

曰："晋国亦仕国也，未尝闻仕如此其急。仕如此其急也，君子之难仕，何也？"

曰："丈失生而愿为之有室，女子生而愿为之有家。父母之心，人皆有之。不待父母之命、媒妁之言，钻穴隙相窥，逾墙相从，则父母国人皆贱之。古之人未尝不欲仕也，又恶不由其道。不由其道而往者，与钻穴隙之类也。”

【注释】

①周霄：魏国人，考其年代，当在梁惠王与襄王之时。

②皇：同“惶”。徘徊迟疑的意思。

③质：同“贽”“挚”。古代人初次相见，要用一定的礼物来表示诚意，这礼品便叫“贽”，这礼品，士人一般用雉。

④吊：慰问。

⑤助：假借为“藉”，凭借。

⑥粢：古代供祭祀用的谷物。

【译文】

周霄问道：“古时候的君子做官吗？”

孟子说：“做官。《传记》上说：‘孔子如果三个月没有见到君主，就会徘徊迟疑，如果要离开一个国家，一定带着准备和别国君主初次相见的礼物。’公明仪说过：‘古时候的人三个月没有见到君主，就会有人去慰问。’”

周霄便问：“三个月没有见到君主就有人去慰问，不是太急了吗？”

孟子回答说：“读书人如果失去了官位，就好比诸侯失去国家。《礼》书上说：‘诸侯耕种藉田以供给祭祀用品，他们的夫人养蚕缫丝以制作祭祀用衣服。祭祀用的牲畜不肥壮，祭祀用的谷物不洁净，衣服不完备，就不敢用来祭祀。读书人没有田地，则可以不祭祀。’牲畜、器皿、衣服不完备，不敢举行祭礼，就更不敢举行宴会，难道这还不应该去慰问吗？”

周霄又问：“离开国界一定要带着见面的礼物，这是为什么呢？”

孟子说：“读书人出来做官，就好像农夫耕地一样；农夫怎么会因为离开此地而舍弃农具呢？”

周霄说：“魏国也是一个读书人可以做官的国家，但没有听说做官有如此急迫的。出来做官如此急迫，君子却不轻易做官，这是为什么呢？”

孟子说："男孩生下来父母就希望为他找到妻室，女孩生下来父母就希望为她找到夫家，父母的这种心情，是人人都有的。但要是没有父母的许可，没有媒人的介绍，自己便钻洞扒门缝来互相窥望，爬墙去私会，那么父母、国人都会看不起他们。古时候的人不是不想出来做官，但讨厌不通过合乎礼义的道路来做官。不通过合乎礼义的道路而做官，就好像是男女钻洞扒门缝一样。"

【原典】

彭更①问曰："后车数十乘，从者数百人，以传②食于诸侯，不以泰③乎？"

孟子曰："非其道，则一箪食不可受于人；如其道，则舜受尧之天下，不以为泰，子以为泰乎？"

曰："否。士无事而食，不可也。"

曰："子不通功易事，以羡④补不足，则农有余粟，女有余布；子如通之，则梓匠轮舆皆得食于子。于此有人焉，入则孝，出则悌，守先王之道，以待后之学者，而不得食于子。子何尊梓匠轮舆而轻为仁义者哉？"

曰："梓匠轮舆，其志将以求食也；君子之为道也，其志亦将以求食与？"

曰："子何以其志为哉？其有功于子，可食而食之矣。且子食志乎？食功乎？"

曰："食志。"

曰："有人于此，毁瓦画墁⑤，其志将以求食也，则子食之乎？"

曰："否。"

曰："然则子非食志也，食功也。"

【注释】

①彭更：孟子的学生。

②传：这里用为古时招待宾客的馆舍之意。

③泰：同"太"，过于。这里用为过分之意。

④羡：富裕有余。

⑤墁：本义为粉刷墙壁的工具，这里似乎指新粉刷的墙壁而言。

【译文】

彭更问："后面跟随着数十辆车，又跟随着几百人，在客馆里吃遍了诸侯各国，不也太过分了吗？"

孟子说："如果不合乎道理，即使一碗饭也不接受；如果合乎道理，那舜接受尧的天下，也不以为过分，你以为过分吗？"

彭更说："不，但读书人不做事而吃饭，是不可以的。"

孟子说："你如果不通晓用成品交换之事，以多余的补充不足的；那么农民有余粮，妇女有多余的布帛就不知道如何交换。你如果通晓这些事，那么造礼器的梓人、掌土木的匠人、造车轮的轮人、制车厢的舆人都能从你这里得到饭吃。有这样一个人，在家孝顺，在外友爱，能守先辈君王的礼法道义，以此扶持后来的学者，却不能从你那里谋食，你为什么能尊重造礼器的梓人、掌土木的匠人、造车轮的轮人、制车厢的舆人，却轻视为了仁义而奔走的人呢？"

彭更说："造礼器的梓人、掌土木的匠人、造车轮的轮人、制车厢的舆人，他们工作的目的就是为了求饭吃；君子追求人生的道义，其目的也是为了求饭吃吗？"

孟子说："你何必管动机目的呢？他对你有功绩，你可以供养就供养，你是按动机供养人，还是按功绩供养人呢？"

彭更说："按动机。"

孟子说："有这样一个人，他打坏瓦，又乱涂墙，他的目的也是为了求饭吃，你供养他吗？"

彭更说："不。"

孟子说："那么你不是因人的动机而供养，而是按他的功绩而供养了。"

【原典】

万章[①]问曰："宋，小国也。今将行王政，齐楚恶而伐之，则如之何？"

孟子曰："汤居亳[②]，与葛[③]为邻，葛伯放而不祀。汤使人问之曰：'何为不祀？'曰：'无以供牺牲也。'汤使遗之牛羊。葛伯食之，又不以祀。汤又使人问之曰：‘何为不祀？’曰：‘无以供粢盛也。’汤使亳众往为之耕，老弱馈食。葛伯率其民，要其有酒食黍稻者夺之，不授者杀之。有童子以黍肉饷，杀而夺之。书曰：‘葛伯仇饷。’此之谓也。为其杀是童子而征之，四海之内皆曰：‘非富天下也，为匹夫匹妇复雠也。’‘汤始征，自葛载’，十一征而无敌于天下。东面而征，西夷怨；南面而征，北狄怨，曰：‘奚为后我？’民之望之，若大旱之望雨也。归市者弗止，芸者不变，诛其君，吊其民，如时雨降。民大悦。《曰》：‘徯我后，后来其无罚。’‘有攸不惟臣，东征，绥厥士女，篚④厥玄黄，绍我周王见休，惟臣附于大邑周。’其君子实玄黄于匪以迎其君子，其小人箪食壶浆以迎其小人，救民于水火之中，取其残而已矣。《太誓》⑤曰：‘我武惟扬，侵于之疆，则取于残，杀伐用张，于汤有光。’不行王政云尔，苟行王政，四海之内皆举首而望之，欲以为君。齐楚虽大，何畏焉？”

【注释】

①万章：孟子的学生。

②亳：地名，商汤的都城，在今河南商丘。

③葛：古国名。

④篚：本义为圆形的盛物竹器，这里当动词用，即装进筐子之意。

⑤《太誓》：即《泰誓》，是《尚书》中的一篇，据传是周武王伐商时的讲话。

【译文】

万章问：“宋国是个小国，现在想推行仁政，齐国、楚国两个大国却讨厌它而讨伐它，应该怎么办呢？”

孟子说：“成汤居住在亳地，与葛国相邻，葛伯放纵无道，不祭祀先祖。汤派人询问他：‘为什么不祭祀？’葛伯说：‘没有做祭祀用的牲畜。’汤派人送给他们牛羊，葛伯把牛羊吃了，还是不祭祀。汤又派人询问他：‘为什么不祭祀？’葛伯说：‘没有谷物来做祭品。’汤派亳地的民众去为他们耕田，让老弱的人送饭。葛伯带领着他的民众拦住那些带着酒食米饭的人抢夺，不肯给的就杀死。有个小孩带着米饭和肉，遭到杀害而被抢走了食物。《尚书》上说：‘葛伯与送饭者为仇。’就是指这件事。成汤因为葛伯杀死了这个小孩子而去征讨葛国，天下的老百姓都说：‘这不是贪图天下的财富，这是为平民百姓复仇。’成汤的征讨，从葛国开始，先后征伐十一次而没有能抗拒他的。他向东征讨，西边的夷族人便埋怨；向南征讨，北方的狄族人便埋怨，都说：‘为什么把我们放在后面呢？’老百姓盼望他，就像大旱时候盼望雨水一样。所到之处，赶集的不停止买卖，种田的不停止耕耘，商汤讨伐暴君，慰问他们的老百姓，像及时雨从天而降，老百姓非常喜欢。《尚书》上说：‘等待我们的君王，他来了我们就不受罪了。’‘攸国助纣为虐不臣服，周王向东征讨，安抚那里的士民妇女，他们用筐装着黑色和黄色的丝帛，以侍奉我们周王为荣，最后他们臣服了大邦周室。’那儿的官吏带着用筐装着的丝绸来迎接周的官吏，那儿的老百姓用筐装着饭食，用壶盛着饮水来迎接周的士兵。把老百姓从水深火热中拯救出来，就是要去掉残暴的君主。《泰誓》上说：‘我们的威武要发扬，攻入他们的国土，除掉那残暴的君主，用杀伐来彰明正义，比成汤的功业更辉煌。’只怕宋君不推行仁政，如果真能推行王政，普天之下民众都会抬头盼望，要拥护这样的人来做君主；齐国、楚国虽然强大，又有什么可怕的呢？”

【原典】

孟子谓戴不胜[①]曰：“子欲子之王之善与？我明告子。有楚大夫于此，欲其子之齐语也，则使齐人傅诸？使楚人傅诸？”

曰：“使齐人傅之。”

曰：“一齐人傅之，众楚人咻[②]之，虽日挞而求其齐也，不可得矣；引而置之庄岳[③]之间数年，虽日挞而求其楚，亦不可得矣。子谓薛居州[④]，善士也。使之居于王所。在于王所者，长幼卑尊，皆薛居州也，王谁与为不善？在王所者，长幼卑尊，皆非薛居州也，王谁与为善？一薛居州，独如宋王何？”

【注释】

①戴不胜：人名，宋国之臣。

②咻：这里用为喧哗之意。

③庄岳：齐国的街里之名。

④薛居州：人名，宋国之臣。

【译文】

孟子对戴不胜说："你想要你们君王向善吗？我明确地告诉你。有位楚国的大夫，希望他的儿子能说齐国的方言，是让齐国人来教他呢？还是让楚国人来教他？"

戴不胜说："使齐国人来教他。"

孟子说："一个齐国人教他，众多楚国人在旁喧哗，即使天天鞭挞并强逼他说齐国话，也是做不到的。要是把他送到齐国的街上去住几年，即使天天鞭挞并强逼他说楚国话，也是做不到啊。你说薛居州是个好人，要让他居住在王宫中。如果在国君身边的人无论年纪大小、地位高低都是薛居州那样的好人，大王和谁去做不好的事呢？如果在国君身边的人无论年纪大小、地位高低都不是薛居州那样的好人，大王和谁去做好事呢？一个薛居州，怎能改变宋王呢？"

【原典】

公孙丑问曰："不见诸侯，何义？"

孟子曰："古者不为臣不见。段干木[①]逾垣而辟之，泄柳[②]闭门而不内[③]，是皆已甚。迫，斯可以见矣。阳货[④]欲见孔子而恶无礼，大夫有赐于士，不得受于其家，则往拜其门。阳货瞰[⑤]孔子之亡也，而馈孔子蒸豚；孔子亦瞰其亡也，而往拜之。当是时，阳货先，岂得不见？曾子曰：'胁肩谄笑，病于夏畦[⑥]。'子路曰：'未同而言，观其色赧赧然[⑦]，非由之所知也。'由是观之，则君子之所养可知已矣。"

【注释】

①段干木：人名，战国初期魏文侯时的贤者。

②泄柳：人名，鲁穆公时人。

③内：接纳。

④阳货：又称阳虎，季氏的家臣。季氏曾几代掌握了鲁国的朝政，而此时阳货又掌握着季氏的家政。后来他与公山弗扰共谋杀害了季桓子，失败后逃往晋国。

⑤瞯：同“瞰”，探看、窥伺。

⑥畦：本义是菜圃间划分的行列，这里是当动词用，灌园，浇水。

⑦赧然：因羞惭而脸红的意思。

【译文】

公孙丑问：“不去谒见诸侯，这是什么道理呢？”

孟子说：“古时候的惯例，不是诸侯的臣子就不去参见。段干木翻墙逃避魏文侯，泄柳关门不接待鲁穆公，都太过分了。迫不得已，也是可以见的。阳货想要孔子来见他，又厌恶别人认为他失礼，当时大夫赠送财物给士人，士人如果不能在家亲自接受，就应去大夫家拜谢。于是阳货探看到孔子不在家，就去孔子家赠送蒸好的小猪；孔子于是也在偷看到阳货不在家时前往拜谢。在这个时候，如果阳货先去拜访孔子，孔子怎么会不见他呢？曾子说‘耸着肩膀对别人谄媚地笑，这比夏天在菜地里工作还要累。’子路说：‘跟一个人不志同道合，却勉强交谈，脸上露出羞愧之色，我不知道为何这样。’从这里来看，君子怎样来培养自己的品德节操，是可以知道的。”

【原典】

戴盈之[①]曰：“什一，去关市之征，今兹[②]未能。请轻之，以待来年，然后已，何如？”

孟子曰：“今有人日攘[③]其邻之鸡者，或告之曰：‘是非君子之道。’曰：‘请损之，月攘一鸡，以待来年，然后已。’如知其非义，斯速已矣，何待来年。”

【注释】

①戴盈之：宋国的大夫。

②兹：年。

③攘：窃取、偷盗。

【译文】

戴盈之说："田租十分取一，免除关卡和商品的赋税，现今还不能办到。预备先减轻一下，等到明年再完全实行，怎么样？"

孟子说："现在有一个人每天都偷他邻居的鸡，有人告诫说：'这不是君子之道。'他却说：'请让我少偷一些，每月偷一只，等到明年再完全改正。'如果知道这样做不合道理，就应该赶快改正，为什么要等到明年呢？"

【原典】

公都子[1]曰："外人皆称夫子好辩，敢问何也？"

孟子曰："予岂好辩哉？予不得已也。天下之生久矣，一治一乱。当尧之时，水逆行泛滥于中国，蛇龙居之，民无所定，下者为巢，上者为营窟。书曰：'洚水警余。'洚水者，洪水也。使禹治之。禹掘地而注之海，驱蛇龙而放之菹[2]，水由地中行，江、淮、河、汉是也。险阻既远，鸟兽之害人者消，然后人得平土而居之。

尧舜既没，圣人之道衰，暴君代作，坏宫室以为污池，民无所安息，弃田以为园囿，使民不得衣食，邪说暴行又作，园囿污池，沛泽多而禽兽至，及纣之身，天下又大乱。周公相武王，诛纣伐奄，三年讨其君，驱飞廉[3]于海隅而戮之，灭国者五十，驱虎豹犀象而远之，天下大悦。书曰：'丕显哉，文王谟，丕承哉，武王烈，佑启我后人，咸以正无缺。'

世衰道微，邪说暴行有作，臣弑其君者有之，子弑其父者有之。孔子惧，作春秋。春秋，天子之事也，是故孔子曰：'知我者，其惟春秋乎；罪我者，其惟春秋乎。'

圣王不作，诸侯放恣，处士横议，杨朱[4]墨翟[5]之言，盈天下，天下之言，不归杨则归墨。杨氏为我，是无君也；墨氏兼爱，是无父也。无父无君。是禽兽也。公明仪曰：'庖有肥肉，厩有肥马，民有饥色，野有饿莩，此率兽而食人也。’杨墨之道不息，孔子之道不着，是邪说诬民，充塞仁义也。仁义充塞，则率兽食人，人将相食。吾为此惧。闲[6]先圣之道，距杨墨，放淫辞，邪说者，不得作，作于其心，害于其事，作于其事，害于其政，圣人复起，不易吾言矣。

昔者禹抑洪水，而天下平；周公兼夷狄，驱猛兽，而百姓宁；孔子成春秋，而乱臣贼子惧。诗云：‘戎狄是膺[7]，荆舒是惩，则莫我敢承[8]。’无父无君，是周公所膺也。我亦欲正人心，息邪说，距跛行，放淫辞，以承三圣者。岂好辩哉？予不得已也。能言距杨墨者，圣人之徒也。”

【注释】

①公都子：孟子的学生。

②菹：水草丛生的沼泽地。

③飞廉：殷末时人，一作“蜚廉”。

④杨朱：魏国人，战国初期思想家，主张“贵生”“重己”。

⑤墨翟：战国初期思想家，墨家学派的创始人。姓墨名翟，其生卒年月，历史上无确切记载。近代学者一般认为，墨子生于公元前476年左右，卒于公元前390年左右。墨子出生于何地也有争议。《史记·孟荀列传》说他是“宋之大夫”，《吕氏春秋·当染》认为他是鲁国人，也有的说他原为宋国人，后来长期住在鲁国。

⑥闲：规范、限制、防御之意。

⑦膺：服从接受。

⑧承：抵御。

【译文】

公都子说：“别人都说先生喜好辩论，请问这是为什么呢？”

孟子说：“我难道喜好辩论么？我是不得已啊！天下有人类已经很久了，时而太平，时而混乱。在尧的时候，洪水大到向西流，泛滥成灾，到处被龙蛇盘踞，百姓无处安身；住在低地的人在树上搭巢，住在高处的人在山上营造洞穴。《尚书》上说：‘洚水警诫了我们。’所谓洚水，就是洪水。舜派禹治水。禹挖通河道将洪水导入大海，又把龙蛇驱逐到草泽地，水沿着地上的沟道流动，这就是长江、淮河、黄河和汉水。水患既已解除，鸟兽不再危害人们，然后百姓们才得以回到平地上来安居。

尧舜去世以后，圣人治国爱民之道逐渐衰微，暴虐的君主接连出现，毁坏房屋来做池沼，使百姓无处安居；破坏农田来做园林，使百姓不能得到衣服和食物。淫邪的学说和暴虐的行为随之兴起，园林、池沼、草泽增多并招来了飞禽走兽。到了殷纣之时，天下又发生大乱。周公辅佐武王诛杀殷纣，讨伐奄国，与这些暴君打了三年，把飞廉追逐到海边处死，消灭殷商的属国五十个，将虎、豹、犀牛、大象驱赶得远远的，天下百姓非常喜欢。《尚书》上说：‘伟大光明啊，文王的谋略！继承发扬光大啊，武王的功绩！帮助开导我们后代，都走正路而无缺陷。’

现在社会混乱正道衰微，淫邪的学说和暴虐的行为随之兴起，臣子杀君主的事有了，儿子杀父亲的事也有了。孔子为之忧虑，便著述了《春秋》。《春秋》所记载的是天子的事，所以孔子说：‘将使世人了解我的恐怕也只有《春秋》了，将使世人责怪我的恐怕也只有《春秋》了。’

圣王不出现，诸侯们肆无忌惮，在野人士横暴放纵地议论，杨朱、墨翟的言论充斥天下，世上的言论不属于杨朱一派便属于墨翟一派。杨氏主张个人第一，否定对君王的尽忠；墨氏主张兼爱，不分亲疏，这便否定对父母的尽孝。目无君上目无父母的人，就是禽兽。公明仪说：‘厨房里有肥美的肉，马棚里有健壮的马匹，老百姓却面带饥色，田野上有饿死的人，这无异于驱赶着兽类去吃人。’杨、墨的学说不破除，孔子的学说不发扬，就是要用荒谬的学说欺骗百姓、阻止仁义的施行。仁义被阻止，就是放任野兽去吃人，人们也将互相残食。我为此感到忧虑，所以要规范先圣的道路，抵制杨、墨的学说，批驳错误夸张的言论，使邪说歪理不能再流行。邪说兴起在人们心中，会危害人们做的事情，事情受了危害，也就会危害政务。即使圣人再出现，也不会改变我的观点。

从前大禹抑制洪水使天下太平，周公兼并夷族狄族，赶走猛兽使百姓安宁，孔子著成《春秋》使乱臣贼子害怕。《诗经》上说：‘戎族狄族的人服从了，荆地楚地被惩罚了，没有人敢抗拒我。’不要父亲不要君主的人，是周公所要征服的。我也想要端正人心，破除邪说，抵制偏颇的行为，批驳错误夸张的言论，来继承大禹、周公、孔子三位圣人。我怎么是喜好辩论呢？我是不得不如此。凡是能够著书立说敢于抵制杨、墨学说的人，便不愧是圣人的学生。”

【原典】

匡章[①]曰："陈仲子[②]岂不诚廉士哉？居於陵[③]，三日不食，耳无闻，目无见也。井上有李，螬[④]食实者过半矣，匍匐往将食之，三咽，然后耳有闻，目有见。"

孟子曰："于齐国之士，吾必以仲子为巨擘[⑤]焉。虽然，仲子恶能廉？充仲子之操，则蚓而后可者也。夫蚓，上食槁壤，下饮黄泉。仲子所居之室，伯夷之所筑与？抑亦盗跖之所筑与？所食之粟，伯夷之所树与？抑亦盗跖之所树与？是未可知也。"

曰："是何伤哉？彼身织屦，妻辟纑[⑥]，以易之也。"

曰："仲子，齐之世家也。兄戴，盖[⑦]禄万钟。以兄之禄为不义之禄而不食也，以兄之室为不义之室而不居也，辟[⑧]兄离母，处于于陵。他日归，则有馈其兄生鹅者，己频顣[⑨]曰：'恶用是鶃鶃[⑩]者为哉？'他日，其母杀是鹅也，与之食之。其兄自外至，曰：'是鶃鶃之肉也。'出而哇之。以母则不食，以妻则食之；以兄之室则弗居，以于陵则居之。是尚为能充其类也乎？若仲子者，蚓而后充其操者也。"

【注释】

①匡章：人名，齐国人，曾在齐威王和宣王朝做过将军。

②陈仲子：齐国人，因他居住在於陵，后人称他为於陵子，是个思想家。

③於陵：齐国地名，在今山东省长山县南。

④螬：即蛴螬。金龟子的幼虫。白色，圆柱状，向腹面弯曲。居粪土中，吃农作物的根和茎。俗称地蚕、土蚕、核桃虫。

⑤巨擘：大拇指，引申为特殊人物之意。

⑥纩：纺织麻线之意。

⑦盖：地名，在今山东省沂水县西北。

⑧辟：同“避”。

⑨频颇：同“颦蹙”，形容皱着眉头，忧愁的样子。

⑩鶂鶂：鹅叫声。

【译文】

匡章说：“陈仲子难道不是真正的正直廉洁之人吗？居住在於陵，三天没有吃东西，耳朵听不见，眼睛看不见。井边上有个李子，虫子已蛀食大半，他摸索着爬过去取来吃，吞咽了三口，耳朵才听得见，眼睛才看得见。”

孟子说：“在齐国的人士中，我必定是把陈仲子看作首屈一指的人物。然而，他怎么称得上廉洁呢？如果要推广仲子的操守，那只有把人变成蚯蚓之后才能做到。蚯蚓，吞食地面上的干土，饮用地底下的泉水。而仲子所居住的房屋，是像伯夷那样廉洁的人建造的呢，还是像盗跖那样的强盗所建造的呢？他所吃的粮食，是像伯夷那样廉洁的人种植的呢，还是像盗跖那样的强盗所种植的？这些都还不知道。”

匡章说：“这有什么关系呢？他亲自编织草鞋，妻子纺织麻线，用这些去交换来的。”

孟子说：“仲子，是齐国的大家世族；他的哥哥陈戴，有封地在盖邑，年收入万钟；他认为他哥哥的俸禄是不义之物而不食用，认为他哥哥的房屋是不义之产而不居住，因此避开哥哥离开母亲，独自住到於陵。有一天回来，正好碰上有人送一只鹅来，他皱着眉头说：‘要这嘎嘎叫的东西干什么？’过了几天，他母亲杀了这只鹅给他吃，他正吃着，他哥哥从外面回来，说：‘这便是那嘎嘎叫的东西的肉。’仲子一听，便跑到外面把肉呕吐出来。母亲的东西不吃，妻子的食物却吃；兄长的房屋不住，於陵的房屋却去住，这样能称得上是廉洁的典范吗？像陈仲子这样的人，恐怕只有把自己变成蚯蚓后才能符合他的廉洁作风吧？”

离娄章句上

导读

《离娄章句上》共二十八节。本章一开始，孟子就把道路、准则、行为规范提出来，并用“即使有离娄那样敏锐的视力……”的例子来说明对人生、对国家的治理，都必须要有一定的道路、准则和社会行为规范。提出“不以规矩，不能成方圆”。本节中，孟子多次提到了作为诸侯、君主，以及其他身居高位者，必须真正地怀有善念、具有“仁”的精神，才能对全社会形成正向的影响。此外，他还提到了“仁”与“法”二者都是社会治理所不能偏废的——“徒善不足以为政，徒法不能以自行”。如果人们不能从内心中认同进而自觉遵守，这样的法也很难推行。

本章收录了很多短小的语录，在这些语录中也不乏名言。如“自求多福”“自作孽、不可活”“人之患在好为人师”等，读者朋友或可留意。

【原典】

孟子曰：“离娄[1]之明，公输子[2]之巧，不以规矩，不能成方员：师旷[3]之聪，不以六律[4]，不能正五音[5]；尧舜之道，不以仁政，不能平治天下。今有仁心仁闻而民不被其泽，不可法于后世者，不行先王之道也。故曰，徒善不足以为政，徒法不能以自行。《诗》云[6]：‘不愆[7]不忘，率由旧章。’遵先王之法而过者，未之有也。圣人既竭目力焉，继之以规[8]矩[9]准绳，以为方员平直，不可胜用也；既竭耳力焉，继之以六律，正五音，不可胜用也；既竭心思焉，继之以不忍人之政，而仁覆天下矣。故曰，为高必因丘陵，为下必因川泽。为政不因先王之道，可谓智乎？是以惟仁者宜在高位。不仁而在高位，是播其恶于众也。上无道揆[10]也，下无法守也，朝不信道，工不信度[11]，君子犯义，小人犯刑[12]，国之所存者幸也。故曰：城郭不完，兵甲不多，非国之灾也；田野不辟，货财不聚，非国之害也。上无礼，下无学，贼民兴，丧无日矣。《诗》曰：'天之方蹶[13]，无然泄泄[14]。'泄泄，犹沓沓[15]也。事君无义，进退无礼，言则非先王之道者，犹沓沓也。故曰：责难于君谓之恭，陈善闭邪谓之敬，吾君不能谓之贼。"

【注释】

①离娄：人名，古代一个视力极好的人，相传是黄帝时人，能于百步之外见秋毫。

②公输子：人名，即公输班，鲁国人，所以又叫鲁班。春秋末年著名的木匠。

③师旷：春秋时代晋国的著名乐师。

④六律：《礼记·礼运》："五声六律十二管。"古代用来校正乐音标准的管状仪器。以管的长短来确定音阶。从低音算起，成奇数的六个管叫律，成偶数的六个管叫吕。统称十二律。六律分别是：太簇、姑洗、蕤宾、夷则、无射、黄钟。

⑤五音：最古的音阶仅用五音，即宫、商、角、徵、羽。古人通常以宫作为音阶的第一级音。

⑥《诗》云：下文引自《诗经·大雅·假乐篇》。

⑦愆：过失、毛病。

⑧规：这里用为画圆形的工具。

⑨矩：本义是矩尺，画直角或方形的工具。后来用为比喻规矩、法则之意。

⑩揆：大致估量。

⑪度：计量长短的标准、尺码。

⑫刑：典范、榜样。

⑬蹶：动乱。

⑭泄：轻慢、懈怠。

⑮沓：拖沓、疲沓。

【译文】

孟子说："即使有离娄那样敏锐的视力，有公输班那样精巧的手艺，如果不使用圆规和曲尺，也画不出方形和圆形。即使有师旷那样的听力，如果不根据六律，也不能校正五音。即使有尧舜所遵循的道路，如果不施行仁政，也不能把天下治理好。现在有些国君虽有仁爱之心、仁爱之誉，但百姓却未能受到恩惠，他的政治也不能成为后代的模范，就是因为不实行前代圣王之道的缘故。所以说，仅有善心不足以用来治理国政，仅有法度不能使之自行实施。《诗经》上说：'不要过失，不要遗忘，一切都依循传统的规章。'遵守先王的法度竟然会犯错误，这是没有的事。圣人既已竭尽了目力，再加以圆规、曲尺、水准、墨线，画方、圆、平、直是用不胜用的；既已竭尽了听力，再加以六律以校正五音，也是用不胜用的；既已竭尽了心思，再加以实施仁政，因此就可以使仁德遍盖天下。所以说，站得高必然是因为站在丘陵上的缘故，站得低必然是因为站在河流旁的缘故；治理国政如果不依照先王之道，怎能说得上有智慧呢？所以唯有爱民者适宜处在统治地位。不爱民而处在统治地位，就等于把他的恶行散播给大众。上位者没有道德规范，下位者就没有法则可以遵守；朝廷之士不相信道义，工匠就不相信规尺；官吏违反道义，百姓触犯法律，国家还能生存下去，就可以说是幸运的了。所以说，城郭不完备，武器不充足，并不是国家的灾害；土地没有开垦，财物没有积聚，也不是国家的祸害；在上者没有社会行为规范，在下者就没有可学习效法的，违法乱纪的人到处横行，国家的灭亡之日也就不远了。《诗经》上说：'上天将要动乱时，不要轻慢懈怠。'所谓泄泄，就是拖沓疲沓的意思。侍奉国君不遵循礼义之路，进退之间没有社会行为规范，言论诋毁前代圣王之道，就是拖沓疲沓。所以说，用仁政来要求君主才叫作'恭'；向君主讲述仁义，堵塞异端，这才叫'敬'；如果认为君主不能为善，这便是'贼'。"

【原典】

孟子曰："规矩，方员之至[①]也；圣人，人伦[②]之至也。欲为君尽君道，欲为臣尽臣道，二者皆法尧舜而已矣。不以舜之所以事尧事君，不敬其君者也；不以尧之所以治民治民，贼其民者也。孔子曰：'道二：仁与不仁而已矣。'暴其民甚，则身弑国亡；不甚，则身危国削。名之曰'幽厉[3]'，虽孝子慈孙，百世不能改也。《诗》云[4]'殷鉴不远，在夏后之世'，此之谓也。"

【注释】

①至：准则。

②伦：人与人之间尊卑长幼之间的关系。

③幽厉：幽，昏暗乱常；厉，暴虐嗜杀。周朝的幽王和厉王，就是因其所为而得此不好的谥号。

④《诗》云：下文引自《诗经·大雅·荡篇》。

【译文】

孟子说："圆规和曲尺，是方与圆的标准；圣人的作为，是人与人之间关系的准则。想要做君主，就要尽君主之道；想要做臣子，就要尽臣子之道。这二者不过是效法尧、舜罢了。不以舜侍奉尧的态度和方法来侍奉君主，就是不敬奉自己的君主；不以尧治理民众的态度和方法来治理民众，就是残害自己的百姓。孔子说：'治理国家的方法有两种，施行仁政和不施行仁政而已。'残暴虐害老百姓太过分，则本身被杀国家也会灭亡；不太过分，则自身危险，国力削弱，这就称之为'昏暗乱常和暴虐嗜杀'，即使有孝子顺孙，经历百世也改变不了。《诗经》上说：'殷商可以借鉴的教训并不遥远，就是在前一代的夏朝。'说的正是这个意思。"

【原典】

孟子曰："三代之得天下也以仁，其失天下也以不仁。国之所以废兴存亡者亦然。天子不仁，不保四海；诸侯不仁，不保社稷[1]；卿大夫不仁，不保宗庙[2]；士庶人不仁，不保四体。恶死亡而乐不仁，是犹恶醉而强酒。"

【注释】

①社稷：这里用为土地神神主之意。土神和谷神是古时君主都祭祀的社稷，后来就用社稷代表国家。

②宗庙：本义是指皇帝、诸侯祭祀祖先的地方。旧时帝王以天下为自己一家所有，世代相传，所以以宗庙代称王室、国家。

【译文】

孟子说："夏、商、周三代能够得到天下是因为仁政，最后失去天下是因为不仁。诸侯国家的兴盛、衰败和生存、灭亡的原因也是如此。天子不仁，就不能保住天下；诸侯不仁，就不能保住国家；公卿大夫等官员不仁，就不能保住王室；读书人和普通百姓不仁，就不能保住自身。现在有些人憎恶死亡但乐于干坏事，这就像厌恶喝醉酒却偏要去喝酒一样。"

【原典】

孟子曰："爱人不亲反其仁，治人不治反其智①，礼人不答反其敬。行有不得者，皆反求诸己，其身正而天下归之。诗云：'永言配命，自求多福。'"

【注释】

①智：古代"知""智"两字不分，《孟子》原文恐也作"知"。

【译文】

孟子说："爱别人却得不到亲近，就应该回过头来考虑自己的仁爱程度；治理百姓却没有治理好，就应该回过头来考虑自己的智慧；恭敬礼貌地对待别人却得不到回应，就应该回过头来考虑自己的恭敬是不是还不够。任何行为如果没有效果，都应该回过头来从自己身上找原因；自身端正做对了，天下的人才会归服他。《诗经》上说：'长久地配合天命，为自己寻找更多的幸福。'"

【原典】

孟子曰："人有恒①言，皆曰'天下国家'。天下之本在国，国之本在家，家之本在身。"

【注释】

①恒：长久、常常。

【译文】

孟子说："人们有句常说的话，都说：'天下国家'。可见天下的根本在于国，国的根本在于家，家的根本在于个人。"

【原典】

孟子曰："为政不难，不得罪于巨室[①]。巨室之所慕，一国慕之；一国之所慕，天下慕之；故沛然德教溢乎四海。"

【注释】

①巨室：指很有影响力的卿大夫家族。

【译文】

孟子说："治理政事并不难，只要不得罪那些卿大夫家族就可以了。世家大族所仰慕的，一国的人都会仰慕；一国的人所仰慕的，普天之下的人都会仰慕；因此道德教化就可以浩浩荡荡地洋溢于天下。"

【原典】

孟子曰："天下有道，小德役[①]大德，小贤役大贤；天下无道，小役大，弱役强。斯二者天也。顺天者存，逆天者亡。齐景公曰：'既不能令，又不受命，是绝物也。'涕出而女[②]于吴。今也小国师大国而耻受命焉，是犹弟子而耻受命于先师也。如耻之，莫若师文王。师文王，大国五年，小国七年，必为政于天下矣。《诗》云[③]：'商之孙子，其丽[④]不亿。上帝既命，侯于周服。侯[⑤]服于周，天命靡常。殷士肤[⑥]敏[⑦]，祼将于京。'孔子曰：'仁不可为众也。夫国君好仁，天下无敌。'今也欲无敌于天下而不以仁，是犹执热而不以濯也。《诗》云[⑧]：'谁能执热，逝不以濯？'"

【注释】

①役：役使于、服从于。

②女：以女嫁人。

③《诗》云：下文引自《诗经·大雅·文王篇》。

④丽：成群结队。

⑤侯：疑问代词，相当于“何”。这里用作为什么，侯不（何不）之意。

⑥肤：浅薄。

⑦敏：思想敏锐、反应快。

⑧《诗》云：下文引自《诗经·大雅·桑柔篇》。

【译文】

孟子说：“国家政治清明的时候，道德不高的人为道德高的人所役使，不太贤能的人为非常贤能的人所役使；国家政治黑暗的时候，力量小的就服从于力量大的，势力弱的就服从于势力强的。这两种情况，都是天意。顺从天意的就能生存，违背天意的就要灭亡。齐景公说：‘既不能命令别人，又不能接受别人的命令，只能是死路一条。’于是痛哭着把女儿嫁给吴国。现今小国效法大国，但却耻于接受大国的指令，这就好比学生耻于听命于老师一样。如果以之为耻，就不如效法周文王。效法周文王，强大的国家只需要五年，较小的国家也只需要七年，一定能够得到天下的治理权。《诗经》上说：‘殷商的子孙后裔，成群结队地不安宁。上帝既然已经授命于文王，他们便都为周朝的臣下。他们都是周朝的臣下，说明天命会转移。殷朝的臣子浅薄敏捷，他们执行灌酒的礼节助祭于周京。’孔子说：‘仁德的力量不是用数量众多来衡量的，如果国家君主喜好仁爱，那就天下无敌。’如今想要无敌于天下但又不以仁爱为本，就好比是忍受酷热而不用凉水冲洗。《诗经》上说：‘谁能手拿烫东西，却不用凉水冲洗？’”

【原典】

孟子曰：“不仁者可与言哉？安其危而利其菑[1]，乐其所以亡者。不仁而可与言，则何亡国败家之有？有孺子歌曰：‘沧浪[2]之水清兮，可以濯我缨[3]；沧浪之水浊兮，可以濯我足。’孔子曰：‘小子听之！清斯濯缨，浊斯濯足矣，自取之也。’夫人必自侮，然后人侮之；家必自毁，而后人毁之；国必自伐，而后人伐之。太甲曰：‘天作孽，犹可违；自作孽，不可活。’此之谓也。”

【注释】

①菑：灾祸。

②沧浪：水名。有汉水、汉水之别流，汉水之下流、夏水诸说。此处则是指青苍色的水。

③缨：系在脖子上的帽带。

【译文】

孟子说：“对那些不仁爱者难道可以同他交谈吗？他们眼见别人发生危险却无动于衷，把别人的灾难当成捞取利益的机会，把荒淫暴虐这些足以导致亡国败家的事情当成乐趣。这些不仁爱的人要是可以与之交谈，那还会有什么亡国败家的事发生呢？曾经有个儿童歌唱说：‘清澈的沧浪水啊，能用来洗我的帽缨；浑浊的沧浪水啊，能用来洗我的双脚。’孔子在一旁听了说：‘弟子们听着，清澈的水可以用来洗帽缨，浑浊的水可以用来洗双脚，这些都是由水本身决定的。’所以一个人一定是先侮辱自己，然后别人才侮辱他；一个家庭必然是自己先毁坏，别人才来毁坏它；一个国家必然是自己内部先互相征伐，别人才来讨伐它。《太甲》上说：‘天降灾祸，还可以躲避；自己做坏事，就逃脱不了灭亡。’说的就是这个意思。”

【原典】

孟子曰：“桀纣之失天下也，失其民也；失其民者，失其心也。得天下有道：得其民，斯得天下矣；得其民有道：得其心，斯得民矣；得其心有道：所欲与之聚之，所恶勿施尔也。民之归仁也，犹水之就下、兽之走圹[①]也。故为渊驱鱼者，獭也；为丛驱爵[②]者，鹯[③]也；为汤武驱民者，桀与纣也。今天下之君有好仁者，则诸侯皆为之驱矣。虽欲无王，不可得已。今之欲王者，犹七年之病求三年之艾也。苟为不畜，终身不得。苟不志于仁，终身忧辱，以陷于死亡。《诗》云[④]‘其何能淑，载胥及溺’，此之谓也。”

【注释】

①扩：同“旷”，旷野之意。

②爵：同“雀”，这里指飞禽。

③鹯：指鹞、鹰一类猛禽。

④《诗》云：下文引自《诗经·大雅·桑柔篇》。

【译文】

孟子说：“夏桀、商纣之所以失去天下，是因为失去了百姓的支持；他们之所以失去百姓的支持，是因为失去了民心。取得天下是有一定的办法的，得到百姓，就会得到天下；得到百姓也是有一定办法的，得到民心，就会得到人民的拥护。得到民心也是有一定办法的，百姓所想要的就要给他们，并使他们有一定的聚集，百姓所厌恶的就不要强加给他们，不过如此罢了。百姓向仁德仁政归附，就像水向低处流，野兽喜欢跑在旷野一样。所以，替深渊把鱼驱赶来的，是水獭；替森林把鸟儿驱赶来的，是鹞、鹰；替汤王和武王把百姓驱赶来的，是夏桀和商纣王。现如今天下若有施行仁政的国君，那么凶暴的诸侯们就会替他驱赶百姓。即使他不想称王天下，也是做不到的。而当前一些希望统一天下的人，就好像生了七年的病企图用三年的陈艾来医治一样，如果平常不积蓄，一辈子也得不到。如果不立志于仁政，就会一辈子忧患受辱，以致陷入死亡的境地。《诗经》上说：‘怎么样才能做好呢？不过相率落水灭顶罢了。’说的正是这个道理。”

【原典】

孟子曰：“自暴[①]者，不可与有言也；自弃者，不可与有为也。言非礼义，谓之自暴也；吾身不能居[②]仁由[③]义，谓之自弃也。仁，人之安宅也；义，人之正路也。旷[④]安宅而弗居，舍正路而不由，哀哉！”

【注释】

①暴：糟蹋、损害。

②居：辨别。

③由：使用。

④旷：耽误、荒废。

【译文】

孟子说："自己损害自己的人，不可以和他谈什么；自己抛弃自己的人，不可以和他有什么作为。所言谈的不是仁爱礼义，就称之为自己损害自己；自身不能辨别仁爱和遵循仁义，就称之为自己抛弃自己。建立人与人之间相互亲爱的关系，是人们安稳的住宅；遵循仁义之道，是人们所必须走的正路。荒废安稳的住宅而不住；舍弃正路而不经过，真是可悲啊。"

【原典】

孟子曰："道在迩[1]而求诸远，事在易而求之难。人人亲其亲、长其长而天下平。"

【注释】

①迩：近。

【译文】

孟子说："道路在近旁而偏要向远处去寻求，事情本来很容易而偏要向难处下手。每个人只要亲近自己的亲人，敬重自己的长辈，天下就能够太平了。"

【原典】

孟子曰："居下位而不获于上，民不可得而治也。获于上有道：不信于友，弗获于上矣；信于友有道：事亲弗悦，弗信于友矣；悦亲有道：反身不诚，不悦于亲矣；诚身有道：不明乎善，不诚其身矣。是故诚者，天之道也；思诚者，人之道也。至诚而不动者，未之有也；不诚，未有能动者也。"

【译文】

孟子说："职位低下而得不到上司的信任，是不能治理百姓的。要获得上司的信任也有一定的方法，如果不能得到朋友的信任，也就不能获得上司的信任。得到朋友的信任也有一定的方法，如果侍奉父母而不能博得父母的欢心，也就不能得到朋友的信任。博得父母的欢心也有一定的方法，如果反躬自问而不诚心诚意，也就不能博得父母的欢心。要想诚心诚意也有一定的方法，如果不明白什么是善，也就不能做到真心诚意。因此，所谓的真心诚意，是自然的规律；追求真心诚意，是做人的规律。有了至诚的心意而没有感动别人，是没有的。不真心诚意，要感动别人也是不可能的。”

【原典】

孟子曰：“伯夷辟[1]纣，居北海之滨，闻文王作，兴曰：‘盍归乎来！吾闻西伯善养老者。’太公辟纣，居东海之滨，闻文王作，兴曰：‘盍归乎来！吾闻西伯善养老者。’二老者，天下之大老也，而归之，是天下之父归之也。天下之父归之，其子焉往？诸侯有行文王之政者，七年之内，必为政于天下矣。”

【注释】

①辟：同“避”，回避、躲避。

【译文】

孟子说：“伯夷躲避商纣王，住到渤海边上，听说周文王兴盛起来了，便说：‘为何不去归服他呢？我听说文王善于供养老人。’姜太公躲避商纣王，住到了东海边上，听说周文王兴盛起来了，便说：‘为何不去归服他呢？我听说文王善于供养老人。’这两个老人，是天下声望很高的老人，他们归服周文王，就等于是天下的父老都归向周文王了。天下的父老都归向周文王，他们的子女还能往哪里去呢？诸侯中如有施行周文王的仁政的，在七年之内，就能掌握天下的政权了。”

【原典】

孟子曰：“求[1]也为季氏[2]宰[3]，无能改于其德，而赋粟倍他日。孔子曰：‘求非我徒也，小子鸣鼓而攻之可也。’由此观之，君不行仁政而富之，皆弃于孔子者也。况于为之强战？争地以战，杀人盈野；争城以战，杀人盈城。此所谓率土地而食人肉，罪不容于死。故善战者服上刑，连诸侯者次之，辟[4]草莱、任土地者次之。”

【注释】

①求：姓冉名求，孔子的学生。

②季氏：即季孙氏，鲁国大夫，此时把持鲁国的国政，代鲁国国君主持祭祀。

③宰：这里是指古代官吏的通称。

④辟：开辟、开拓。

【译文】

孟子说："冉求做了季氏的官员，没有能力改变季氏执政的方式，而征收的粟米比过去倍增。孔子说：'冉求不是我的弟子了，你们大张旗鼓地攻击他，是可以的。'由此看来，国君不施行爱民政策而敛财致富的，都是孔子所唾弃的，更何况是还要替他卖力打仗的人呢？为争夺地盘而战，往往杀人遍野；为掠夺城镇而战，往往杀人满城；这就是所谓的为了土地而吃人肉，死刑都不足以赎出他们的罪过。所以好战的人应该受到最重的刑罚，从事合纵连横的人应该受次一等的刑罚，开垦草莽、尽地力的人该受再次一等的刑罚。"

【原典】

孟子曰："存①乎人者，莫良于眸子②。眸子不能掩其恶。胸中正，则眸子了③焉；胸中不正，则眸子眊④焉。听其言也，观其眸子，人焉廋⑤哉？"

【注释】

①存：考察。

②眸子：眼珠，也指眼睛。

③了：明亮。

④眊：眼睛失神、看不清楚。

⑤廋：隐藏。

【译文】

孟子说："考察一个人，没有比观察他的眼睛更好的方法了。

一个人的眼睛是不能掩盖他的缺点的。心中正派，眼睛就会明亮；心中不正，眼睛就会昏暗失神。听他的言谈，观察他的眼神，这个人的善恶又能往哪里隐藏呢？”

【原典】

孟子曰：“恭者不侮人，俭[①]者不夺人。侮夺人之君，惟恐不顺焉，恶[②]得为恭俭？恭俭岂可以声音笑貌为哉？”

【注释】

①俭：自我约束，不放纵，俭朴。

②恶：表示疑问，相当于何、怎么之意。

【译文】

孟子说：“为人谦恭的人不会欺侮他人，善于自我约束的人不会掠夺别人。欺侮而且掠夺别人的君王，深怕别人不顺从，怎么能够做得到谦恭而且能自我约束呢？谦恭而且能自我约束难道能以悦耳的声音、谄媚的笑容表现出来吗？”

【原典】

淳于髡[①]曰：“男女授受不亲，礼与？”

孟子曰：“礼也。”

曰：“嫂溺则援之以手乎？”

曰：“嫂溺不援，是豺狼也。男女授受不亲，礼也；嫂溺援之以手者，权[②]也。”

曰：“今天下溺矣，夫子之不援，何也？”

曰：“天下溺，援之以道；嫂溺，援之以手。子欲手援天下乎？”

【注释】

①淳于髡：人名，齐国人，曾仕于齐威王、齐宣王和梁惠王等朝。

②权：权宜、变通。

【译文】

淳于髡说："男女之间不亲手传递接受东西，这是一种礼制吗？"

孟子说："是礼制。"

淳于髡说："如果嫂嫂淹入水中，要伸手去救她吗？"

孟子说："嫂嫂淹入水中不伸手去救，简直就是豺狼。所谓男女授受不亲，是一种礼制；嫂嫂淹入水中，伸手去救，是一种权宜变通之计。"

淳于髡说："如今天下百姓都淹入水中，先生却不伸手去救援，这是为什么呢？"

孟子说："天下百姓都淹入水中，要想救援，就要用'道'去救援。嫂嫂淹入水中，只是伸出一只手去救。你想用一只手去救援天下百姓吗？"

【原典】

公孙丑曰："君子之不教子，何也？"

孟子曰："势不行也。教者必以正；以正不行，继之以怒；继之以怒，则反夷[①]矣。'夫子教我以正，夫子未出于正也。'则是父子相夷也。父子相夷，则恶矣。古者易子而教之。父子之间不责善。责善则离，离则不祥莫大焉。"

【注释】

①夷：伤害。

【译文】

公孙丑说："君子不亲自教育儿子，为什么呢？"

孟子说："这在情势上是行不通的。教育必须要用正确的方式；用正确的方法没有成效，接下来就会发怒。怒气一产生，反倒伤害了小孩。'父亲用正确的方法来要求我，可您自己并不按正确的规范行事。'这样父子之间就伤害了感情。父子之间伤害了感情，关系就恶化了。古时候的人们交换儿子来进行教育，父子之间不因求好来互相责备。求好来互相责备就会使隔阂产生而互相分离，那是最不好的事了。”

【原典】

孟子曰：“事[①]孰为大？事亲为大；守孰为大？守身为大。不失其身而能事其亲者，吾闻之矣；失其身而能事其亲者，吾未之闻也。孰不为事？事亲，事之本也；孰不为守？守身，守之本也。曾子养曾皙[②]，必有酒肉。将彻，必请所与。问有余，必曰‘有’。曾皙死，曾元[③]养曾子，必有酒肉。将彻[④]，不请所与。问有余，曰：‘亡[⑤]矣’。将以复进也。此所谓养口体者也。若曾子，则可谓养志也。事亲若曾子者，可也。”

【注释】

①事：这里用作动词，侍奉之意。

②曾皙：曾参的父亲，亦是孔子的学生。姓曾，名点，字子皙。春秋末鲁国南武城（原属山东费县，现属平邑县）人。

③曾元：曾子的儿子。

④彻：撤除、撤去。

⑤亡：这里用为“无”，即没有之意。

【译文】

孟子说：“侍奉之事，什么为最大？侍奉父母为最大。操守之事，什么为最大？守住自身为最大。没有丧失操守又能很好地侍奉父母亲的，我听说过。丧失了自身操守又能很好地侍奉父母亲的，我没有听说过。谁不做侍奉人的事呢？侍奉亲人，是侍奉之事的根本；守住自身，是操守之事的根本。曾子奉养他的父亲曾皙，每餐必定有酒和肉，饭后把饭菜撤走时，一定请示‘把剩下的饭菜送给谁？’如果问‘还有没有剩余？’必然回答说‘有。’曾皙去世以后，曾元奉养曾子，每餐也必定有酒和肉，但饭后把饭菜撤走时，不请示‘把剩下的饭菜送给谁？’如果问‘还有没有剩余？’必然回答说‘没有了。’其实他是想把剩下的饭菜下次再给曾子吃。这就是人们所说的仅仅是供养父母的身体。像曾子那样，才可称为奉养父母的意愿的亲情。侍奉双亲像曾子那样的人，才算可以。”

【原典】

孟子曰："人不足与适[1]也，政不足闲[2]也。惟大人为能格君心之非。君仁莫不仁，君义莫不义，君正莫不正。一正君而国定矣。"

【注释】

①适：同"谪"，谴责。

②闲：批评、挑剔。

【译文】

孟子说："那些当政的小人不值得去谴责，他们的施治也不值得去非议；只有有智慧的贤才才能纠正君主不正确的思想。国君仁，没有人不仁；国君义，没有人不义；国君正直，没有人不正直。只要有一个正直的国君，那么全国就能安定了。"

【原典】

孟子曰："有不虞[1]之誉，有求全之毁。"

【注释】

①虞：猜度，料想。

【译文】

孟子说："有料想不到的赞誉，也有过于苛求的诋毁。"

【原典】

孟子曰："人之易[1]其言也，无责耳矣。"

【注释】

①易：改变，变动。

【译文】

孟子说："人要是轻易改变自己的言行，就是没有责任心的人。"

【原典】

孟子曰："人之患在好为人师。"

【译文】

孟子说："人们的毛病，在于总喜欢充当别人的老师。"

【原典】

乐正子[1]从于子敖[2]之齐。乐正子见孟子。孟子曰："子亦来见我乎？"

曰："先生何为出此言也？"

曰："子来几日矣？"曰："昔者[3]。"

曰："昔者，则我出此言也，不亦宜乎？"

曰："舍馆未定。"

曰："子闻之也，舍馆定，然后求见长者乎？"

曰："克有罪。"

【注释】

①乐正子：名克，鲁国人，孟子的学生，当时正在鲁国做官。

②子敖：姓王名欢，字子敖。齐国贵臣，官右师。

③昔者：昨天。

【译文】

乐正子随同王子敖到了齐国。

乐正子来见孟子。孟子说："你也会来见我吗？"

乐正子说："先生为什么说这样的话呢？"

孟子说："你来了几天了？"

乐正子说："昨天。"

孟子说："昨天？那么我说这样的话，不是正合适吗？"

乐正子说："我是因为住的客舍还没有找好。"

孟子说："你曾听说过，要等客舍找好后，才来求见长辈的吗？"

乐正子说："我错了。"

【原典】

孟子谓乐正子曰："子之从于子敖来，徒哺[1]啜[2]也。我不意子学古之道，而以哺啜也。”

【注释】

①哺：吃食。

②啜：饮、喝。

【译文】

孟子对乐正子说：“你追随王子敖来，只不过为了吃喝而已。我没有想到你学了古人的大道，竟然是为了饮食。”

【原典】

孟子曰：“不孝有三，无后为大。舜不告而娶，为无后也，君子以为犹告也。”

【译文】

孟子说：“不孝顺父母的情况有三种，其中以没有后代的罪过为最大。舜没有禀告父母就娶妻，为的就是怕没有后代。所以，君子认为他虽然没有禀告，但实际上和禀告了一样。”

【原典】

孟子曰：“仁之实，事亲是也；义之实，从兄是也。智之实，知斯二者弗去是也；礼之实，节文斯二者是也；乐之实，乐斯二者。乐则生矣，生则恶可已也。恶可已[1]，则不知足之蹈之、手之舞之。”

【注释】

①已：停止。

【译文】

孟子说：“仁的主要内容是侍奉父母；义的主要内容是顺从兄长。智的主要内容是懂得这两点而不违背它；礼的主要内容是对这两者能够合宜地加以调节，乐的主要内容是从这两者中得到快乐。快乐产生了就不会停止。不会停止，人就会在不知不觉间高兴得手舞足蹈。”

【原典】

孟子曰："天下大悦而将归己。视天下悦而归己，犹草芥也。惟舜为然。不得乎亲，不可以为人；不顺乎亲，不可以为子。舜尽事亲之道而瞽瞍[1]厎[2]豫[3]，瞽瞍厎豫而天下化，瞽瞍厎豫而天下之为父子者定，此之谓大孝。"

【注释】

①瞽瞍：人名，舜的父亲。

②厎：这里用为致之意。

③豫：假借为"娱"，快乐之意。

【译文】

孟子说："整个天下都很喜悦地要来归附自己，把这一切看成如同草芥一样的，只有舜是如此。不得到父母的欢心，不可以作为一个人；不顺从父母的旨意，不能称其为儿子。舜尽心尽力侍奉父母，结果使他父亲瞽瞍心情愉快、高兴。瞽瞍高兴了，天下的人因此而受感化；瞽瞍高兴了，天下父子间的伦理规范也就确定了，这就叫作大孝。"

离娄章句下

导读

《离娄章句下》共三十节，以短章居多。主要论述历代圣王所秉持的道义大体一致，都是推行仁义，以民为本。第三、四、五节论及君臣关系，强调臣子对君主并不是绝对的服从，君主仁则臣尽忠，君主不仁则臣子可以离开。第十一、十二节讨论怎样才是有德行的人，不可背“礼”、不可违“义”，要保持赤子之心的真纯。第十八节以水作喻，揭示人生道理，体现了其善譬巧喻的特点。第三十三节“齐人有一妻一妾”，用生动的寓言故事揭示了君子贵乎自重的道理。

【原典】

孟子曰：“舜生於诸冯①，迁於负夏，卒於鸣条，东夷之人也。文王生於岐周，卒于毕郢，西夷之人也。地之相去也，千有馀里；世之相后也，千有馀岁。得志行乎中国，若合符节②，先圣后圣，其揆③一也。”

【注释】

①诸冯：地名。

②符节：中国古代朝廷传达命令、征调兵将以及用于各项事务的一种凭证。多用金、铜、玉、角、制成。使用时双方各执一半，合之验真假，相合就可取信。

③揆：准则。

【译文】

孟子说：“舜出生在诸冯，迁居到负夏，死于鸣条，是东方边远地区人。周文王出生在岐周，死于毕郢，是西方边远地区人。

两地相距有千里远，时代相隔有千余年。他们得志之时在中国的作为，就像相合的符节那样一致，先时的圣人与后世的圣人，他们所遵从的准则都是一样的。”

【原典】

子产听郑国之政，以其乘舆济人於溱洧[①]。孟子曰：“惠而不知为政。岁十一月，徒杠[②]成；十二月，舆梁[③]成，民未病涉也。君子平其政，行辟[④]人可也，焉得人人而济之？故为政者，每人而悦之，日亦不足矣。”

【注释】

①溱、洧：均为河水名。

②徒杠：徒步行走的独木桥。杠，独木之桥。

③舆梁：行车的桥。孙奭《孟子正义》：“舆梁者，盖桥上横架之板若车舆者。”

④辟：同“避”，回避。

【译文】

子产治理郑国时，用他乘坐的车子帮人渡过溱水和洧水。孟子说：“子产施惠却不懂如何治理国家。如果十一月修建成步行的桥，十二月修建成过车的桥，那么百姓就不会有渡河的烦恼了。若君子处理好政务，外出的时候让行人回避都可以，又怎么能帮每一个人渡河呢？所以，主持政事的人若使每人都高兴，那他的时间就不够用了。”

【原典】

孟子告齐宣王曰：“君之视臣如手足，则臣视君如腹心；君之视臣如犬马，则臣视君如国人；君之视臣如土芥，则臣视君如寇雠[①]。”王曰：“礼，为旧君有服[②]，何如斯可为服矣？”曰：“谏行言听，膏泽下於民；有故而去，则使人导之出疆，又先於其所往；去三年不反，然后收其田里。此之谓三有礼焉。如此，则为之服矣。今也为臣，谏则不行，言则不听，膏泽不下於民；有故而去，则君搏执[③]之，又极之於其所往；去之日，遂收其田里。此之谓寇雠。寇雠何服之有？”

【注释】

①雠：仇敌。

②服：指丧服，臣子为旧君服丧，为期三月。

③搏执：捆绑。

【译文】

孟子对齐宣王说：“如果君主将臣子看作是他的手足，那么臣子就会将君主看作是自己的心腹；如果君主将臣子看作为犬马，那么臣子就会将君主看作为路人；如果君主将臣子看作泥土草芥，那么臣子就会将君主看作是仇敌。”齐宣王问：“根据礼制规定，臣子要为侍奉过的君主服丧，君主要怎样做才能让臣子为他服丧呢？”孟子说：“臣子的劝谏被接纳，进言被听从，恩惠普及百姓；臣子若因故离去，那么君主要派人引导他离开国境，并遣人先于臣子之前到达，做好安排；如果臣子离开三年不归，才收回他的田地房产。这叫作三有礼。这样，臣子就会为他服丧了。而现在身为臣子，劝谏不被采纳，进言不被听取，恩惠不能普及百姓；臣子因故离开，君主就把他捆绑起来，并使他在要去的地方陷入困境；离开当日就收回他的田产。这就叫作仇敌。对于仇敌，还服什么丧呢？”

【原典】

孟子曰：“无罪而杀士，则大夫可以去①；无罪而戮②民，则士可以徙③。”

【注释】

①去：离开。

②戮：杀戮。

③徙：迁往他处。

【译文】

孟子说：“士人没有罪名而被杀掉，那么大夫就可以离开；百姓没有罪名而被杀戮，那么士人可以迁走。”

【原典】

孟子曰："君仁，莫不仁；君义，莫不义。"

【译文】

孟子说："君主仁，没有人不仁；君主义，没有人不义。"

【原典】

孟子曰："非礼之礼，非义之义，大人弗为。"

【译文】

孟子说："不合礼的礼，不正义的义，君子是不去做的。"

【原典】

孟子曰："中[①]也养不中，才也养不才，故人乐有贤父兄也。如中也弃不中，才也弃不才，则贤不肖之相去[②]，其间不能以寸。"

【注释】

①中：指言行适中的人。

②去：距离。

【译文】

孟子说："言行适中的人教导有失分寸的人，有才能的人教导无才能的人。如果言行适中的人嫌弃有失分寸的人，有才能的人嫌弃无才的人，那么贤能和不才之间的距离就没有办法用寸来衡量了。"

【原典】

孟子曰："人有不为也，而后可以有为。"

【译文】

孟子说："人要有所不为，然后才能有所作为。"

【原典】

孟子曰："言人之不善，当如后患何？"

【译文】

孟子说："谈论他人的不好，将怎样处理引来的后患呢？"

【原典】

孟子曰："仲尼不为已甚者。"

【译文】

孟子说："孔子不做过分的事。"

【原典】

孟子曰："大人者，言不必信，行不必果，惟[1]义所在。"

【注释】

①惟：只，仅仅。

【译文】

孟子说："有德行的人，不必完全信守说的话，不必行动都有结果，只看是否合乎于义。"

【原典】

孟子曰："大人者，不失其赤子[1]之心者也。"

【注释】

①赤子：指刚出生的婴儿。《尚书·康诰》："若保赤子，惟民其康乂。"孔颖达疏："子生赤色，故言赤子。"这里指纯朴无瑕、没有杂念的人。

【译文】

孟子说："有德行的人，是没有失去纯朴之心的人。"

【原典】

孟子曰："养生者不足以当大事，惟送死可以当大事。"

【译文】

孟子说："奉养健在的父母不算作大事，只有送终才算作大事。"

【原典】

孟子曰："君子深造之以道，欲其自得之也。自得之，则居之安；居之安，则资之深；资之深，则取之左右逢其原，故君子欲其自得之也。"

【译文】

孟子说："君子用道来加深造诣，想要自觉地有所获得。自觉领悟到的，就会牢固地掌握；牢固地掌握，才能积蓄深厚；积蓄深厚，用起来才能左右逢源，所以君子想要自觉地领悟。"

【原典】

孟子曰："博①学而详说之，将以反②说约③也。"

【注释】

①博：广博。

②反：同"返"，返回，回到。

③约：简要，简约。

【译文】

孟子说："广博地学习并且详尽地解说，是要由此回到简约地阐述要义上。"

【原典】

孟子曰："以善服人者，未有能服人者也。以善养人，然后能服天下。天下不心服而王①者，未之有也。"

【注释】

①王：动词，称王。

【译文】

孟子说："用善行使人信服，没有能让人信服的。用善行来教育陶冶别人，然后才能使天下人信服。天下人不信服而能一统天下的（事情），从来没有过。"

【原典】

孟子曰：“言无实不祥。不祥之实，蔽[1]贤者当之。”

【注释】

①蔽：遮蔽，蒙蔽。

【译文】

孟子说：“言行与实际不相符是不好的。不好的结果，要由妨碍贤才的人来承担。”

【原典】

徐子曰：“仲尼亟[1]称於水，曰‘水哉，水哉！’何取於水也？”

孟子曰：“源泉混混[2]，不舍昼夜，盈科[3]而后进，放乎四海。有本者如是，是之取尔。苟为无本，七八月之间雨集，沟浍[4]皆盈，其涸也，可立而待也。故声闻过情，君子耻之。”

【注释】

①亟：屡次，多次。

②混混：形容水势旺盛的样子。

③科：坎、坑的意思。

④沟浍：指田间沟渠。

【译文】

徐子说：“孔子多次称赞水，说：‘水啊、水啊！’他是肯定水的哪一方面呢？”

孟子说：“从源头流出来的水滚滚涌出，日夜不停，注满水洼继续前进，一直流入大海。有本源的东西就像这样，孔子是肯定水的这一点。如果没有本源，七八月份雨水密集，沟壑都溢出水来，但是它们的干涸马上就可以看到。所以，名声盖过实际，是君子所引以为耻的。”

【原典】

孟子曰：“人之所以异於禽兽者几希[1]，庶民去之，君子存之。

舜明於庶物[2]，察於人伦，由[3]仁义行，非行仁义也。”

【注释】

①几希：很少，一点点。

②庶物：万物。

③由：依照、遵循。

【译文】

孟子说：“人与禽兽不同之处很细微，普通人丢弃了它，君子保存了它。舜明白万物的规律，依循仁义行事，而非推行仁义。”

【原典】

孟子曰：“禹恶旨酒[1]而好善言。汤执中，立贤无方。文王视民如伤，望道而未之见。武王不泄[2]迩[3]，不忘远。周公思兼三王，以施四事，其有不合者，仰而思之，夜以继日；幸而得之，坐以待旦。”

【注释】

①旨酒：美酒。旨，美味。

②泄：指怠慢的意思。

③迩：近处。

【译文】

孟子说：“禹厌恶美酒而喜好善言。成汤守中庸之道，起用贤才不守成规。周文王看待子民如同受伤的人，看见大道如同没有见过一般。周武王不轻慢身边臣子，不忘记远方臣子。周公想效法夏、商、周三代圣王，来实践禹、汤、文王、武王的美德，如果有不相符之处，就抬头思考，日夜不停。如果有幸想明白了，就坐等天亮立即实行。”

【原典】

孟子曰：“王者之迹熄而《诗》亡，《诗》亡然后《春秋》作。晋之《乘》[1]，楚之《梼杌》[2]，鲁之《春秋》，一也。其事则齐桓、晋文，其文则史。孔子曰：‘其义则丘窃取之矣。’”

【注释】

①《乘》：指晋国的史书。

②《梼杌》：楚国的史书。

【译文】

孟子说："天子采诗制度停止了，《诗经》就消亡了，《诗经》消亡后《春秋》出现。晋国的《乘》、楚国的《梼杌》、鲁国的《春秋》，都是一样的。记载的是齐桓公、晋文公之事，其文章使用的是史书的笔法。孔子说：'我在《春秋》中取用了它们的大义。'"

【原典】

孟子曰："君子之泽[①]五世而斩，小人之泽五世而斩。予未得为孔子徒也，予私淑诸人也。"

【注释】

①泽：朱熹《集注》云："犹言流风余韵也。"指影响。

【译文】

孟子说："君子的影响要历经五代消亡，小人的影响也要历经五代消亡。我没有能成为孔子的学生，我是私下从别人那里学来的。"

【原典】

孟子曰："可以取可以无取，取伤廉；可以与可以无与，与伤惠；可以死，可以无死，死伤勇。"

【译文】

孟子说："可以取可以不取，取了就会有伤廉洁；可以给可以不给，给了就会有损恩惠；可以死可以不死，死了就会有伤勇敢。"

【原典】

逄蒙[①]学射於羿，尽羿之道，思天下惟羿为愈[②]已，於是杀羿。孟子曰："是亦羿有罪焉。"公明仪曰："宜若无罪焉。"曰："薄乎云尔，恶得无罪？郑人使子濯孺子侵卫，卫使庾公之斯追之。子濯孺子曰：'今日我疾作，不可以执弓，吾死矣夫！'问其仆曰：'追我者谁也？'其仆曰：'庾公之斯也。'曰：'吾生矣。'其仆曰：'庾公之斯，卫之善射者也。夫子曰吾生，何谓也？'曰：'庾公之斯学射於尹公之他，尹公之他学射於我。夫尹公之他，端人[3]也，其取友必端矣。'庾公之斯至，曰：'夫子何为不执弓？'曰：'今日我疾作，不可以执弓。'曰：'小人学射於尹公之他，尹公之他学射於夫子。我不忍以夫子之道反害夫子。虽然，今日之事，君事也，我不敢废。'抽矢[4]，扣轮，去其金，发乘矢[5]而后反。

【注释】

①逢蒙：古人名，夏代善于射箭的人。相传曾向后羿学习射箭。

②愈：越，胜过。

③端人：正直的人。

④矢：箭。

⑤乘矢：四支箭。乘，古时称四马一车为一乘。

【译文】

逢蒙向后羿学习射箭，完全掌握了后羿的技艺，觉得天下只有后羿能够胜过自己，于是杀了后羿。孟子说："这件事后羿也有过错。"

公明仪说："好像后羿没有过错吧。"

孟子说："只是过错很小而已，怎么会没有过错呢？郑人派子濯孺子攻打卫国，卫国派庾公之斯追击。子濯孺子说：'今天我的病发作了不能拿弓，我要死了！'问他的车夫：'追击我的人是谁？'车夫说：'是庾公之斯。'子濯孺子说：'我可以活命了。'车夫说：'庾公之斯是卫国最善射箭的人，先生却说自己可以活命了，这是什么意思？'子濯孺子说：'庾公之斯是向尹公之他学习的射箭，而尹公之他是向我学习的射箭。尹公之他，是一个正直的人。他选择交往的朋友也一定是正直的人。'庾公之斯追上，说：'你为什么不拿弓呢？'子濯孺子说：'我的病今天发作了，不能拿弓。'庾公之斯说：'我向尹公之他学习射箭，尹公之他向先生学习射箭，我不忍心用先生的射箭技艺来伤害先生。即使如此，今天的事情，是国君的事情，我不能不做。’于是抽出箭，在车轮上敲掉箭头，发射四箭后就回去了。”

【原典】

孟子曰：“西子蒙不洁，则人皆掩鼻而过之。虽有恶人[1]，斋戒沐浴，则可以祀上帝。”

【注释】

①恶人：指相貌丑陋的人。

【译文】

孟子说：“如果西施染上污垢，人们会掩着鼻子从她面前走过；即使是丑陋的人，只要斋戒沐浴，也可以祭祀上帝。”

【原典】

孟子曰：“天下之言性也，则故而已矣。故者以利[1]为本。所恶於智者，为其凿也。如智者若禹之行水也，则无恶於智矣。禹之行水也，行其所无事也。如智者亦行其所无事，则智亦大矣。天之高也，星辰之远也，苟求其故，千岁之日至[2]，可坐而致也。”

【注释】

①利：顺应。

②日至：指冬至。

【译文】

孟子说：“天下人谈论的本性，只要研究固有规律就可以了。所谓固有规律，以顺应自然为基础。我们厌恶聪明人，是因为使用聪明容易穿凿附会。如果聪明人能像大禹治水那样，就不使人厌恶了。大禹治水顺应水的自然性，看起来并没有做什么。如果聪明人也能这样，那才是真正的聪明。天空高远，星辰遥远，如果研究固有规律，那么千年之后的冬至，都可以坐着推算出来。”

【原典】

公行子[1]有子之丧。右师往吊，入门，有进而与右师言者，有就右师之位而与右师言者。孟子不与右师言，右师不悦，曰："诸君子皆与欢言，孟子独不与欢言，是简[2]欢也。"孟子闻之，曰："礼，朝廷不历位[3]而相与言，不逾阶而相揖也。我欲行礼，子敖以我为简，不亦异乎？"

【注释】

①公行子：齐国大夫。

②简：怠慢，轻慢。

③历位：指逾越位次。历，跨越。

【译文】

公行子的儿子死了，右师子敖前去吊唁。进门之后，有上前与右师说话的人，有接近右师座位和他说话的人，。只有孟子不和他说话，右师为此不高兴说："诸位先生都来和我交谈，只有孟子不和我说话，是轻慢我。"孟子听到之后说："根据礼制规定，朝廷上不越过位次相互交谈，不隔着台阶相互作揖。我想根据礼制行事，右师却认为我轻慢他，这不奇怪吗？"

【原典】

孟子曰："君子所以异於人者，以其存心也。君子以仁存心，以礼存心。仁者爱人，有礼者敬人。爱人者，人恒爱之；敬人者，人恒敬之。有人於此，其待我以横逆[1]，则君子必自反[2]也：我必不仁也，必无礼也，此物奚宜至哉？其自反而仁矣，自反而有礼矣，其横逆由是也，君子必自反也，我必不忠。自反而忠矣，其横逆由是也。君子曰：'此亦妄人也已矣。如此，则与禽兽奚择哉？於禽兽又何难焉？'是故君子有终身之忧，无一朝之患也。乃若所忧则有之：舜，人也；我，亦人也。舜为法於天下，可传於后世，我由未免为乡人也，是则可忧也。忧之如何？如舜而已矣。若夫君子所患则亡矣。非仁无为也，非礼无行也。如有一朝之患，则君子不患矣。"

【注释】

①横逆：强暴不讲理。

②反：反省。

【译文】

孟子说："君子不同于常人，就在于他的内心。君子把仁放在心里，把礼放在心里。仁义之人懂得关爱他人，有守礼之人敬爱他人。关爱别人的人，人们也会爱护他；尊敬别人的人，人们也会敬重他。如果有这样一个人，用蛮横的态度对待我，君子就会自我反省：一定是我不施仁爱，一定是我不守礼数，不然怎么会遇到这种事呢？反省后更加仁爱、更加守礼，而那人依旧态度蛮横，君子一定会自我反省：一定是我不忠。反省之后更加忠厚，而那人态度依旧蛮横，君子说：'不过是个狂妄的人罢了，这样的人与禽兽有什么区别呢？对于禽兽又有什么好责备的呢？'所以君子有终生的忧患，却没有一时的烦恼。这样的忧患是有的：舜是人，我也是人，舜被天下人效法，影响流传于后世，我却依然是个普通人。这才是值得忧虑的，如此忧虑要怎么办呢？想要和舜一样罢了。至于君子一时的烦恼是没有的。不仁的事不做，不守礼的事不行，假如有一时的烦恼，君子也不会为此担忧。"

【原典】

禹、稷当平世①，三过其门而不入，孔子贤之。颜子当乱世，居於陋巷，一箪②食，一瓢饮，人不堪其忧，颜子不改其乐，孔子贤之。孟子曰："禹、稷、颜回同道。禹思天下有溺③者，由己溺之也；稷思天下有饥者，由己饥之也，是以如是其急也。禹、稷、颜子易地则皆然。今有同室之人斗者，救之，虽被发缨冠而救之，可也。乡邻有斗者，被发缨冠而往救之，则惑也，虽闭户可也。"

【注释】

①平世：太平之世。

②箪：古代用来盛饭食的竹器。

③溺：溺水。

【译文】

禹、稷身处太平时代，三次经过家门却不进去，孔子称赞他们。颜回生于乱世，居住在简陋之地，一筐饭、一瓢水，别人忍受不了这样的困苦，而颜回却不改他的志趣，孔子称赞他。孟子说："禹、稷、颜回是一样的人。禹想到天下有溺水的人，就好像自己溺水了一样；稷想到天下有挨饿的人，就好像自己饿肚子一样，所以他们如此急迫。禹、稷、颜回如果互相交换处境还是会如此。如果同处一室的人发生争斗，即使披散着头发戴上帽子去救他们，都是可以的；如果乡里的邻居发生争斗，也披散着头发戴上帽子去救人，是不明智的，这时候即使关起门来都没有关系。"

【原典】

公都子曰："匡章，通国[①]皆称不孝焉。夫子与之游，又从而礼貌之，敢问何也？"孟子曰："世俗所谓不孝者五：惰其四支[②]，不顾父母之养[③]，一不孝也；博奕好饮酒，不顾父母之养，二不孝也；好货财，私妻子，不顾父母之养，三不孝也；从耳目之欲，以为父母戮[④]，四不孝也；好勇斗很，以危父母，五不孝也。章子有一於是乎？夫章子，子父责善而不相遇也。责善，朋友之道也。父子责善，贼恩之大者。夫章子，岂不欲有夫妻子母之属哉？为得罪於父，不得近，出妻屏子，终身不养焉。其设心以为不若是，是则罪之大者，是则章子已矣。"

【注释】

①通国：指全国。

②支：同"肢"。

③养：奉养。

④戮：羞辱。

【译文】

公都子问："匡章这个人，全国上下都说他不孝，您和他结为朋友，又以礼待之，敢问这是为什么呢？"孟子说："世人所说的不孝有五类：四肢懒惰，不供养父母，这是一不孝；嗜好赌博饮酒，不供养父母，这是二不孝；贪好钱财，偏爱妻子儿女，不供养父母，这是三不孝；放纵耳目欲望，连累父母蒙羞，这是四不孝；逞强好斗，使父母落入危险，这是五不孝。章子有其中的一点吗？章子这个人，是因为父子之间相互责备而不相亲近。以善相责，是朋友之间相处的原则；父子之间以善相责，是最伤害感情的。章子难道不想有父母妻子的陪伴吗？但因为得罪了父亲而不能亲近，所以赶走了妻子儿子，终生不受他们的奉养。他认为如果不这样做，自己的罪过会更大，这就是章子啊。”

【原典】

曾子居武城，有越寇。或曰：“寇至，盍[1]去诸？”曰：“无寓人於我室，毁伤其薪木。”寇退，则曰：“脩我墙屋，我将反。”寇退，曾子反。左右曰：“待先生如此其忠且敬也，寇至则先去以为民望；寇退则反，殆於不可。”沈犹行曰：“是非汝所知也。昔沈犹有负刍之祸，从先生者七十人，未有与焉。”

子思居於卫，有齐寇。或曰：“寇至，盍去诸？”子思曰：“如伋去，君谁与守？”

孟子曰：“曾子、子思同道。曾子，师也，父兄也。子思，臣也，微也。曾子、子思易地则皆然。”

【注释】

①盍：何不。

【译文】

曾子在武城居住的时候，有越人军队入侵。有人对他说：“敌寇来了，何不离开这里呢？”曾子说：“不要让别人住我的房间，损伤那些树木。”敌寇撤退，曾子说：“修缮好房屋，我就要回去了。”敌人撤退后，曾子回来了。身边的人说：“人们对待先生如此忠诚敬重，敌人来了先生就马上离开，让人们看到效法，敌人撤退先生又回来，恐怕这样做不好。”沈犹行说：“你们不了解，当初沈犹家遭一个叫负刍的人作乱，先生身边七十多人没有一个人涉及其中。”

子思在魏国居住的时候，有齐人来犯，有人说：“敌寇来了，何不离开这里呢？”子思说：“如果我离开了，那么国君和谁一起守卫呢？”

孟子说：“曾子和子思是一样的。曾子是老师，如同父兄；子思是臣子，地位低微。曾子和子思如果交换处境，所做的事也会同对方一样。”

【原典】

储子曰：“王使人瞷夫子，果有以异於人乎？”

孟子曰：“何以异於人哉？尧、舜与人同耳。”

【译文】

储子说：“大王派人观察夫子，真的有和常人不同之处吗？”

孟子说：“哪里和常人有什么不同呢？尧、舜也都与常人一样啊。”

【原典】

齐人有一妻一妾而处室者。其良人[①]出，则必餍[②]酒肉而后反。其妻问所与饮食者，则尽富贵也。其妻告其妾曰：“良人出，则必餍酒肉而后反，问其与饮食者，尽富贵也，而未尝有显者来，吾将瞷[③]良人之所之也。”

蚤[④]起，施[⑤]从良人之所之，遍国中无与立谈者。卒之东郭墦[⑥]间，之祭者乞其馀，不足，又顾而之他，此其为餍足之道也。其妻归，告其妾，曰：“良人者，所仰望而终身也，今若此。”与其妾讪其良人，而相泣於中庭，而良人未之知也，施施[⑦]从外来，骄其妻妾。

由君子观之，则人之所以求富贵利达者，其妻妾不羞也而不相泣者，几希矣。

【注释】

①良人：指丈夫。

②餍：吃饱。

③瞷：窥，悄悄的。

④蚤：同“早”。

⑤施：偷偷地跟着。

⑥墦：指坟场。

⑦施施：得意高兴的样子。

【译文】

齐国有个人，家里有一妻一妾，她们的丈夫每次出去必定酒足饭饱地回来。他的妻子问起一起吃喝的人，丈夫则回答都是富贵之人。他的妻子对他的妾说：“夫君每次出去必定酒足饭饱地回来，问和他一起吃喝的人，都是富贵之人。但是却从来没有显贵的人往家里来，我要暗中观察他往哪里去。”

早上起来，她悄悄跟在丈夫后面。满城人没有站住和他交谈的，最后到了城东的墓地，丈夫向祭奠的人乞讨剩下的供品，不够吃，又四处张望找他人乞讨，这就是他吃饱喝足的办法。他的妻子回来告诉妾说：“丈夫是我们终身的依靠，现在做这样的事。”与他的妾一起嘲骂丈夫，在庭院中相对哭泣。而他们的丈夫不知道发生了什么，高兴地从外面回来，向他的妻妾炫耀。

在君子看来，人们用来求富贵的手段能够使妻妾不羞耻、不相对哭泣的，实在太少了。

万章章句上

导读

《万章章句上》共九节，记述孟子与弟子万章之间的对话，内容涉及尧、舜、禹三代圣王和春秋时期贤者的事迹。第一、二、三节讲述舜对待父母兄弟的态度。第五、六节则体现了孟子的民本思想，能否得到君主之位，要看是否得到了“天意”与“民意”的肯定。第七、八、九节赞美伊尹、孔子和百里奚的德行，强调君子要洁身自好。本篇以长文为主，行文叙事脉络清晰，语言晓畅。

【原典】

万章问曰：“舜往于田，号泣于旻天，何为其号泣也？”

孟子曰：“怨慕①也。”

万章曰：“父母爱之，喜而不忘；父母恶之，劳而不怨。然则舜怨乎？”

曰：“长息问于公明高曰：‘舜往于田，则吾既得闻命矣；号泣于旻天，于父母，则吾不知也。’公明高曰：‘是非尔所知也。’夫公明高以孝子之心，为不若是恝②，我竭力耕田，共为子职而已矣，父母之不我爱，于我何哉？帝使其子九男二女，百官牛羊仓廪③备，以事舜于畎亩之中。天下之士多就之者，帝将胥④天下而迁之焉。为不顺于父母，如穷人无所归。天下之士悦之，人之所欲也，而不足以解忧；好色，人之所欲，妻帝之二女，而不足以解忧；富，人之所欲，富有天下，而不足以解忧；贵，人之所欲，贵为天子，而不足以解忧。人悦之、好色、富贵，无足以解忧者，惟顺于父母，可以解忧。人少，则慕父母；知好色，则慕少艾⑤；有妻子，则慕妻子；仕则慕君，不得于君则热中。大孝终身慕父母。五十而慕者，予于大舜见之矣。”

【注释】

①慕：思慕。

②恝：无忧无虑的样子。

③仓廪：储藏米谷的仓库。

④胥：全部，整个。

⑤少艾：指年轻美丽的女子。

【译文】

万章问孟子说："舜到田地里去，对上天哭泣，他为什么哭泣呢？"

孟子说："因为他既怨恨又思慕。"

万章说："父母爱护自己，欢喜而不敢忘记。父母讨厌自己，忧愁却不能怨恨。可是舜怨恨自己的父母吗？"

孟子说："长息曾经问公明高说：'舜到田地里去，我已经明白。对上天哭泣，对父母哭泣，这我不明白。'公明高说：'这不是你所知道的。'公明高认为孝子之心是不能无忧无虑的。我努力地耕田，是履行作为儿子的职责。父母不爱护我，和我有什么关系呢？尧派他的九个儿子，两个女儿，文武百官带着牛羊粮食到田野中去侍奉舜，天下士人也多归顺于舜，尧将天下移交到舜的手中。可是由于不被父母喜爱，舜就像穷困得没有地方去的人一样。天下的士人取悦他，是世人都想要的，却不能解除他的忧愁。美色，是世人都想要的，娶了尧的两个女儿，却不能解除他的忧愁。富有，是世人都想要的，拥有天下，却不能解除他的忧愁。显贵，是世人都想要的，如天子这样的显贵，却不能解除他的忧愁。被人喜爱、美色、财富显贵都不能解除他的忧愁，只有被父母喜爱才能解除烦忧。人在少年的时候，思慕父母；知道美色的时候，就爱慕美女；有了妻子儿女，就爱护妻子儿女；走上仕途就思慕君主，不能得到君主的欢心就焦虑不安。大的孝道是一生思慕父母。到了五十岁还能思慕父母的，我在舜身上看到了。"

【原典】

万章问曰："《诗》云：'娶妻如之何①？必告②父母。'信斯言也，宜莫如舜。舜之不告而娶，何也？”

孟子曰：“告则不得娶。男女居室，人之大伦也。如告，则废人之大伦，以怼③父母，是以不告也。”

万章曰：“舜之不告而娶，则吾既得闻命矣；帝之妻舜而不告，何也？”

曰：“帝亦知告焉则不得妻也。”

万章曰：“父母使舜完廪，捐④阶⑤，瞽瞍⑥焚廪。使浚井⑦，出，从而掩之。象曰：‘谟盖⑧都君咸⑨我绩。牛羊父母，仓廪父母，干戈朕，琴朕，弤朕，二嫂使治朕栖⑩。’象往入舜宫，舜在床琴。象曰：‘郁陶⑪思君尔。’忸怩⑫。舜曰：‘惟兹臣庶，汝其于予治。’不识舜不知象之将杀己与？”

曰：“奚而不知也？象忧亦忧，象喜亦喜。”

曰：“然则舜伪喜者与？”

曰：“否。昔者有馈生鱼于郑子产，子产使校人畜之池。校人烹之，反命曰：‘始舍之圉圉⑬焉，少则洋洋焉，攸然⑭而逝。’子产曰‘得其所哉！得其所哉！’校人出，曰：‘孰⑮谓子产智？予既烹而食之，曰：得其所哉？得其所哉。’故君子可欺以其方，难罔⑯以非其道。彼以爱兄之道来，故诚信而喜之，奚伪焉？”

【注释】

①如之何：应该怎么办。

②告：禀告。

③怼：怨恨。

④捐：拿去，拿开。

⑤阶：梯子。

⑥瞽瞍：舜的父亲。

⑦浚井：淘井。

⑧谟盖：谋害。

⑨咸：皆，全都。

⑩栖：床。

⑪郁陶：思念的样子。

⑫忸怩：惭愧的样子。

⑬圉圉：虚弱的样子。

⑭攸然：闲适从容的样子。

⑮孰：谁。

⑯罔：蒙蔽，欺骗。

【译文】

万章问："《诗经》说：'娶妻应该怎么办？必定要禀告父母。'应该没有人比舜更信服这样的话。可是舜不禀告父母就娶了妻子，这是为什么呢？"

孟子说："如果禀告了父母就不能娶亲了。男女成婚，是人之伦常。如果禀告父母，就是废弃了伦常，怨恨父母，所以不禀告父母。"

万章说："舜不禀告父母就娶妻，我明白了。娶尧的女儿却禀告父母，这是为什么呢？"

孟子说："尧也知道如果禀告了，就不能把女儿嫁给舜了。"

万章说："舜的父母让他修理粮仓，把梯子拿开，舜的父亲瞽瞍放火烧粮仓。让他去淘井，就往井里填土。舜的弟弟象说：'谋害舜都是我的功劳。粮食归父母，干戈武器归我，琴归我，弓归我，两位嫂嫂服侍我休息。'象到舜的宫室去，舜坐在床上弹琴。象说：'我很想念你啊。'露出惭愧的样子。舜说：'我想念这些臣子和百姓，你替我管理吧。'难道舜不知道象想要杀自己吗？"

孟子说："怎么会不知道呢？只不过象忧愁，舜也忧愁，象开心舜也开心。"

万章说："那么是不是舜假装开心呢？"

孟子说："不是。曾经有人把鱼送给郑国的子产，子产让小吏养在池塘里。小吏把鱼烹食了，回来向子产报告说：开始放进池塘里，鱼恹恹的，过了一会儿就缓缓摇动尾巴，迅速游走了。子产说：'找到它的地方了！找到它的地方了！'小吏出来说：'谁说子产有智慧？我已经把鱼煮了吃掉，子产还说找到它的地方了，找到它的地方了。'所以对君子可以用合乎情理的方式来欺骗他，不能用违背德性的方式来欺骗他。象用敬爱兄长的方式，舜就真心地信任他并且为他开心，怎么是假装的呢？”

【原典】

万章问曰：“象日以杀舜为事，立为天子，则放[①]之，何也？”

孟子曰：“封[②]之也，或[③]曰放焉。”

万章曰：“舜流共工于幽州，放驩兜于崇山，杀三苗于三危，殛[④]鲧于羽山，四罪而天下咸服[⑤]，诛不仁也。象至不仁，封之有庳[⑥]。有庳之人奚罪焉？仁人固如是乎？在他人则诛之，在弟则封之。”

曰：“仁人之于弟也，不藏怒焉，不宿怨焉，亲爱[⑦]之而已矣。亲之欲其贵也，爱之欲其富也。封之有庳，富贵之也。身为天子，弟为匹夫，可谓亲爱之乎？”

“敢问或曰放者，何谓也？”

曰：“象不得有为于其国，天子使吏治其国，而纳其贡税焉，故谓之放，岂得暴彼民哉？虽然，欲常常而见之，故源源而来。‘不及贡，以政接于有庳’，此之谓也。”

【注释】

①放：流放，放逐。

②封：分封土地。

③或：有人。

④殛：诛杀。

⑤服：归服。

⑥有庳：地名，在河南省道县以北。

⑦亲爱：亲近爱护。

【译文】

万章问：“象每天把杀害舜作为大事。舜做了天子却流放了他，这是为什么呢？”

孟子说：“是分封了他，有人说是流放。”

万章说：“舜将共工流放到幽州，将驩兜流放到崇山，在三危将三苗国君诛杀，在羽山将鲧诛杀，惩罚了这四个罪人天下都归服了舜，是因为他讨伐了不仁的原故。象极其不仁，却把他分封到有庳这个地方。难道是有庳这个地方的百姓有罪吗？仁者难道是这样？——对别人就诛杀他，对弟弟就分封他？”

孟子说：“仁者对于弟弟，不存愤怒，不存怨恨，只是亲近他爱护他罢了。亲近他，希望他显贵；爱护他，希望他富有。把他分封到有庳这个地方，就是为了使他显贵富有。哥哥做天子，弟弟为平民，可以叫作亲近爱护他吗？”

万章说：“请问有人说舜流放了他，这是为什么呢？”

孟子说：“象在他的封地没有作为，天子派官吏治理他的国家，缴纳他的贡税，所以有人说是流放。难道舜施暴于他的百姓吗？即使如此，舜想常常见到他，所以不断让他来，‘没有到缴纳贡税的时候，就召见象’，说的就是这样。”

【原典】

咸丘蒙[①]问曰：“语云：‘盛德之士，君不得而臣，父不得而子。’舜南面而立，尧帅诸侯北面而朝之，瞽瞍亦北面而朝之。舜见瞽瞍，其容有蹙[②]。孔子曰：‘于斯时也，天下殆[③]哉，岌岌[④]乎！’不识此语诚然乎哉？”

孟子曰：“否。此非君子之言，齐东野人之语也。尧老而舜摄也。《尧典》[⑤]曰：‘二十有八载，放勋乃徂落[⑥]，百姓如丧考妣[⑦]，三年，四海遏密八音[⑧]。’孔子曰：‘天无二日，民无二王。’舜既为天子矣，又帅天下诸侯以为尧三年丧，是二天子矣。”

咸丘蒙曰：“舜之不臣尧，则吾既得闻命矣。《诗》云：‘普天之下，莫非王土；率土之滨，莫非王臣。’而舜既为天子矣，敢问瞽瞍之非臣，如何？”

曰：“是诗也，非是之谓也；劳于王事，而不得养父母也。曰：‘此莫非王事，我独贤劳也。’故说《诗》者，不以文害辞，不以辞害志。以意逆[⑨]志，是为得之。如以辞而已矣，《云汉》之诗曰：‘周馀黎民，靡有[⑩]孑遗。’信斯言也，是周无遗民也。孝子之至，莫大乎尊亲；尊亲之至，莫大乎以天下养。为天子父，尊之至也；以天下养，养之至也。《诗》曰：‘永言孝思，孝思维则。’此之谓也。《书》曰：‘祗载见瞽瞍，夔夔齐栗，瞽瞍亦允[⑪]若。’是为父不得而子也。"

【注释】

①咸丘蒙：人名，孟子的学生。

②蹙：这里指局促不安。

③殆：《说文》："殆，危也。"这里用为危险之意。

④岌岌：危急、急切的样子。

⑤《尧典》：《尚书》中的一篇，亦称《帝典》。主要记载尧舜禅让事迹。

⑥徂落：去世，死亡。

⑦考妣：指父母。

⑧八音：指金、石、丝、竹、匏、土、革、木这八种乐器。

⑨逆：揣测。

⑩靡有：没有。

⑪允：这里是确实的意思。

【译文】

咸丘蒙问："俗话说，德行很高的人，君主不能把他当作臣子，父亲不能把他当作儿子。舜立于南面，尧带领诸侯在北面朝见他，瞽瞍也站在北面朝见他。舜看见瞽瞍面有不安之色。孔子说：'在这个时候，天下危险了！'不知道真是孔子说的这样吗？"

孟子说："不是！这不是君子的话，是齐国东郊粗人说的话。尧年老后舜处理政事。《尧典》说：'二十八年以后，尧过世，百姓如同父母去世了一样哀伤。此后三年，四海不演奏乐器。'孔子说：'天上没有两个太阳，百姓没有两个君主。'舜已经做了天子，又带领诸侯给尧守丧三年，这就是有两个君主。"

咸丘蒙说："舜不把尧当作臣子，这我已经明白了。《诗经》说：'整个天下，都是君主的土地。四海之内，都是君主的臣子。'既然舜已经做了天子，瞽瞍还不是臣子，这是为什么呢？"

孟子说："《诗经》不是这个意思。说的是为君王的政事劳苦，而不能奉养父母。说：'这都是君主的事情，却只有我一个人操劳。'所以，不能因为文字而曲解了词句意思，也不能因为词句而曲解原意。要用自己的思考去领会诗意，才能得到诗的真谛。如果拘泥于词句，《云汉》诗篇说：‘周朝剩余的平民，没有一个遗留。’相信这个话，就等于说周朝一个人都没有存留了。孝子的极致，莫过于尊敬父母；尊敬父母的极致，莫过于以天下来奉养父母。作为天子的父亲，尊贵到了极点；以天下来奉养他，奉养达到了极致。《诗经》上说：‘永远讲究孝道，孝道是天下的法则。’说的就是这个意思。《书》说：‘舜恭敬地来见瞽瞍，谨慎不安，瞽瞍也顺理而行。’这难道是父亲不能以他为子吗？”

【原典】

万章曰：“尧以天下与舜，有诸？”

孟子曰：“否。天子不能以天下与人。”

“然则舜有天下也，孰与之？”

曰：“天与之。”

“天与之者，谆谆然[①]命之乎？”

曰：“否。天不言，以行与事示[②]之而已矣。”

曰：“以行与事示之者如之何？”

曰：“天子能荐人于天，不能使天与之天下；诸侯能荐人于天子，不能使天子与之诸侯；大夫能荐人于诸侯，不能使诸侯与之大夫。昔者尧荐舜于天而天受之，暴[③]之于民而民受之，故曰：天不言，以行[④]与事[⑤]示之而已矣。”

曰：“敢问荐之于天而天受之，暴之于民而民受之，如何？”

曰：“使[⑥]之主祭[⑦]而百神享之，是天受之；使之主事而事治，百姓安之，是民受之也。天与之，人与之，故曰：天子不能以天下与人。舜相[⑧]尧二十有八载，非人之所能为也，天也。尧崩，三年之丧毕，舜避尧之子于南河之南。天下诸侯朝觐者，不之尧之子而之舜；讼狱[⑨]者，不之尧之子而之舜；讴歌者，不讴歌尧之子而讴歌舜，故曰天也。夫然后之中国，践天子位焉。而居尧之宫，逼尧之子，是篡也，非天与也。《太誓》曰：‘天视自我民视，天听自我民听’，此之谓也。”

【注释】

①谆谆然：反复教诲的样子。

②示：示意。

③暴：显示。

④行：行为。

⑤事：事情。

⑥使：让。

⑦主祭：主持祭祀。

⑧相：相助，辅佐。

⑨讼狱：打官司。

【译文】

万章问："尧把天下交给舜，有这回事吗？"

孟子说："不，天子不能把天下交给别人。"

万章说："那么舜得到天下，是谁给他的呢？"

孟子说："是上天给他的。"

万章说："上天把天下交给他，是反复告诫他吗？"

孟子说："不，上天不说话，是用行动和事情来示意。"

万章说："用行动和事情来示意，是怎样的呢？"

孟子说："天子可以向上天推荐人，却不能让天把天下给他；诸侯可以向天子推荐人，却不能让天子把诸侯之位给他；大夫可以向诸侯推荐人，却不能让诸侯把大夫之位给他。从前，尧将舜推荐给天，天接受了；又将他公开介绍给百姓，百姓接受了；所以说，上天不说话，只是用行动和事情来示意罢了。"

万章说："请问，推荐给上天，上天接受了；介绍给百姓，百姓也接受了，这是怎样的呢？"

孟子说："让舜主持祭祀，所有神灵都来享用，这就是上天接受了；让舜主持政事，治理得井井有条，百姓都满意，这就是百姓接受了。上天把天下交给舜，百姓把天下交给舜，所以说，天子不能把天下交给别人。舜辅佐尧二十八年，这不是一人之力就能做到的，而是天意。尧去世，三年服丧结束后，舜避开尧的儿子，到了南河之南，可是天下诸侯朝拜天子，不去见尧的儿子而去拜见舜；打官司的人，不去见尧的儿子而去拜见舜；歌颂的人，不歌颂尧的儿子而歌颂舜，所以说，这是天意。这样，舜才回来继承天子之位。如果居住尧的宫室，逼迫尧的儿子，就是篡夺，而不是上天授予的。《尚书·太誓》说：'上天用百姓的眼睛来看，上天用百姓的耳朵来听。'说的就是这个意思。"

【原典】

万章问曰："人有言：'至于禹而德衰，不传于贤而传于子。'有诸？"

孟子曰："否，不然也。天与贤，则与贤；天与子，则与子。昔者舜荐禹于天，十有七年，舜崩。三年之丧毕，禹避舜之子于阳城①。天下之民从之，若尧崩之后，不从尧之子而从舜也。禹荐益于天，七年，禹崩。三年之丧毕，益避禹之子于箕山②之阴。朝覲讼狱者不之益③而之启④，曰：'吾君之子也。'讴歌者不讴歌益而讴歌启，曰：'吾君之子也。'丹朱⑤之不肖⑥，舜之子亦不肖。舜之相尧，禹之相舜也，历年多，施泽于民久。启贤，能敬承继禹之道。益之相禹也，历年少，施泽于民未久。舜、禹、益相去久远，其子之贤不肖，皆天也，非人之所能为也。莫之为而为者，天也；莫之致而至者，命也。匹夫而有天下者，德必若舜禹，而又有天子荐之者，故仲尼不有天下。继世以有天下，天之所废，必若桀纣者也，故益、伊尹、周公不有天下。伊尹相汤以王于天下。汤崩，太丁未立，外丙二年，仲壬四年。太甲颠覆汤之典刑，伊尹放之于桐⑦。三年，太甲悔过，自怨自艾，于桐处仁迁义；三年，以听伊尹之训己也，复归于亳⑧。周公之不有天下，犹益之于夏，伊尹之于殷也。孔子曰：'唐虞禅，夏后、殷、周继，其义一也。'"

【注释】

①阳城：地名，在今河南省登封县北部。

②箕山：地名，在今河南省登封县东南部。

③益：人名，舜的大臣。

④启：人名，夏禹的儿子。

⑤丹朱：人名，尧的儿子，名叫朱，封于丹，故称丹朱。

⑥不肖：不才。

⑦桐：地名，在今河南省商丘以西，位处当时商朝国都的西南方。

⑧亳：地名，商汤的都城，在今河南省偃师县西部。

【译文】

万章问："有人说，'到了禹的时候道德就衰微了，天下不传给贤人，而传给自己的儿子，'有这回事吗？"

孟子说："不，不是这样的。上天要把天下授予贤人，就会给贤人；上天要把天下授予君主的儿子，就会给君主的儿子。从前，舜把禹推荐给上天，经过十七年，舜去世，服丧三年后，禹打算让位，避开舜的儿子到了阳城，天下的百姓都跟随着他，正如尧去世后，他们不跟从尧的儿子而跟从舜一样。禹向上天推荐益，经过七年，禹去世，服丧三年后，益避开禹的儿子到了箕山之北，朝见的人和打官司的人不到益的那里去而到启的那里去，他们说：'这是我们君主的儿子啊。'歌颂的人不歌颂益而歌颂启，他们说：'这是我们君主的儿子啊。'尧的儿子丹朱不贤明，舜的儿子也不贤明。舜辅佐尧，禹辅佐舜，经历了很长时间，对百姓的恩泽也少。启很贤明，能认真地继承禹的传统，益辅佐禹，经历的时间短，给予百姓的恩泽也少。舜、禹、益之间，相间隔的时间长短，他们的儿子贤明或不贤明，都是天意，不是人的力量所能决定的。没有人让他们这样做，而竟然做成了，这是天意。没有人争取，而竟然得到了，这是命运。一个普通人而能拥有天下，他的道德修养必然要如同舜和禹一样，而且还要有天子推荐他，所以孔子就没有得到天下。继承先人而拥有天下，上天所要废弃的，必然是像夏桀、商纣一样的人，所以益、伊尹、周公也没有得到天下。伊尹辅佐商汤统一了天下，商汤去世后，太丁没有继位就死了，外丙在位两年，仲壬在位四年，太甲破坏了商汤的法度，伊尹就把他流放到桐邑。过了三年，太甲悔过认罪，怨恨自己，悔改自己，在桐邑学习仁、遵从义；三年之后，他听从伊尹对自己的教导，然后回到亳都做天子。周公没有得到天下，就如同益在夏朝、伊尹在商朝一样。孔子说：‘唐尧、虞舜传位给贤人，夏商周三代传位给子孙，道理是一样的。’”

【原典】

万章问曰：“人有言‘伊尹以割烹要①汤’有诸？”

孟子曰：“否，不然。伊尹耕于有莘②之野，而乐尧舜之道焉。非其义也，非其道也，禄之以天下，弗③顾也；系马千驷，弗视也。非其义也，非其道也，一介④不以与人，一介不以取诸人，汤使人以币聘之，嚣嚣然⑤曰：‘我何以汤之聘币为哉？我岂若处畎亩⑥之中，由是以乐尧舜之道哉？’汤三使往聘之，既而幡然改曰：‘与⑦我处畎亩之中，由是以乐尧舜之道，吾岂若使是君为尧舜之君哉？吾岂若使是民为尧舜之民哉？吾岂若于吾身亲见之哉？天之生此民也，使先知觉后知，使先觉觉后觉也。予，天民之先觉者也；予将以斯道觉斯民也。非予觉之，而谁也？’思天下之民匹夫匹妇有不被尧舜之泽者，若己推而内之沟中。其自任以天下之重如此，故就汤而说⑧之以伐夏救民。吾未闻枉⑨己而正⑩人者也，况辱己以正天下者乎？圣人之行不同也，或远或近，或去或不去，归洁其身而已矣。吾闻其以尧舜之道要汤，未闻以割烹也。林氏曰：‘以尧舜之道要汤者，非实以是要之也，道在此而汤之聘自来耳。犹子贡言夫子之求之，异乎人之求之也。’愚谓此语亦犹前章所论父不得而子之意。伊训曰：‘天诛造⑪攻自牧宫⑫，朕⑬载自亳。’”

【注释】

①要：求取。

②有莘：古国名，在今河南省陈留县东北。

③弗：不。

④一介：形容轻微的东西。

⑤嚣嚣然：形容自得其乐的样子。

⑥畎亩：田地。

⑦与：与其。

⑧说：游说。

⑨枉：弯曲。

⑩正：匡正，使端正。

⑪造：开始。

⑫牧宫：夏桀的宫殿。

⑬朕：伊尹自称。

【译文】

万章问："有人说'伊尹曾做厨师切肉做菜来向汤谋求职位'，有这件事吗？"

孟子说："不，不是这样的。伊尹在莘国的郊野种庄稼，以尧、舜的道义为乐。如果不合道义，即使把天下的财富都作为俸禄给他，他头也不回。即使四千匹马系在那里，他也不看一眼。如果不合道义，他既不会把一点儿东西给人，也不会向别人要一点儿东西。汤曾派人用币帛聘请他，他却悠然地说：'我要汤的财物干什么呢？怎么能比得上我安于田野之中，在此以尧、舜之道为乐呢？'汤三次派人去聘请他，后来他改变了态度说：'我与其身居田野之中，在此以尧、舜之道为乐趣，何不使现在的君主成为尧、舜一样的君主呢？何不使现在的百姓成为尧、舜治理下的百姓呢？我何不在我有生之年亲眼看到这些呢？上天生育百姓，就是要使先知者启发后知者，使先觉悟的人启发后觉悟的人。我呢，就是百姓中先觉悟的人，我就要用尧、舜之道来使民众有所觉悟。不是我去启发他们觉悟，又有谁去呢？'他想到天下的百姓，如果有一个男子、一个女子没有受到尧、舜之道的恩泽，就好像是自己将他们推进水沟中一样。伊尹就是这样自愿把天下的重担挑在肩头的，所以他用讨伐夏桀、拯救百姓的道理说给汤听。我没有听说过，自身屈曲却能匡正别人的，何况是使自己屈辱而能够匡正天下呢？圣人的行为是不同的，有的疏远君主，有的亲近君主，有的离开朝廷，有的留在朝廷；归根究底都是洁身自好而已。我只听说伊尹以尧、舜之道向汤谋求职位，却没有听说过他割肉切菜。《伊训》里说：'上天的惩罚起于夏桀的宫室，我不过是自殷都亳邑开始罢了。'"

【原典】

万章问曰："或谓孔子于卫主[①]痈疽[②]，于齐主侍人[③]瘠环[④]，有诸乎？"

孟子曰："否，不然也。好事者为之也。于卫主颜雠由[⑤]。弥子[⑥]之妻与子路之妻，兄弟也。弥子谓子路曰：'孔子主我，卫卿可得也。'子路以告。孔子曰：'有命。'孔子进以礼，退以义，得之不得曰'有命'。而主痈疽与侍人瘠环，是无义无命也。孔子悦于鲁卫，遭宋桓司马将要而杀之，微服[⑦]而过宋。是时孔子当厄[⑧]，主司城贞子，为陈侯周[⑨]臣。吾闻观近臣[⑩]，以其所为主；观远臣，以其所主。若孔子主痈疽与侍人瘠环，何以为孔子？"

【注释】

①主：名词作动词，这里指以……为主人。

②痈疽：人名，即雍渠。

③侍人：即寺人、即后来所谓的宦官。

④瘠环：人名。

⑤颜雠由：人名，卫国的大夫。

⑥弥子：人名，即卫灵公的宠臣弥子瑕。

⑦微服：更换平时的服装以避人耳目。

⑧厄：困苦，灾难。

⑨陈侯周：人名，陈国国君，陈怀公的儿子。

⑩近臣：在朝的臣子。

【译文】

万章问："有人说，孔子在卫国时住在宦官痈疽家里，在齐国时住在宦官瘠环家里，有这样的事吗？"

孟子说："不，不是这样的，这是好事之徒捏造出来的。孔子在卫国时住在颜雠由家里，弥子瑕的妻子和子路的妻子是姐妹。弥子瑕告诉子路：'孔子住在我家，可以得到卫国的相卿之位。'子路将这话告诉孔子，孔子说：'这由命运安排。'孔子依礼而进，依义而退，所以他说得到或得不到官位都是'由命运安排'。而在痈疽家和瘠环家里就是无视道义、不顾天命。孔子在鲁国和卫国都不得志，又遇上宋国的司马桓魋，要拦截杀害他，只能改变装束通过宋国。那个时候孔子处于困境，住在陈国司城贞子家里，做了陈侯周的臣子。我听说，观察在朝的臣子，要看他所接待的客人；观察外来的臣子，就看他寄居的主人。如果孔子住在宦官痈疽和宦官瘠环家里，怎么还能算是孔子呢？”

【原典】

万章问曰：“或曰：‘百里奚①自鬻②于秦养牲者，五羊之皮，食牛，以要秦穆公③。’信乎？”

孟子曰：“否，不然。好事者为之也。百里奚，虞④人也。晋人以垂棘之璧与屈产之乘，假道于虞以伐虢⑤。宫之奇⑥谏，百里奚不谏。知虞公之不可谏而去⑦，之⑧秦，年已七十矣，曾⑨不知以食牛干⑩秦穆公之为污也，可谓智乎？不可谏而不谏，可谓不智乎？知虞公之将亡而先去之，不可谓不智也。时举⑪于秦，知穆公之可与有行也而相之，可谓不智乎？相秦而显其君于天下，可传于后世，不贤而能之乎？自鬻以成其君，乡党自好者不为，而谓贤者为之乎？”

【注释】

①百里奚：人名，虞国大夫，虞灭后被转卖到楚国，秦穆公听说他有贤才，遂以五张羊皮的代价将他赎出，任命他为秦国大夫。

②鬻：这里指卖，出售的意思。

③秦穆公：春秋时秦国国君。

④虞：周朝诸侯国名，在今山西省平陆东北。

⑤虢：周朝诸侯国名，在今山西省平陆县境。

⑥宫之奇：虞国大夫。

⑦去：离开。

⑧之：到达。

⑨曾：竟然。

⑩干：求取。

⑪举：选拔、举荐。

【译文】

万章问："有人说，百里奚把自己卖给秦国饲养牲畜的人，得到五张羊皮，替人家放牛，来向秦穆公谋求职位。可信吗？"

孟子说："不，不是这样的，这是好事之徒编造出来的。百里奚是虞国人，晋国人用垂棘产的壁玉和屈地产的良马为礼物，向虞国借路以便去征伐虢国。宫之奇劝谏虞君，百里奚不劝谏，因为他知道虞君是劝阻不了的，因此离开了虞国到秦国去，这时他已有七十岁了，他竟不知道以养牛的方式去求秦穆公是恶浊的吗？这可以叫作明智吗？但是他知道虞公不可劝谏而不劝谏，能说是不明智吗？知道虞国将要灭亡而事先离开，不可以说不明智了。当他在秦国被推荐，知道秦穆公是个有作为的人，因而辅佐他，难道说不明智吗？辅佐秦国而使秦国的君主扬名于天下，能流传于后代，不贤的人做到这样吗？卖掉自己来成就君主，乡里洁身自好的人都不肯干，怎么能说贤者肯做这样的事呢？"

万章章句下

导读

《万章章句下》有九节，内容主要涉及为臣之道与交友之道。第一节讲述了伯夷、柳下惠和孔子的三种为臣之道。第三、四节讲述与人交际，要以对方品德为友，不能有所依仗。第六节则用子思的故事作为例子，指出君主的尊贤之道和君臣关系，强调对贤士要以礼相待。第八节提出了著名的“知人论世”说，对后世影响深远。

【原典】

孟子曰：“伯夷，目不视恶色，耳不听恶声。非其君不事，非其民不使。治则进，乱则退。横[1]政之所出，横民之所止，不忍居也。思[2]与乡人处，如以朝衣朝冠坐于涂炭[3]也。当纣之时，居北海之滨，以待天下之清[4]也。故闻伯夷之风者，顽[5]夫廉，懦夫有立志。

伊尹曰：‘何事非君？何使非民？’治亦进，乱亦进。曰：‘天之生斯民也，使先知觉后知，使先觉觉后觉。予，天民之先觉者也；予将以此道觉此民也。’思天下之民匹夫匹妇有不与被尧舜之泽者，若己推而内之沟中，其自任以天下之重也。

柳下惠，不羞污君，不辞小官。进不隐贤，必以其道。遗佚[6]而不怨，厄穷而不悯。与乡人处，由由然不忍去也。‘尔为尔，我为我，虽袒裼裸裎于我侧，尔焉能浼我哉？’故闻柳下惠之风者，鄙夫宽，薄夫敦。

孔子之去齐，接淅[7]而行；去鲁，曰：‘迟迟吾行也。’去父母国之道也。可以速而速，可以久而久，可以处而处，可以仕而仕，孔子也。”

孟子曰：“伯夷，圣之清者也；伊尹，圣之任者也；柳下惠，圣之和者也；孔子，圣之时者也。孔子之谓集大成。集大成也者，金声[8]而玉振[9]之也。金声也者，始条理也；玉振之也者，终条理也。始条理者，智之事也；终条理者，圣之事也。智，譬则巧也；圣，譬则力也。由⑩射于百步之外也，其至，尔力也；其中，非尔力也。”

【注释】

①横：暴政。

②思：想到。

③涂炭：指陷入烂泥和炭火。

④清：清平。

⑤顽：贪。

⑥佚：这里指遗弃。

⑦淅：淘米水。

⑧金声：古代演奏音乐时，先用钟发出声音。

⑨玉振：古代演奏音乐时，以玉磬声音收尾结束。

⑩由：同“犹”，如同。

【译文】

孟子说：“伯夷，眼睛不看不好的颜色，耳朵不听不好的声音。不是他理想的君主，他不侍奉；不是他信任的民众，他不役使。天下太平就进取，天下混乱就隐退。施暴政的国家，住暴民的地方，他都不愿意去居住。他认为和乡下人相处，就如同穿戴着上朝的衣帽坐在污泥炭灰之上。在商纣的时候，他住在渤海之滨，等待天下能够清平。所以，听说过伯夷这种风节的，贪婪的人也会变得清廉，懦弱的人也会树立意志。

伊尹说：‘哪个君主不可以侍奉？哪个百姓不可以役使呢？’天下太平他就进取，天下混乱他也进取。他又说：‘上天生育这些百姓，就是使先知者开导后知者，使先觉者唤醒后觉者。我，是上天生育这些百姓中先觉悟的人，我要用尧、舜之道来唤醒百姓。’他想到天下的百姓，如果有一个男子或者一个女子没有受到尧、舜之道恩惠，就好像是自己将他们推进水沟中一样。伊尹就是这样把天下的重担挑在肩头的。

柳下惠，不以侍奉污浊的君主为耻辱，也不会因官职小而辞官；他做官时不隐藏自己的才干，按照原则行事；被冷落也不怨恨，处于穷困之境也不忧愁。与乡下人相处，高高兴兴地不忍心离开。他说：'你是你，我是我，即使袒臂脱衣在我身边，又怎么能沾染到我呢？'所以听说过柳下惠风节的人，狭隘的人变得宽宏大量，刻薄的人变得温柔敦厚。

孔子离开齐国时，来不及淘米做饭就走了；离开鲁国时，说：'我们慢慢地走吧，这是离开祖国的态度。'可以快走就快走，可以久留就久留，可以做官就做官，可以不做官就不做官，这就是孔子。"

孟子说："伯夷，是圣贤中清高的人；伊尹，是圣贤中负责任的人；柳下惠，是圣贤中随和的人；孔子这个人，是圣贤中识时务的人。孔子可说是集大成的人。集大成，就好比奏乐时先敲击钟，最后以敲击玉磬收场一样。先敲击钟，是节奏条理的开始；敲击玉磬，是节奏条理的终结。条理的开始，在于智；条理的终结，在于圣。智，好比技能，圣，就好比力量。犹如在百步之外射箭，能射到，是你的力量；能射中，却不是你的力量了。"

【原典】

北宫锜[①]问曰："周室班[②]爵禄也，如之何？"

孟子曰："其详不可得闻也。诸侯恶其害己也，而皆去其籍。然而轲也，尝闻其略也。天子一位，公一位，侯一位，伯一位，子、男同一位，凡五等也。君一位，卿一位，大夫一位，上士一位，中士一位，下士一位，凡六等。

天子之制，地方千里，公侯皆方百里，伯七十里，子、男五十里，凡四等。不能五十里，不达于天子，附于诸侯，曰附庸。天子之卿受地视[③]侯，大夫受地视伯，元士受地视子、男。

大国地方百里，君十卿禄，卿禄四大夫，大夫倍上士，上士倍中士，中士倍下士，下士与庶人在官者同禄，禄足以代其耕也。次国地方七十里，君十卿禄，卿禄三大夫，大夫倍上士，上士倍中士，中士倍下士，下士与庶人[④]在官者同禄[⑤]，禄足以代其耕也。小国地方五十里，君十卿禄，卿禄二大夫，大夫倍上士，上士倍中士，中士倍下士，下士与庶人在官者同禄，禄足以代其耕也。耕者之所获，一夫百亩。百亩之粪⑥，上农夫食⑦九人，上次食八人，中食七人，中次食六人，下食五人。庶人在官者，其禄以是为差。”

【注释】

①北宫锜：人名，卫国人。

②班：动词，列也。指规定等级。

③视：比。

④庶人：指没有官爵的平民百姓。

⑤禄：古代官吏的俸给。

⑥粪：这里指施肥。

⑦食：动词，供养，养活。

【译文】

北宫锜问：“周王朝制定的爵位和俸禄，是怎样的呢？”

孟子说：“具体情况已经不知道了。诸侯们都厌恶它妨害了自己的利益，而把这方面的文献销毁了，不过我听说过大概的情况。天子是一级，公是一级，侯是一级，伯是一级，子、男同是一级，总共五个等级。君是一级，卿是一级，大夫是一级，上士是一级，中士是一级，下士是一级，总共六个等级。天子控制的地方，纵横各一千里，公与侯的封地纵横各一百里，伯的封地纵横各七十里，子、男的封地纵横五十里，一共四个等级。土地不足五十里的，不能与天子有直接联系，只能附属于诸侯，叫作附庸。天子的卿所受的封地与侯等同，大夫的封地与伯爵等同，元士的封地与子、男爵等同。

大的诸侯国方圆百里，国君的俸禄是卿的十倍，卿的俸禄是大夫的四倍，大夫的俸禄倍于上士，上士倍于中士，中士倍于下士，下士的俸禄与在官府当差的百姓相同，俸禄足以代替他们耕田的收入。中等的诸侯国方圆七十里，国君的俸禄是卿的十倍，卿的俸禄是大夫的三倍，大夫倍于上士，上士倍于中士，中士倍于下士，下士的俸禄与在官府当差的百姓相同，俸禄足以代替他们耕田的收入。

小的诸侯国方圆五十里，国君的俸禄是卿的十倍，卿的俸禄是大夫的二倍，大夫倍于上士，上士倍于中士，中士倍于下士，下士的俸禄与在官府当差的百姓相同，俸禄足以代替他们耕田的收入。耕种的收入是这样，一对夫妇有百亩地；百亩地都施肥耕作，上等的农夫可供养九人，稍次一点的可供养八人，中等的可供养七人，稍次一点的可供养六人，下等的可供养五人。百姓在官府当差的，俸禄也按照这个分等级。”

【原典】

万章问曰：“敢问友。”

孟子曰：“不挟长，不挟贵，不挟兄弟而友。友也者，友其德也，不可以有挟也。孟献子①，百乘②之家也，有友五人焉：乐正裘、牧仲，其三人，则予忘之矣。献子之与此五人者友也，无献子之家者也。此五人者，亦有献子之家，则不与之友矣。非惟百乘之家为然也。虽小国之君亦有之。费③惠公曰：‘吾于子思④，则师之矣；吾于颜般，则友之矣；王顺、长息则事我者也。’非惟小国之君为然也，虽大国之君亦有之。晋平公之于亥唐⑤也，入云则入，坐云则坐，食云则食。虽疏食菜羹，未尝不饱，盖不敢不饱也。然终于此而已矣。弗与共天位也，弗与治天职也，弗与食天禄也，士之尊贤者也，非王公之尊贤也。舜尚见帝，帝馆甥于贰室⑥，亦飨⑦舜，迭⑧为宾主，是天子而友匹夫也。用下敬上，谓之贵贵；用上敬下，谓之尊贤。贵贵、尊贤，其义一也。”

【注释】

①孟献子：人名，鲁国的大夫。

②百乘：一百辆兵车。乘，春秋时期的兵车。

③费：国名。

④子思：即孔伋，孔子的嫡孙。

⑤亥唐：人名，晋国人。

⑥贰室：副官。

⑦飨：指用酒食招待客人。

⑧迭：交换，轮流。

【译文】

万章问："请问交朋友的原则。"

孟子说："不倚仗年龄大，不倚仗地位高，不倚仗兄弟的势力去交朋友。交朋友，是因为对方的品德而结交他，不能够有什么倚仗的观念。孟献子是一位拥有百辆车马的大夫，他有五位朋友：乐正裘、牧仲，其余的三位，我忘记了。献子与这五人交朋友，心目中并不存在自己是大夫的观念，这五人，如果心目中存有献子是大夫的观念，也就不与献子交朋友了。不仅具有百辆车马的大夫是这样的，就是小国的国君也有这样的人。费惠公说：'我对于子思，把他尊为老师；我对于颜般，和他交为朋友；至于王顺和长息，是为我工作的人罢了。'不仅小国的国君是这样的，就是大国的国君也有这样的人。晋平公对待亥唐，亥唐叫他进去，就进去，叫他坐下，就坐下，叫他吃饭，就吃饭。即使是糙米饭小菜汤，也没有不吃饱的，因为不敢不吃饱。不过，晋平公也就做到这一步而已。不同他一起共有官位，不同他一起治理政事，不同他一起享受俸禄，这只是一般士人尊敬贤者的态度，而不是王公贵族尊敬贤者的态度。从前舜去拜见尧帝，尧请他的这位女婿住在另一处官邸。他请舜吃饭，舜也请他吃饭，二人互为客人和主人。这是天子与普通百姓交朋友的范例。地位低下的人尊敬地位高贵的人，这叫尊敬贵人；地位高贵的人尊敬地位低下的人，这叫尊敬贤人。尊敬贵人和尊敬贤人，道理都是一样的。"

【原典】

万章问曰："敢问交际何心也？"

孟子曰："恭也。"

曰："却之却之为不恭，何哉？"

曰："尊者赐之，曰'其所取之者，义乎，不义乎'，而后受之，以是为不恭，故弗却也。"

曰："请无以辞却之，以心却之，曰'其取诸民之不义也'，而以他辞无受，不可乎？"

曰："其交也以道，其接也以礼，斯孔子受之矣。"

万章曰："今有御[①]人于国门之外者，其交也以道，其馈也以礼，斯可受御与？"

曰："不可。《康诰》[②]曰：'杀越[③]人于货，闵[④]不畏死，凡民罔不譈[⑤]。'是不待教而诛者也。殷受夏，周受殷，所不辞也。于今为烈，如之何其受之？"

曰："今之诸侯取之于民也，犹御也。苟善其礼际矣，斯君子受之，敢问何说也？"

曰："子以为有王者作，将比今之诸侯而诛之乎？其教之不改而后诛之乎？夫谓非其有而取之者盗也，充类至义之尽也。孔子之仕于鲁也，鲁人猎较[⑥]，孔子亦猎较。猎较犹可，而况受其赐乎？"

曰："然则孔子之仕也，非事道与？"

曰："事道也。"

"事道奚猎较也？"

曰："孔子先簿正[⑦]祭器，不以四方之食供簿正。"

曰："奚不去也？"

曰："为之兆也。兆足以行矣，而不行，而后去，是以未尝有所终三年淹也。孔子有见行可之仕，有际[⑧]可之仕，有公养之仕也。于季桓子，见行可之仕也；于卫灵公，际可之仕也；于卫孝公，公养之仕也。"

【注释】

①御：朱熹《集注》："御，止也。止人而杀之，且夺其货也。"这里指拦路杀人，劫持货物。

②康诰：是《尚书》中的一篇。《康诰》是周公封康叔时作的文告，是康叔上任之前，周公对他所作的训辞。

③越：虚词，无义。

④闵：同"暋"。《尔雅·释诂上》："暋，强也。"这里指强横。

⑤譈：《玉篇·言部》："譈，《字书》或憝字也。憝，怨也，恶也，在《心部》。"这里指憎恶、怨恨。

⑥猎较：争夺猎物。

⑦簿正：簿，指登记事物的册子。簿正，在册子上规定。

⑧际：指对自己的礼遇。

【译文】

万章问："请问与人交际时，应该用什么心思？"

孟子说："应该恭敬。"

万章说："'一再拒绝别人的礼物就是不恭敬'，这是为什么呢？"

孟子说："尊贵的人有赏赐，自己就想：'他取得这个礼物，是合乎义的呢，还是不合乎义的呢？'想了之后再接受，这是不恭敬的，所以不应该拒绝。"

万章说："我不在口头上拒绝，只是在心里拒绝，心里想：'他是从百姓那里得到的东西，是不义的。'因而用其他借口推辞，难道不可以吗？"

孟子说："对方按照规矩结交我，按照礼节对待我，这样的话，孔子也接受礼物。"

万章说："如今有一个在城外拦路抢劫的人，他按照规矩结交我，按照礼节对待我，可以接受他抢来的东西吗？"

孟子说："不可以。《康诰》上说：'杀人而掠夺财物，强横而不怕死，这种人，没有人不憎恶。'这种人不必先去教育他就可以诛杀他。殷商从夏朝那里接受了这条法律，周朝又从殷商那里接受了这条法律，没有改动过。如今抢劫比以往更严重，怎么能接受呢？"

万章说："如今诸侯们所取的都是百姓的东西，和拦路抢劫一样。如果把结交的礼仪搞好，君子就可以接受礼物，请问这又是什么道理呢？"

孟子说："你以为有圣王兴起，就会把现在的诸侯们一律诛杀吗？还是经过教育仍不悔改再去诛杀？不是自己所有，却把它弄到手，将这种行为称作抢劫，是把它推到了极端。孔子在鲁国当官的时候，鲁国人争夺猎物，孔子也争夺猎物。争夺猎物尚且可以，何况接受赏赐呢？"

万章说："那么孔子做官，不是为了发扬道吗？"

孟子说："他是为了发扬道。"

万章说："既然为了发扬道，为什么还要去争夺猎物呢？"

孟子说："孔子先用文书规定祭祀仪式上用的器物，不用别的地方的器物来祭祀。"

万章说："那么孔子为什么不离开呢？"

孟子说："孔子要先试行一下，如果他的试行是可行的，而不能被推行，孔子才离开，所以他没有在一个地方待满三年。孔子有时因为可以行道而做官，有时因为君主对自己礼遇有加而做官，有时因国君养贤而做官。对季桓子，是因为可以行道而做官；对卫灵公，是因为君主对自己礼遇有加而做官；对卫孝公，是因为国君养贤才做官。"

【原典】

孟子曰："仕非为贫也，而有时乎为贫；娶妻非为养也，而有时乎为养。为贫者，辞尊居卑，辞富居贫。辞尊居卑，辞富居贫，恶乎宜乎？抱关击柝[①]。孔子尝为委吏[②]矣，曰'会计当而已矣'。尝为乘田[③]矣，曰'牛羊茁壮，长而已矣'。位卑而言高，罪也；立乎人之本朝，而道不行，耻也。"

【注释】

①柝：巡夜打更用的木梆。

②委吏：管理仓库的小官。

③乘田：管理牧场的小官。

【译文】

孟子说："做官不是因为贫穷，但有时也是因为贫穷。娶妻子不是为了奉养父母，但有时也是为了奉养父母。如果是因为贫穷而做官，那就应该辞去高位，而居于卑贱的职位，拒绝厚禄而领薄俸。辞去高位，而居于卑贱的职位，拒绝厚禄而领薄俸的，做什么才合适呢？那就是做守门打更的小吏。孔子曾经做过管理仓库的小吏，他说：'财务出纳没问题就行了。'他也曾做过管理牧场的小官，他说：'牛羊能茁壮成长就行了。'如果职位很低却议论国家大事，这是罪行。身在朝廷做官，而主张的道义不能实行，这是耻辱。"

【原典】

万章曰："士之不托[①]诸侯，何也？"

孟子曰："不敢也。诸侯失国，而后托于诸侯，礼也；士之托于诸侯，非礼也。"

万章曰："君馈之粟，则受之乎？"

曰："受之。"

"受之何义也？"

曰："君之于氓[②]也，固周之。"

曰："周之则受，赐之则不受，何也？"

曰："不敢也。"

曰："敢问其不敢何也？"

曰："抱关击柝者，皆有常职以食于上。无常职而赐于上者，以为不恭也。"

曰："君馈之，则受之，不识可常继乎？"

曰："缪公之于子思也，亟问，亟馈鼎肉。子思不悦。于卒也，摽[③]使者出诸大门之外，北面稽首再拜而不受。曰：'今而后知君之犬马畜伋。'盖自是台[④]无馈也。悦贤不能举，又不能养也，可谓悦贤乎？"

曰："敢问国君欲养君子，如何斯可谓养矣？"

曰："以君命将之，再拜稽首而受。其后廪人继粟，庖人[⑤]继肉，不以君命将之。子思以为鼎肉，使己仆仆尔[⑥]亟拜也，非养君子之道也。尧之于舜也，使其子九男事之，二女女焉，百官牛羊仓廪备，以养舜于畎亩之中，后举而加诸上位。故曰：王公之尊贤者也。"

【注释】

①托：依托，寄托。

②氓：古代称外来的百姓为氓。

③摽：赶走。

④台：才。

⑤庖人：官名，掌管饮食的官吏。

⑥仆仆尔：烦恼的样子。

【译文】

万章问："士不能寄托于诸侯为生，这是为什么呢？"

孟子说："是因为不敢。诸侯失去了自己的国家，然后去依靠别的诸侯为生，这是符合礼的；士寄托诸侯为生，是不符合礼的。"

万章说："如果国君赠送粮食给他，他可以接受吗？"

孟子说："可以接受。"

万章说："接受又是什么道理呢？"

孟子说："国君对于外来的百姓，本来就应该周济。"

万章说："周济他，则接受，赏赐他，就不接受，这是为什么呢？"

孟子说："因为不敢。"

万章说："请问为什么不敢呢？"

孟子说："守门打更的人都有固定职务，因而接受上面的给养，没有固定职务却接受上面的赏赐，这被认为是不恭敬的。"

万章说："国君馈赠，就接受，不知道可以经常这样吗？"

孟子说："鲁缪公对于子思，多次派人问候，多次馈赠肉食。子思对此很不高兴。最后一次，子思把派来的使者赶出大门，向北面叩头作揖，拒绝接受馈赠，说：'至今才知道君主是把我当成犬马来畜养。'大概从此以后才不来馈赠了。喜爱贤才却不任用，又不能用养贤的方法来对待，这可以说是喜欢贤才吗？"

万章说："请问国君想要养贤的话，怎样做才是养贤呢？"

孟子说："先给他传达国君的旨意，他要跪拜叩头两次，然后才接受下来。以后管仓库的人不断送来粮食，管厨房的人不断送来肉食，都不再传达国君的旨意。子思认为为了一点肉食而使自己屡次跪拜，这不是养贤的方式。尧对于舜，派自己的九个儿子服事舜，又把两个女儿嫁给舜，百官、牛羊、仓库等都齐备了，把舜供养在田野之中，然后提拔他担任很高的职位，所以说，这是王公尊敬贤者的方式。"

【原典】

万章曰："敢问不见诸侯，何义也？"

孟子曰："在国曰市井之臣，在野曰草莽之臣，皆谓庶人。庶人不传质①为臣，不敢见于诸侯，礼也。"

万章曰："庶人，召之役，则往役；君欲见之，召之，则不往见之，何也？"

曰："往役，义也；往见，不义也。且君之欲见之也，何为也哉？"

曰："为其多闻②也，为其贤也。"

曰："为其多闻也，则天子不召师，而况诸侯乎？为其贤也，则吾未闻欲见贤而召之也。缪公亟见于子思，曰：'古千乘之国以友士，何如？'子思不悦，曰：'古之人有言：曰事之云乎，岂曰友之云乎？'子思之不悦也，岂不曰：'以位，则子，君也；我，臣也。何敢与君友也？以德，则子事我者也。奚可以与我友？'千乘之君求与之友，而不可得也，而况可召与？齐景公田，招虞人以旌，不至，将杀之。志士不忘在沟壑，勇士不忘丧其元。孔子奚取焉？取非其招不往也。"

曰："敢问招虞人何以？"

曰："以皮冠。庶人以旃③，士以旂④，大夫以旌⑤。以大夫之招招虞人，虞人死不敢往。以士之招招庶人，庶人岂敢往哉。况乎以不贤人之招招贤人乎？欲见贤人而不以其道，犹欲其入而闭之门也。夫义，路也；礼，门也。惟君子能由是路，出入是门也。《诗》云：'周道如底⑥，其直如矢；君子所履，小人所视⑦。'"

万章曰："孔子，君命召，不俟驾而行。然则孔子非与？"

曰："孔子当仕有官职，而以其官召之也。"

【注释】

①质：见面礼。庶人的质用鹜。

②多闻：见多识广。

③旃：《说文》："旃，旗曲柄也。《释名·释兵》："通帛为旃。通以赤色为之。"指赤色的曲柄旗。

④旗：《尔雅》："有铃曰旗。"指上绘龙的图案并挂有铃铛的旗子。

⑤旌：《礼记·明堂位》："位所谓緌有虞氏旌也。"《国语·吴语》："建旌提鼓。"《说文》："旌，游车载旌析羽。"用牦牛尾和五彩羽毛装饰的旗子。

⑥底：磨刀石。

⑦视：效法。

【译文】

万章问："请问士子不去谒见诸侯，这是什么道理呢？"

孟子说："住在城中的叫市井之臣，住在乡下的叫草野之臣，都叫作老百姓。老百姓不送见面礼物而为臣，是不敢谒见诸侯的，这是合乎礼的。"

万章说："作为老百姓，要他去服役，他就去服役；君主想同他会面，就召见他，而他却不去见，这是为什么呢？"

孟子说："去服役，是应该的；去谒见，就是不应该的。况且君主想见他，为的是什么呢？"

万章说："为的是这个人见多识广，为的是这个人贤能。"

孟子说："如果是因为他见多识广而召见，天子都不能召唤自己的老师，何况诸侯们呢？如果是因为他贤能而召见，那么我从来没有听说过想见贤人却随便召唤的。鲁缪公屡次去见子思，说：'古代拥有千量兵车的国君想和士人交友，是怎样的呢？'子思不高兴，说：'古人的话是说，国君是以士人为师，怎么能说是和他交友呢？'子思的不高兴，难道不是这个意思：'以地位而言，你是君主，我是臣子，怎么敢与君主交友呢？论品德，你是向我学习的人，怎么可以同我交朋友呢？有千辆兵车的国君，想与他交朋友都不可能，更何况是召唤呢？'齐景公田猎时，用旌旗召唤管理猎场的官吏，召唤不来，就想杀掉他。'有志之士不怕弃尸沟壑，有勇之士不怕丢掉脑袋。'孔子赞同他哪点呢？就是违背礼的召唤，他不去。"

万章说："请问召唤管理猎场的官吏要用什么方式呢？"

孟子说："用皮帽子。召唤百姓用红绸做的旗子，召唤士人用有铃铛的旗子，召唤大夫用有羽毛的旗子。用召唤大夫的方法召唤管理猎场的官吏，管理猎场的官吏死也是不敢去的；用召唤士人的方法召唤老百姓，老百姓怎么敢前去呢？更何况用召唤不贤之人的方法召唤贤人呢？想要见贤人却不遵守礼，就如同要请人家进来却紧闭着大门一样。所谓义，是路；所谓礼，是门。只有君子能从这条路走，能出入这扇门。《诗经》上说：'大路平得像磨刀石，直得像箭。这是君子所走的，是小人所效法的。'"

万章说："孔子，听说国君召唤，不等马车驾好就先出发了，那么孔子错了吗？"

孟子说："孔子做官，有官职在身，国君用召唤官职的礼节召唤他。"

【原典】

孟子谓万章曰："一乡之善士，斯友一乡之善士；一国之善士，斯友一国之善士；天下之善士，斯友天下之善士。以友天下之善士为未足，又尚①论古之人。颂②其诗，读其书，不知其人，可乎？是以论其世也。是尚友也。"

【注释】

①尚：上。

②颂：同"诵"，诵读。

【译文】

孟子对万章说："一个乡村中的优秀人物，就和这个乡村的优秀人物交朋友；一个国家中的优秀人物，就和这一国家的优秀人物交朋友；天下的优秀人物，就和天下的优秀人物交朋友。认为同天下的优秀人物交朋友还不够，就又上溯历史，评论古代的人物。吟诵他们的诗，读他们的著作，但不了解他们的为人，可行吗？所以还要研究他们所处的时代。这就是上溯历史，同古人交朋友。"

【原典】

齐宣王问卿。孟子曰："王何卿之问也？"

王曰："卿不同乎？"

曰："不同。有贵戚之卿，有异姓之卿。"

王曰："请问贵戚之卿。"

曰："君有大过则谏，反覆之而不听，则易位。"

王勃然[1]变乎色。曰："王勿异也。王问臣，臣不敢不以正对。"

王色定，然后请问异姓之卿。曰："君有过则谏，反覆之而不听，则去。"

【注释】

①勃然：突然。

【译文】

齐宣王问孟子关于公卿的事。

孟子说："大王问的是哪一种公卿呢？"

齐宣王说："难道公卿还有所不同吗？"

孟子说："是有不同的，有和王室同宗族的公卿，有非王族的异姓公卿。"

齐宣王说："请问和王室同宗族的公卿。"

孟子说："国君有大过错，他们就劝谏，反复劝谏不听，就把他废弃，另立国君。"

齐宣王突然变了脸色。

孟子说："大王不要奇怪，大王问臣，臣不敢不诚实地回答。"

齐宣王脸色平静下来，然后问非王族的公卿。

孟子说："国君如果有过错，他们就劝谏，反复劝谏不听，他们就自己离职。"

告子章句上

导读

《告子章句上》共二十节。主要记录了孟子与其弟子告子的辩论，全篇围绕“人性”这一话题展开，是孟子“性善论”思想的集中体现。孟子认为，“人无有不善”，之所以会做坏事，是因为受到了环境的逼迫，而非天性使然。第四、五节探讨“义”的内在性问题，孟子主张“仁义内在”，仁义都是人与生俱来的本性。第七节至第十五节探讨人性的后天养护问题，在面对“生”与“义”发生冲突时，要做出正确取舍。

【原典】

告子曰：“性，犹杞柳①也；义，犹桮棬②也。以人性为仁义，犹以杞柳为桮棬。”

孟子曰：“子能顺杞柳之性而以为桮棬乎？将戕③贼杞柳而后以为桮棬也？如将戕贼杞柳而以为桮棬，则亦将戕贼人以为仁义与？率天下之人而祸仁义者，必子之言夫！”

【注释】

①杞柳：树木名称，杨柳科植物。

②桮棬：木制的盛汤、酒的器皿。

③戕：残害。

【译文】

告子说：“人的本性，好比是杞柳树，义理好比是杯盘；把人的本性纳入到仁义中，就好比是用杞柳树制成杯盘。”

孟子说：“你是顺着杞柳的本性来制成杯盘呢，还是伤害它的本性来做成杯盘？如果是伤害杞柳的本性来做成杯盘，那么你也会伤害人的本性来使人有仁义吗？带领天下人来损害仁义的，一定是你这种言论。”

【原典】

告子曰：“性犹湍[①]水也，决诸东方则东流，决诸西方则西流。人性之无分于善不善也，犹水之无分于东西也。”

孟子曰：“水信[②]无分于东西。无分于上下乎？人性之善也，犹水之就下也。人无有不善，水无有不下。今夫水，搏而跃之，可使过颡；激而行之，可使在山。是岂水之性哉？其势则然也。人之可使为不善，其性亦犹是也。”

【注释】

①湍：《说文》：“湍，疾濑也。”这里指水势急速。

②信：确实，的确。

【译文】

告子说：“人性就好比是水势急速的水流，从东边冲开缺口就向东流，从西边冲开缺口就向西流。所以人性没有善不善之分，就好比水没有东流、西流的定向。”

孟子说：“水确实没有东流西流的定向，但难道没有上流下流的定向吗？人性的善良，就好比是水是向下流淌的一样。人没有不善良的，水没有不向下流淌的。如今水被拍打，就可以溅得很高，可以使它高过人的额头；戽水使它倒流，就可以将它引上高山。但是这难道是水的本性吗？是形势迫使它这样的。人之所以可以使他做坏事，是由于他的本性被改变了。”

【原典】

告子曰：“生之谓性。”

孟子曰：“生之谓性也，犹白之谓白与？”曰：“然。”

“白羽之白也，犹白雪之白；白雪之白，犹白玉之白与？”曰：“然。”

“然则犬之性，犹牛之性；牛之性，犹人之性与？”

【译文】

告子说："天生的东西称作性。"

孟子说："天生的东西称为性，那就等于说白色的东西就称为白吗？"

告子说："是的。"

孟子说："那么，白羽毛的白，就好比是白雪的白，白雪的白就好比是白玉的白吗？"

告子说："是的。"

孟子说："那么狗的本性就好比是牛的本性，牛的本性就好比是人的本性？"

【原典】

告子曰："食色，性也。仁，内也，非外也；义，外也，非内也。"

孟子曰："何以谓仁内义外也？"

曰："彼长而我长之，非有长于我也；犹彼白而我白之，从其白于外也，故谓之外也。"

曰："异于白马之白也，无以异于白人之白也；不识长马之长也，无以异于长人之长与？且谓长者义乎？长之者义乎？"

曰："吾弟则爱之，秦人之弟则不爱也，是以我为悦者也，故谓之内。长楚人之长，亦长吾之长，是以长为悦者也，故谓之外也。"

曰："耆[①]秦人之炙[②]，无以异于耆吾炙。夫物则亦有然者也，然则耆炙亦有外与？"

【注释】

①耆：同"嗜"，嗜好，喜好。

②炙：烤肉。

【译文】

告子说："饮食男女，这是本性。仁是内在的，而不是外在的；义是外在的，不是内在的。"

孟子说："为什么说仁是内在的，义是外在的呢？"

告子说："他年长，所以我尊敬他，并不是我内心对他有尊敬之情；如同东西是白的，我认为它是白色之物，这是根据它外表的白色而这样认为的，所以说义是外在的。"

孟子说："白马的白和白人的白或许没什么不同；但是不知道，对待老马的怜悯心和对待老者的尊敬心是不是也没有不同呢？而且你说的义，是在于老者呢，还是在尊敬老者的人呢？"

告子说："是我的弟弟就爱他，是秦国人的弟弟我就不爱他了，爱与不爱，取决于我的内心，所以说是内在的。尊敬楚国人的长辈，也是尊敬我的长辈，尊敬与否，取决于年长这个外在因素，所以说义是外在的。"

孟子说："喜欢秦国人的烤肉，和喜欢吃自己的烤肉没什么不同，事物都有类似的情形，那么，难道喜欢吃烤肉的心也是外在的吗？"

【原典】

孟季子[①]问公都子曰："何以谓义内也？"曰："行吾敬，故谓之内也。"

"乡人长于伯兄一岁，则谁敬？"曰："敬兄。"

"酌则谁先？"曰："先酌乡人。"

"所敬在此，所长在彼，果在外，非由内也。"

公都子不能答，以告孟子。孟子曰："敬叔父乎？敬弟乎？彼将曰'敬叔父'。曰：'弟为尸[②]，则谁敬？'彼将曰'敬弟。'子曰：'恶在其敬叔父也？'彼将曰'在位故也。'子亦曰：'在位故也。庸[③]敬在兄，斯须之敬在乡人。'"

季子闻之曰："敬叔父则敬，敬弟则敬，果在外，非由内也。"

公都子曰："冬日则饮汤，夏日则饮水，然则饮食亦在外也？"

【注释】

①孟季子：人名。

②尸：祭祀时代表死者受祭的人。

③庸：平常。

【译文】

孟季子问公都子说："为什么说义是内在的呢？"

公都子说："恭敬发自我的内心，所以说是内在的。"

孟季子问："同乡人比你兄长大一岁，该恭敬谁呢？"

公都子说："恭敬兄长。"

孟季子问："如果在一起喝酒，倒酒时先给谁斟酒呢？"

公都子说："先给年长的乡里人斟酒。"

孟季子说："你内心尊敬的是兄长，表现出的却是恭敬对待年长乡人，可见义是外在的，不是由内心发出的。"

公都子不能应答，便把这事告诉孟子。

孟子说："你可以问他：'应该尊敬叔父呢，还是尊敬弟弟呢？'他会说：'尊敬叔父。'你说：'弟弟如果做了受祭的代理人，那该尊敬谁呢？'他会说：'尊敬弟弟。'你再问：'为什么又说要尊敬叔父呢？'他会说：'这是因为弟弟处在恭敬之位的缘故。'你就说：'也是年长乡人处在先斟酒之位的缘故。平时尊敬的是兄长，暂时尊敬的是年长乡人。'"

孟季子听了这些话后，说："对叔父也尊敬，对弟弟也尊敬，毕竟是外在的，并不是由内心发出的。"

公都子说："冬天喝热水，夏天喝凉水，那么饮食是由外在决定，而不是内在需要决定的吗？"

【原典】

公都子曰："告子曰：'性无善无不善也。'或曰：'性可以为善，可以为不善；是故文武兴，则民好善；幽厉兴，则民好暴。'或曰：'有性善，有性不善；是故以尧为君而有象，以瞽瞍为父而有舜；以纣为兄之子且以为君，而有微子启[①]、王子比干[②]。'今曰'性善'，然则彼皆非与？"

孟子曰："乃若其情，则可以为善矣，乃所谓善也。若夫为不善，非才之罪也。恻隐之心，人皆有之；羞恶之心，人皆有之；恭敬之心，人皆有之；是非之心，人皆有之。恻隐之心，仁也；羞恶之心，义也；恭敬之心，礼也；是非之心，智也。仁义礼智，非由外铄我也，我固有之也，弗思耳矣。故曰：‘求则得之，舍则失之。’或相倍蓰而无算者，不能尽其才者也。《诗》曰：‘天生蒸民，有物有则。民之秉夷，好是懿[3]德。’孔子曰：‘为此诗者，其知道乎！故有物必有则，民之秉夷也，故好是懿德。’”

【注释】

①微子启：纣王的庶兄。

②比干：纣王的叔叔，因屡次劝谏纣王，被纣王剖心杀死。

③懿：美也。

【译文】

公都子说：“告子说：‘人的本性没有善良与不善良的问题。’有人说：‘人的本性可以是善良，也可以是不善良；所以文王、武王当政，百姓就趋向善良；幽王、厉王当政，百姓就趋向横暴。’还有人说：‘有的人本性善良，有的人本性不善良；所以当尧为君主时，却有象这样的不好的百姓；有瞽瞍这样坏的父亲时，就有舜这样好的儿子；有纣王这样的恶劣的侄子，而且身为君主，却有微子启、王子比干这样的仁人。’如今您说‘人性本善’，那么他们说的都不对吗？”

孟子说：“从天生的资质来看，是可以使他善良的，这就是我所说的人性本善。至于有的人不善良，不是他资质的缺乏。同情之心，人人都有；羞耻之心，人人都有；恭敬之心，人人都有；是非之心，人人都有。同情之心，就是仁；羞耻之心，就是义；恭敬之心，就是礼；是非之心，就是智。仁、义、礼、智，不是外人给我的，是我本来就有的，只是未曾深入思考罢了。所以说：‘一经探求就可以获得，一旦放弃就会失去。’人与人之间相差一倍、五倍乃至无数倍，就是没有发挥出他们人性本质的缘故。《诗经》上说：‘上天生育了万民，万物都有准则。百姓把握了不变的准则规律，喜爱美好品德。’孔子说：‘作这首诗的人，一定是懂得大道的人啊！所以，万物必然有其准则规律，百姓把握了不变的准则规律，喜爱美好品德。’”

【原典】

孟子曰："富岁，子弟多赖[①]；凶岁，子弟多暴，非天之降才尔殊也，其所以陷溺其心者然也。今夫麰[②]麦，播种而耰[③]之，其地同，树之时又同，浡然而生，至于日至[④]之时，皆熟矣。虽有不同，则地有肥硗[⑤]，雨露之养，人事之不齐也。故凡同类者，举相似也，何独至于人而疑之？圣人与我同类者。故龙子曰：'不知足而为屦，我知其不为蒉[⑥]也。'屦之相似，天下之足同也。口之于味，有同耆也。易牙[⑦]先得我口之所耆者也。如使口之于味也，其性与人殊，若犬马之与我不同类也，则天下何耆皆从易牙之于味也？至于味，天下期于易牙，是天下之口相似也惟耳亦然。至于声，天下期于师旷[⑧]，是天下之耳相似也。惟目亦然。至于子都[⑨]，天下莫不知其姣也。不知子都之姣者，无目者也。故曰：口之于味也，有同耆焉；耳之于声也，有同听焉；目之于色也，有同美焉。至于心，独无所同然乎？心之所同然者何也？谓理也，义也。圣人先得我心之所同然耳。故理义之悦我心，犹刍豢之悦我口。"

【注释】

①赖：同"懒"，懒惰。

②麰：大麦。

③耰：本意是古代的一种农具，弄碎土块，平整田地用。这里用作动词，覆种。

④日至：指夏至。

⑤硗：《说文》："硗，磐石也。字亦作墝。"指土地坚硬而瘠薄。

⑥蒉：用草编的筐子。

⑦易牙：齐桓公时一位善烹调的人。

⑧师旷：春秋时代晋国的著名乐师。

⑨子都：此指人名，相传是郑昭公时的美男子。

【译文】

孟子说："丰年，年轻子弟大多懒惰；灾年，年轻子弟大多凶暴，这不是他们天生的资质不同，而是由于外在环境使他们心情变坏。用大麦来作比喻吧，播下种子把地耙平，如果土质相同，栽种的时节也相同，便会蓬勃生长，到了夏至时都会成熟。即使有所不同，那是因为土地的肥瘠，雨露滋养的多少，人们劳动程度的不同造成的。所以凡是同类的，大体都相同，为什么一讲到人就心生怀疑呢？圣人与我们也是同类的人，所以龙子说：'不知道脚的形状就去编草鞋，但我知道不会编成草筐子。'草鞋式样都相似，是因为人的脚大体相同。嘴巴对于味道，有相同的嗜好；易牙早就摸清了这一嗜好。假如嘴巴对于味道，人与人不同，就像犬马的与我们本质上的不同一样，那么为什么天下人都要追随易牙的口味呢？讲到口味，天下人都期望做到易牙那样，可见天下人的口味都是相同的。耳朵也是如此。讲到声音，天下人都期望听到师旷的演奏，可见天下人的听觉大体相同。眼睛也是如此。讲到子都，天下人没有谁不知道他美。不认为子都长得美的人，那是没有眼睛的人。所以说，嘴巴对于味道，有相同的嗜好；耳朵对于声音，有相同的听觉；眼睛对于容色，有相同的美感。讲到内心，难道就单单没有什么相同的地方吗？内心的相同之处是什么呢？是理，是义。圣人早就懂得了我们内心相同的东西。所以理义使我心高兴，就好比牛羊猪狗的肉合我的口味一样。"

【原典】

孟子曰："牛山[①]之木尝美矣，以其郊于大国也，斧斤伐之，可以为美乎？是其日夜之所息，雨露之所润，非无萌蘖之生焉，牛羊又从而牧之，是以若彼濯濯[②]也。人见其濯濯也，以为未尝有材焉，此岂山之性也哉？虽存乎人者，岂无仁义之心哉？其所以放其良心者，亦犹斧斤之于木也，旦旦而伐之，可以为美乎？其日夜之所息，平旦之气，其好恶与人相近也者几希，则其旦昼之所为，有梏[③]亡之矣。梏之反覆，则其夜气不足以存；夜气不足以存，则其违禽兽不远矣。人见其禽兽也，而以为未尝有才焉者，是岂人之情也哉？故苟得其养，无物不长；苟失其养，无物不消。孔子曰：'操则存，舍则亡；出入无时，莫知其乡[④]。'惟心之谓与？"

【注释】

①牛山：山名，在今山东省临淄县南部。

②濯：形容山秃无木的样子。

③梏：圈禁。

④乡：同“向”，去向。

【译文】

孟子说：“牛山上的树木曾经长得很茂盛，因为它长在大都市的郊外，经常被刀斧砍伐，还能够茂盛吗？虽然它日夜生长，有雨露滋润，并非没有新枝嫩芽生长出来，但人们又紧接着在山上放牧牛羊，所以牛山就变得那样光秃秃的了。人们见到它光秃秃的，便误以为它不曾生长过树木，这难道是山的本性吗？在人的身上，难道就没有仁义之心吗？他们之所以失去善良之心，是如同刀斧对待树木那样，天天砍伐它，怎么能茂盛呢？他们日夜萌生出的善良之心，在清晨接触的清明之气，这些在他们心中所激发的爱憎也与一般人有相近之处。但是他们第二天白天的所作所为，又把他们消灭了。这样反反复复地消灭，就使夜里萌生的良善不能存留下来；夜里萌生的良善不能存留下来，便与禽兽相距不远了。人们看见他简直如同禽兽，便以为他未曾有过善良的资质，这难道是人的本性吗？所以如果得到滋养，没有事物不生长；如果失去滋养，没有什么事物不消亡。孔子说：‘抓住了就能存留，放弃了就会消亡；进进出出没有确定的时间，就没有人知道它何去何从。’这说的就是人心吧！”

【原典】

孟子曰：“无或[①]乎王之不智也，虽有天下易生之物也，一日暴[②]之、十日寒之，未有能生者也。吾见亦罕矣，吾退而寒之者至矣，吾如有萌焉何哉？今夫弈[③]之为数，小数也；不专心致志，则不得也。弈秋[④]，通国之善弈者也。使弈秋诲二人弈，其一人专心致志，惟弈秋之为听。一人虽听之，一心以为有鸿鹄[⑤]将至，思援弓缴[⑥]而射之，虽与之俱学，弗若之矣。为是其智弗若与？曰非然也。”

【注释】

①或：通“惑”，疑惑。

②暴：这里指曝晒。

③弈：下棋。

④弈秋：人名。古代一个善于下围棋的人。

⑤鸿鹄：《说文》：“鸿，鹄也。”即天鹅。因飞得很高，所以常用来比喻志向远大的人。

⑥缴：《说文》：“缴，生丝缕也。”本意为系在箭上的丝绳，这里代指箭。

【译文】

孟子说：“王不聪明，这不奇怪。即使天下最容易生长的植物，让它曝晒一天，寒冻十天，没有能够生长的。我和君王见面的次数很少，我退居在家，对他冷淡到极点。即使有善良之心的萌芽又能怎么样呢？比如下棋只是一种很小的技艺，但如果不全心全意，也学不好。弈秋是一个全国下棋的高手，如果让弈秋教两个人下棋，其中一人全心全意，就只听弈秋的讲解。另外一个人虽然也听课，但一心想着天鹅就要飞来，想拿起弓箭去射它。即使和那人同时学下棋，但却比不上那人学得好。这是因为他的聪明不如人家吗？当然不是这样。”

【原典】

孟子曰：“鱼，我所欲也；熊掌，亦①我所欲②也，二者不可得兼，舍③鱼而取④熊掌者也。生，亦我所欲也；义，亦我所欲也，二者不可得兼，舍生而取义者也。生亦我所欲，所欲有甚⑤于生者，故不为苟得也；死亦我所恶，所恶有甚于死者，故患有所不辟⑥也。如使⑦人之所欲莫甚于生，则凡可以得生者，何不用也⑧？使人之所恶莫甚于死者，则凡可以辟患者，何不为也？由是则生而有不用也，由是则可以辟患而有不为也。是故所欲有甚于生者，所恶有甚于死者，非独贤者有是心也，人皆有之，贤者能勿丧耳。一箪⑨食，一豆⑩羹，得之则生，弗得则死。呼尔而与之⑪，行道之人弗受；蹴⑫尔而与之，乞人不屑也。万钟⑬则不辨礼义而受之。万钟于我何加焉？为宫室之美、妻妾之奉、所识穷乏者得我与？乡为身死而不受，今为宫室之美为之；乡为身死而不受，今为妻妾之奉为之；乡为身死而不受，今为所识穷乏者得我而为之，是亦不可以已乎？此之谓失其本心。”

【注释】

①亦：也。

②欲：想要。

③舍：舍弃。

④取：选取。

⑤甚：超过。

⑥辟：同“避”，躲避。

⑦如使：假如，假使。

⑧何不用也：什么手段不可用呢？用，采用。

⑨箪：古代盛食物的圆竹器。

⑩豆：古代一种木制的盛食物的器具。

⑪呼尔而与之：呼喝着给他（吃喝）。尔，语气助词。

⑫蹴：用脚踢。

⑬万钟：这里指高位厚禄。钟，古代的一种量器，六斛四斗为一钟。

【译文】

孟子说：“鱼是我所喜爱的，熊掌也是我所喜爱的，如果这两种东西不能同时得到，那么就舍弃鱼而要熊掌。生命是我所喜爱的，义也是我所喜爱的，如果这两样东西不能同时得到，那么我就牺牲生命而选取大义。生命是我所喜爱的，但我喜爱的还有超过生命的东西，所以我不做苟且偷生的事；死亡是我所厌恶的，但我所厌恶的还有超过死亡的事，所以有的灾祸我不躲避。如果人们所想要的东西没有超过生命的，那么凡是一切可以保全生命的方法，哪有不可用的呢？如果人们所厌恶的事情没有超过死亡的，那么凡是能够用来逃避灾祸的坏事，哪有不能做的呢？有能够活命的方法，可是有的人却不肯采用；有能够躲避灾祸的方法，可是有的人也不肯采用。由此可见他们所喜爱的有比生命更宝贵的东西，他们所厌恶的有比死亡更严重的事，不仅贤人有这种思想，人人都有，只不过贤人能够保持它罢了。

“一箪饭，一碗汤，吃了就能活下去，不吃就会饿死。可是吆喝着给别人吃，过路的饥民也不肯接受；用脚踩过再给别人，乞丐也不愿意接受。（可是有的人）见了优厚俸禄却不论是否合乎礼义就接受了。优厚的俸禄对我有什么好处呢？是为了住所的华丽、妻妾的侍奉和熟识的穷人感激我吗？从前宁愿死也不接受的，如今却为了住宅的华美而接受了；从前宁愿死也不接受的，如今却为了得到妻妾的侍奉而接受了；从前宁愿死也不接受的，如今却为了让所认识穷人感激而接受了。这难道不可以停止吗？这就叫作丧失了他的本性。”

【原典】

孟子曰：“仁，人心也；义，人路也。舍其路而弗由，放其心而不知求，哀哉！人有鸡犬放，则知求之；有放心，而不知求。学问之道无他，求其放心而已矣。”

【译文】

孟子说：“仁，指的是人心；义，是人走的道路；舍弃正路不走，丧失善良本性却不知寻找，太悲哀了！人们的鸡狗丢失了，尚且知道找回来；可是丢失了善良之心却不知道寻找。学问之道没有其他，只是寻找回丧失的善良之心罢了。”

【原典】

孟子曰：“今有无名之指，屈而不信①，非疾痛害事也，如有能信之者，则不远秦楚之路，为指之不若人也。指不若人，则知恶之；心不若人，则不知恶，此之谓不知类也。”

【注释】

①信：同“伸”，伸直，伸展。

【译文】

孟子说："现在有人无名指弯曲而不能伸直，但并不疼痛而且不妨碍做事，如果有人能使他伸直，哪怕是到秦国、楚国去治疗，他也不会觉得路途遥远，因为他的无名指不及人。手指不及别人，就知道厌恶；心性不及别人，却不知道厌恶，这就叫不知轻重。"

【原典】

孟子曰："拱把[①]之桐梓，人苟欲生之，皆知所以养之者。至于身，而不知所以养之者，岂爱身不若桐梓哉？弗思甚也。"

【注释】

①拱把：形容树木很小。

【译文】

孟子说："一两把粗的桐树、梓树，人们如果想要它生长起来，都知道如何去培养。而对于自身，却不知道如何培养。难道爱自己还比不上爱桐树、梓树吗？真是太不动脑筋了。"

【原典】

孟子曰："人之于身也，兼所爱。兼所爱，则兼所养也。无尺寸之肤不爱焉，则无尺寸之肤不养也。所以考其善不善者，岂有他哉？于己取之而已矣。体有贵贱，有小大。无以小害大，无以贱害贵。养其小者为小人，养其大者为大人。今有场师[①]，舍其梧槚，养其樲棘，则为贱场师焉。养其一指而失其肩背，而不知也，则为狼疾[②]人也。饮食之人，则人贱之矣，为其养小以失大也。饮食之人无有失也，则口腹岂适为尺寸之肤哉？"

【注释】

①场师：古代的园艺师。

②狼疾：又称狼藉，形容糊涂。

【译文】

孟子说："人们对于自己的身体，都是处处爱护的。处处爱护，便处处保养，没有一尺一寸的皮肤不爱护，那么也没有一尺一寸皮肤不受到保养。考察他保养得好不好，难道有别的办法吗？只是看他重点保养的是哪些部分就可以了。人的身体中有重要部分也有次要部分；有小部分也有大部分。不要因为小的部分而去损害大的部分，不要因为次要的部分而去损害重要的部分。保养小部分的是小人，保养大部分的便是君子。如果现在有个园艺师，不去爱护梧桐树和楸树，而去培养爱护酸枣树和荆棘，那他就是个不称职的园艺师。如果有人只保养一根手指，却失去了肩头后背，自己还不知道，那他就是一个糊涂人。如果讲究吃喝的人，丢弃了思想道德的培养，那么他们吃喝的目的难道仅仅是为了保养口、腹这样的小地方吗？”

【原典】

公都子问曰：“钧[1]是人也，或为大人，或为小人，何也？”

孟子曰：“从其大体为大人，从其小体为小人。”

曰：“钧是人也，或从其大体，或从其小体，何也？”

曰：“耳目之官不思，而蔽于物，物交物，则引之而已矣。心之官则思，思则得之，不思则不得也。此天之所与我者，先立乎其大者，则其小者弗能夺也。此为大人而已矣。”

【注释】

①钧：同“均”，同样。

【译文】

公都子问：“同样是人，有些人是君子，有些人是小人，这是为什么呢？”

孟子说：“满足身体重要器官需要的就是君子，满足身体次要器官需要的就是小人。”

公都子说：“同样是人，有人满足重要器官的需要，有人满足次要器官的需要，这是为什么呢？”

孟子说：“耳朵、眼睛等器官不会思考，因而会被外物蒙蔽。一接触外物，便会受到诱惑。心这个器官的职能在于思考，思考就会有所得，不思考就得不到答案。这是上天赋予人类的。因此，心是重要器官，先把它在心里树立起来，这样次要的器官就不能夺走人心中的善性。这样就可以成为君子了。”

【原典】

孟子曰：“有天爵者，有人爵者。仁义忠信，乐善不倦，此天爵也；公卿大夫，此人爵也。古之人修其天爵，而人爵从之。今之人修其天爵，以要人爵；既得人爵，而弃其天爵，则惑之甚者也，终亦必亡而已矣。”

【译文】

孟子说：“有天赐爵位，有社会爵位。仁义忠信，行善而不厌倦，这是天赐的爵位。公卿大夫，这是社会爵位。古代的人修养天赐爵位，社会爵位也就会随之而来。如今的人修养天赐的爵位，是为了获得社会爵位。一旦取得了社会爵位，就抛弃了天赐爵位，真是太糊涂了，结果必然将社会爵位也丧失掉。”

【原典】

孟子曰：“欲贵者，人之同心也。人人有贵于己者，弗思耳。人之所贵者，非良贵也。赵孟[①]之所贵，赵孟能贱之。《诗》云：‘既醉以酒，既饱以德。’言饱乎仁义也，所以不愿人之膏粱[②]之味也；令闻广誉施于身，所以不愿人之文绣也。”

【注释】

①赵孟：人名，晋国大臣。

②膏粱：肥肉和细粮。

【译文】

孟子说：“渴望尊贵，是每个人共同的心理。每个人都有自己的可贵之处，只是没有思考它罢了。别人给的尊贵，并不是真正的尊贵。赵孟所尊贵的，赵孟也能使他卑贱。《诗经》上说：‘酒已经喝醉了，就已经享受尽了。’这是说仁义之德已经富足了，不再贪图肥肉、细粮等美味。众所称誉的名声已经集于一身，也就不羡慕别人精美刺绣的衣服了。”

【原典】

孟子曰：“仁之胜不仁也，犹水胜火。今之为仁者，犹以一杯水，救一车薪[1]之火也；不熄，则谓之水不胜火，此又与于不仁之甚者也。亦终必亡而已矣。”

【注释】

①薪：木柴。

【译文】

孟子说：“仁胜过不仁，就好比是水能扑灭火一样。如今施行仁义之人，就好比是用一杯水去救一车着火的木柴；大火扑不灭，就说是水不能胜过火，这些人又和很不仁义的人相同了，最终连他们已有的仁义也会丧失掉。”

【原典】

孟子曰：“五谷者，种之美者也；苟为不熟，不如荑[1]稗[2]。夫仁亦在乎熟之而已矣。”

【注释】

①荑：草名。一种像稗子的草。

②稗：稗草。一年生禾草，叶似稻，节间无毛，杂生于稻田中，有害于稻子的生长。

【译文】

孟子说：“五谷，是庄稼中的好品种；如果不成熟，还不如稗草。仁，也在于使他成熟罢了。”

【原典】

孟子曰：“羿之教人射，必志于彀[1]；学者亦必志于彀。大匠诲人，必以规矩；学者亦必以规矩。”

【注释】

①彀：《说文》："彀，张弩也。"这里指张满弓。

【译文】

孟子说："羿教人射箭，一定要人把弓拉满；学射箭的人也一定要努力把弓拉满。技艺高超的工匠教导人，一定要遵循规矩，学习的人也一定要遵守规矩。"

告子章句下

导读

《告子章句下》共十六节。第一节谈论“礼”和“欲”的关系问题。第二节提出“人皆可成为尧、舜”的观点，鼓励士人加强自身德行修养，不断进取，也可以成为圣人。第七节至第十一节主要反映了孟子的治国思想，主张君主应施行仁政，以民为本，反对发动战争争夺土地。第十五节提出了“生于忧患死于安乐”的著名论断，提倡人应该顺势而为，积极发挥主观能动性，才能有所作为。

【原典】

任[①]人有问屋庐子[②]曰：“礼与食孰重？”曰：“礼重。”

“色与礼孰重？”曰：“礼重。”

曰：“以礼食，则饥而死；不以礼食，则得食，必以礼乎？亲迎，则不得妻；不亲迎，则得妻，必亲迎乎！”屋庐子不能对，明日之邹以告孟子。

孟子曰：“于答是也何有？不揣其本而齐其末，方寸之木可使高于岑楼。金重于羽者，岂谓一钩金与一舆羽之谓哉？取食之重者，与礼之轻者而比之，奚翅[③]食重？取色之重者，与礼之轻者而比之，奚翅色重？往应之曰：‘紾[④]兄之臂而夺之食，则得食；不紾，则不得食，则将紾之乎？踰东家墙而搂其处子，则得妻；不搂，则不得妻，则将搂之乎？’”

【注释】

①任：古国名，今山东省济宁市。

②屋庐子：孟子弟子。

③翅：同“啻”。

④紾：扭转。

【译文】

有个任国人问屋庐子："礼仪和饮食哪个重要？"

屋庐子说："礼重要。"

任国人又问："娶妻和礼仪哪个重要？"

屋庐子说："礼重要。"

任国人说："要是按照礼仪去求食，就会饥饿而死；不依照礼仪去求食，就能够得到饮食，那么一定要遵照礼仪吗？如果按照礼仪来迎亲，就会得不到妻子；如果不依照礼仪来迎亲，就能够得到妻子，那么一定要遵照礼仪来迎亲吗？"

屋庐子不能回答这个问题。第二天便到邹国，把这些话告诉孟子。

孟子说："回答这个问题有什么难呢？不揣摩根基的高低，而只去比较顶端，那么方寸之木可以使它高过尖角的楼。金子比羽毛重，难道是说三钱多重的金子比一车羽毛还要重吗？如果拿饮食的重要方面和礼仪的次要方面对比，何止是吃东西重要？拿婚姻的重要方面和礼仪的次要方面对比，何止是娶妻重要？你这样回答他：'扭住兄长的胳膊而夺取他的食物，就能够得到吃的；不扭住兄长的胳膊，就不能够得到吃的，那么会去扭吗？翻越过东边邻居的墙去搂抱他家未出嫁的姑娘，就可以得到妻子；不搂抱就得不到妻子，那么会去搂抱吗？'"

【原典】

曹交[①]问曰："人皆可以为尧舜，有诸？"孟子曰："然。""交闻文王十尺，汤九尺，今交九尺四寸以长，食粟而已，如何则可？"

曰："奚有于是？亦为之而已矣。有人于此，力不能胜一匹雏，则为无力人矣；今曰举百钧，则为有力人矣。然则举乌获[②]之任，是亦为乌获而已矣。夫人岂以不胜为患哉？弗为耳。徐行后长者谓之弟[③]，疾行先长者谓之不弟。夫徐行者，岂人所不能哉？所不为也。尧舜之道，孝弟而已矣。子服尧之服，诵尧之言，行尧之行，是尧而已矣；子服桀之服，诵桀之言，行桀之行，是桀而已矣。"

曰："交得见于邹君，可以假馆，愿留而受业于门。"

曰："夫道，若大路然，岂难知哉？人病[4]不求耳。子归而求之，有余师。"

【注释】

①曹交：人名，相传为曹国君主的弟弟。

②乌获：人名，秦武王时的大力士。

③弟：即"悌"。

④病：这里指担心，担忧。

【译文】

曹交问道："人人都可以成为尧舜，有这样的话吗？"

孟子说："是的。"

曹交说："我听说周文王身高一丈，商汤身高九尺，如今我曹交身高九尺四寸，只会吃饭罢了，要怎样才能成为尧、舜呢？"

孟子说："这有什么关系呢？只要去做就可以了。如果有人，他的力量不能提起一只小鸡，那他就是个没有力气的人；如果可以举重三千斤，那他就是个有力气的人。那么他要是举得起乌获能举起的东西，他也就是乌获了。人难道以不能胜任为忧愁吗？只是不去做罢了。慢慢地走在长者后面，叫作悌；快步走到长者前面，叫不悌。那么慢慢地行走，难道是人办不到的事吗？只是不做罢了。尧、舜之道，就是孝和悌而已。你穿尧的衣服，诵读尧说的话，做尧做的事，就是尧了。你穿桀的衣服，诵读桀说的话，做桀做的事，那你就是桀了。"

曹交说："我要去拜见邹君，向他借个住处，我愿意留下来在您的门下学习。"

孟子说："道就如同大路一样，难道很难了解吗？只怕人不去寻求。你回去寻求，老师多得很呢。"

【原典】

公孙丑问曰："高子曰：'小弁[1]，小人之诗也。'"

孟子曰："何以言之？"曰："怨。"

曰："固哉，高叟之为诗也！有人于此，越人关弓而射之，则己谈笑而道之；无他，疏之也。其兄关弓而射之，则己垂涕泣而道之；无他，戚之也。小弁之怨，亲亲也。亲亲，仁也。固矣夫，高叟之为诗也！”曰：“凯风[2]何以不怨？”

曰：“凯风，亲之过小者也；小弁，亲之过大者也。亲之过大而不怨，是愈疏也；亲之过小而怨，是不可矶[3]也。愈疏，不孝也；不可矶，亦不孝也。孔子曰：‘舜其至孝矣，五十而慕[4]。’”

【注释】

①小弁：《诗经·小雅》中的一篇诗，相传为周宣王时，名臣尹吉甫之子因遭后母谗言所作。

②凯风：《诗经·邶风》中的一篇诗，通篇是自责之辞以安慰母亲。

③矶：本义为大石激水，水冲击岩石。这里引申为激怒、触犯之意。

④慕：依恋。

【译文】

公孙丑问道：“高子说：《小弁》这首诗，是小人所作。。”

孟子说：“为什么这样说呢？”

公孙丑说：“因为诗中有怨恨之情。”

孟子说：“高老先生解诗真是太机械了！如果有这样一个人，越国人开弓射他，他可以谈笑风生地讲述这件事；没有别的原因，是因为自己跟越国人关系很远。如果是自己的兄长开弓射他，他就会流着眼泪来讲述这件事；没有别的原因，是因为兄长是自己的亲人。《小弁》诗中的怨恨，正是热爱亲人的缘故。热爱亲人，是仁的表现。高老先生解诗真是太机械了！”

公孙丑说：“《凯风》这首诗为什么没有怨恨之情呢？”

孟子说：“《凯风》这首诗，是因为母亲的过错较小，《小弁》这首诗，是因为父母过错较大。亲人的过错较大而不怨恨，是更加疏远他们的表现。亲人的过错较小而怨恨，是激怒自己。更加疏远父母，是不孝；激怒自己，也是不孝。孔子说：‘舜是非常孝顺的人吧，五十岁了还依恋父母。’”

【原典】

宋牼[1]将之楚，孟子遇于石丘[2]。曰：“先生将何之？”

曰：“吾闻秦楚构兵[3]，我将见楚王说而罢之。楚王不悦，我将见秦王说而罢之，二王我将有所遇焉。”

曰：“轲也请无问其详，愿闻其指。说之将何如？”

曰：“我将言其不利也。”

曰：“先生之志则大矣，先生之号[4]则不可。先生以利说秦楚之王，秦楚之王悦于利，以罢三军之师，是三军之士乐罢而悦于利也。为人臣者怀利以事其君，为人子者怀利以事其父，为人弟者怀利以事其兄。是君臣、父子、兄弟终去仁义，怀利以相接，然而不亡者，未之有也。先生以仁义说秦楚之王，秦楚之王悦于仁义，而罢三军之师，是三军之士乐罢而悦于仁义也。为人臣者怀仁义以事其君，为人子者怀仁义以事其父，为人弟者怀仁义以事其兄，是君臣、父子、兄弟去利，怀仁义以相接也。然而不王者，未之有也。何必曰利？”

【注释】

①宋牼：人名，又称宋荣，宋国人，战国时期著名学者。

②石丘：地名。

③构兵：交战。

④号：提法，说法。

【译文】

宋牼到楚国去，孟子在石丘这个地方遇见他，孟子问：“先生要到哪里去？”

宋牼说：“我听说秦、楚两国要交兵，我准备去谒见楚王劝说他罢兵；如果楚王不听，我就去谒见秦王劝说他罢兵。两个君王中我总会遇见与我意见相合的。”

孟子说：“我不想问您详细的情况，我只想听听您的大意。您打算怎样去劝说呢？”

宋牼说：“我打算说说战争的危害。”

孟子说：“先生的志向很好，但这样的提法却不行。先生打算用利来劝说秦王、楚王，秦王、楚王因为有利可图而高兴，从而停止军事行动，这就使军队将士因为休战而高兴，因此喜欢利。做臣子的，怀着利益之心来侍奉国君，做儿女的，心怀利益之心来侍奉父母，做弟弟的，心怀利益之心来侍奉兄长，这就会使是君臣、父子、兄弟之间最终舍弃仁义，心怀利益之心交往，这样国家还不灭亡的，是没有的事情。先生如果以仁义来劝说秦王、楚王，秦王、楚王就会因为喜欢仁义而高兴，从而停止军事行动，这就使军队将士因为休战而高兴，因此喜欢仁义。做臣子的，怀着仁义之心来侍奉国君，做儿女的，心怀仁义之心来侍奉父母，做弟弟的，心怀仁义之心来侍奉兄长，这就会使君臣、父子、兄弟之间去掉利的念头，而怀仁义之心交往，这样国家还没有一统天下的，也是没有过的事情。为什么一定要谈'利'呢？"

【原典】

孟子居邹，季任[1]为任处守，以币交，受之而不报。处于平陆，储子为相，以币交，受之而不报。他日由邹之任，见季子；由平陆之齐，不见储子。屋庐子喜曰："连得闲矣。"

问曰："夫子之任见季子，之齐不见储子，为其为相与？"

曰："非也。《书》曰[2]：'享多仪，仪不及物曰不享，惟不役志于享。'为其不成享也。"

屋庐子悦。或问之。屋庐子曰："季子不得之邹，储子得之平陆。"

【注释】

①季任：任国国君的弟弟。

②《书》曰：此处引自《尚书·洛诰》。

【译文】

孟子住在邹国的时候，季任留守任国，代理国政，送厚礼来结交孟子，孟子收了礼物并没有回谢。孟子住在平陆的时候，储子担任齐国的卿相，也送厚礼来结交孟子，孟子也是收了礼物并没有回谢。有一天，孟子从邹国到任国去，拜见了季任；而从平陆到齐都去，却不去拜见储子。屋庐子高兴地说："我可找到老师的岔子了。"于是便问孟子："先生到任国，拜见了季任；到齐国，却不去拜见储子，是因为储子只是卿相吗？"

孟子说："不是的。《尚书》里说：'享献之礼推重仪节，仪节不够，礼物再多也叫作没有享献，因为享献的人并没有在这上面用心。'是因为他不成享献的缘故。"

屋庐子很高兴。有人问他，他说："季任不能亲自到邹国，储子却可以亲自到平陆去。"

【原典】

淳于髡[①]曰："先名实者，为人也；后名实者，自为也。夫子在三卿[②]之中，名实未加于上下而去之，仁者固如此乎？"

孟子曰："居下位，不以贤事不肖者，伯夷也；五就汤，五就桀者，伊尹也；不恶污君，不辞小官者，柳下惠也。三子者不同道，其趋一也。一者何也？曰：仁也。君子亦仁而已矣，何必同？"

曰："鲁缪公之时，公仪子[③]为政，子柳、子思为臣，鲁之削也滋甚。若是乎贤者之无益于国也！"

曰："虞不用百里奚而亡，秦穆公用之而霸。不用贤则亡，削何可得与？"

曰："昔者王豹处于淇，而河西善讴；绵驹处于高唐，而齐右善歌；华周、杞梁之妻善哭其夫，而变国俗。有诸内必形诸外。为其事而无其功者，髡未尝睹之也。是故无贤者也，有则髡必识之。"

曰："孔子为鲁司寇，不用，从而祭，燔肉[④]不至，不税冕[⑤]而行。不知者以为为肉也。其知者以为为无礼也。乃孔子则欲以微罪行，不欲为苟去。君子之所为，众人固不识也。"

【注释】

①淳于髡：人名，战国时期齐国人。

②三卿：指上卿、亚卿、下卿。

③公仪子：人名，即公仪休。

④燔肉：即祭肉。燔，同"膰"。依照古礼，祭祀时须分赐祭

肉给同姓之国以及相关诸人。

⑤税冕：脱掉祭祀时戴的礼帽。税，同“脱”。

【译文】

淳于髡说：“看重功业名声的人，是为了济世救民；不看重功业名声的人，是为了独善其身。先生您是齐国三卿之一，上辅君王下济百姓的功业名声还没建立，就离开齐国，难道仁人都是这样的吗？”

孟子说：“身处卑贱的职位，不以贤能之身侍奉不肖之人的，是伯夷；五次到商汤那里，五次到夏桀那里的，是伊尹；不厌恶昏庸的君主，不推辞卑微职位的，是柳下惠。这三个人的处世之道不同，但方向是一样的。这一样的东西是什么呢？就是仁。君子做到仁就可以了，何必要处处相同呢？”

淳于髡说：“鲁缪公的时候，公仪子执政，子柳、子思做大臣。可是鲁国削弱得很严重。像这样的情况，贤者对于国家没有什么好处的呀！”

孟子说：“虞国不任用百里奚后来就灭亡了，秦穆公重用百里奚后就成了霸主。不用贤人就会灭亡，就是想勉强支撑，都是办不到的。”

淳于髡说：“从前王豹住在淇水附近，而河西的人都善于唱歌。绵驹住在高唐，而齐国西部的人都善于唱歌。华周、杞梁的妻子因为善于哀哭她们的丈夫，从而使国家的风俗改变。里面存在的东西，外面就会表现出来。做事情却没有功效的，我从来没有见过这样的事。所以如今没有贤能的人；如果有，我一定会知道他。”

孟子说：“孔子做鲁国的司寇，不被重用，跟随国君去祭祀，祭祀的肉也没有送来，于是孔子没来得及摘掉帽子就离开了。不知者以为孔子是为了祭祀的肉而离开，了解孔子的人则认为他是因为鲁国失礼而去。至于孔子想担些小罪名离开，不想随便离去。君子的所作所为，一般人就很难了解。”

【原典】

孟子曰：“五霸[①]者，三王之罪人也；今之诸侯，五霸之罪人也；今之大夫，今之诸侯之罪人也。天子适诸侯曰巡狩，诸侯朝于天子曰述职。春省耕而补不足，秋省敛而助不给。入其疆，土地辟，田野治，养老尊贤，俊杰在位，则有庆，庆以地。入其疆，土地荒芜，遗老失贤，掊[②]克在位，则有让。一不朝，则贬其爵；再不朝，则削其地；三不朝，则六师移之。是故天子讨而不伐，诸侯伐而不讨。五霸者，搂[③]诸侯以伐诸侯者也，故曰：五霸者，三王之罪人也。五霸，桓公为盛。葵丘[④]之会诸侯，束牲、载书[⑤]而不歃血[⑥]。初命曰：'诛不孝，无易树子，无以妾为妻。'再命曰：'尊贤育才，以彰有德。'三命曰：'敬老慈幼，无忘宾旅。'四命曰：'士无世官，官事无摄，取士必得，无专[⑦]杀大夫。'五命曰：'无曲[⑧]防，无遏籴，无有封而不告。'曰：'凡我同盟之人，既盟之后，言归于好。'今之诸侯，皆犯此五禁，故曰：今之诸侯，五霸之罪人也。长君之恶其罪小，逢君之恶其罪大。今之大夫，皆逢君之恶，故曰：今之大夫，今之诸侯之罪人也。"

【注释】

①五霸：指春秋时期先后称霸的五个诸侯。关于五霸有多种讲法。有学者认为此处指齐桓公、晋文公、秦穆公、宋襄公、楚庄王。。

②掊：《说文》："掊，杷也。"这里为聚敛，搜刮的意思。

③搂：《说文》："搂，曳聚也。"这里用为聚合、拉拢的意思。

④葵丘：春秋时宋国地名，在今河南省兰考县。齐桓公于公元前651年在葵丘邀集鲁、宋、卫、许、曹等国代表结成同盟，从而确定了齐国的霸主地位。

⑤载书：把盟书放在牺牲之上。载，动词，放在。书，指盟约。

⑥歃血：古人盟会时，杀牲饮其血来表示诚意。

⑦专：独断专行。

⑧无曲：副词，无不。

【译文】

孟子说："五霸，是三王的罪人。如今的诸侯，是五霸的罪人。

如今的大夫，是诸侯的罪人。天子巡视各诸侯国，称为巡狩。诸侯朝见天子，称为述职。春天视察春耕情况，补助困难的百姓，秋季视察收获情况，帮助粮食短缺的百姓。进入诸侯封地，如果土地得到开辟，田野得到治理，老人被赡养，贤人被尊敬，有才能的人得到任用，那么就有赏赐，用土地来封赏。进入诸侯封地，如果土地荒芜，老人被遗弃，贤人得不到任用，搜刮掠夺的人立于朝廷，那么就有责罚。一次不朝觐，就降低其爵位；两次不朝觐，就削减其土地；三次不朝觐，就把军队开过去。所以天子出兵时是'讨'而不是'伐'，诸侯则是'伐'而不是'讨'。所谓的五霸，是拉拢一部分诸侯去征伐另一部分诸侯的人。所以说，五霸，是三王的罪人。五霸中齐桓公势力最大，在葵丘盟会诸侯，捆束牺牲，把盟书放在牺牲上，没有歃血。第一条盟约说：'声讨不孝之人，不要废立太子，不要立妾为妻。'第二条盟约说：'尊敬贤人，培育人才，来表彰有德之人。'第三条盟约说：'尊敬老人，爱护幼小，不怠慢宾客旅人。'第四条盟约说：'士人的官职不世代相传，公职不可兼任，选拔士子要得当，不要独断专行杀戳大夫。'第五条盟约说：'不可到处修筑堤防，不制止邻国来采购粮食，不能有封赏而不报告盟主。'最后说，凡是参加同盟的，签订盟约之后，恢复从前的友好关系。如今的诸侯都违反了这五条禁令。所以说，如今的诸侯，都是五霸的罪人。助长国君的恶行，其罪还小；逢迎国君的恶行，罪行就大了。如今的大夫，都是在逢迎国君的恶行，所以说，如今的大夫，是诸侯的罪人。"

【原典】

鲁欲使慎子[①]为将军。孟子曰："不教民而用之，谓之殃[②]民。殃民者，不容于尧舜之世。一战胜齐，遂有南阳，然且不可。"

慎子勃然不悦曰："此则滑厘所不识也。"

曰："吾明告子。天子之地方千里；不千里，不足以待诸侯。诸侯之地方百里；不百里，不足以守宗庙之典籍[③]。周公之封于鲁，为方百里也；地非不足，而俭于百里。太公之封于齐也，亦为方百里也；地非不足也，而俭[④]于百里。今鲁方百里者五，子以为有王者作，则鲁在所损乎？在所益乎？徒取诸彼以与此，然且仁者不为，况于杀人以求之乎？君子之事君也，务引其君以当道，志于仁而已。”

【注释】

①慎子：人名。鲁国的一名大臣，善于用兵。

②殃：残害。

③典籍：重要文册。

④俭：《说文》：“俭，约也。”这里是少的意思。

【译文】

鲁国想让慎子做将军。孟子说：“不先对百姓施行教化就用他们打仗，这叫残害百姓。残害百姓的人，在尧舜时代是不允许存在的。即使一仗战胜齐国，占领南阳，这样尚且不可以。”

慎子马上不高兴地说：“这是我所不了解的。”

孟子说：“我明白告诉你吧，天子的土地纵横千里；不够一千里，就不够接待诸侯。诸侯的土地纵横百里，不够一百里，就不够奉守住历代相传的礼法制度。当年周公被封在鲁地，方圆百里；当时土地不是不够，可实际上少于一百里。太公被封在齐地，也是方圆百里。土地不是不够，可实际上少于一百里。如今鲁国已经有五个方圆百里的土地范围了，你认为如果有王者兴起，是使鲁国的土地有所减损呢，还是会使其增加？不用兵力而把别的国家的土地拿给这个国家，仁者都不愿做，何况是用杀人来求得土地呢？君子侍奉君主，就是要一心一意把君主引向正道，用心于仁罢了。”

【原典】

孟子曰：“今之事君者曰：‘我能为君辟土地，充府库。’今之所谓良臣，古之所谓民贼也。君不乡[①]道，不志于仁，而求富之，是富桀也。‘我能为君约与国，战必克。’今之所谓良臣，古之所谓民贼也。君不乡道，不志于仁，而求为之强战，是辅桀也。由今之道，无变今之俗，虽与之天下，不能一朝居也。”

【注释】

①乡：这里用作动词，同“向”，向往。

【译文】

孟子说：“如今侍奉君主的人都说：‘我能替君主开拓疆土，充实府库。’如今所谓的良臣，就是古代祸害百姓的人。君主不向往道德，不立志于仁，而想使他富足，这就等于是使夏桀富足。又说：‘我能替君主结邀盟国，打仗一定能取胜。’如今所谓的这些良臣，就是古代祸害百姓的人。君主不向往道德，不立志于仁，却要为他尽力作战，这就等于是辅助夏桀。依照现今的道路走下去，而不改变当今的习俗，即使把整个天下给他，他连一天都坐不稳。”

【原典】

白圭①曰：“吾欲二十而取一，何如？”

孟子曰：“子之道，貉②道也。万室之国，一人陶，则可乎？”

曰：“不可，器不足用也。”

曰：“夫貉，五谷不生，惟黍③生之。无城郭、宫室、宗庙、祭祀之礼，无诸侯币帛饔飧④，无百官有司，故二十取一而足也。今居中国，去人伦，无君子，如之何其可也？陶以寡，且不可以为国，况无君子乎？欲轻之于尧舜之道者，大貉小貉也；欲重之于尧舜之道者，大桀小桀也。”

【注释】

①白圭：人名，战国时人，曾筑堤治水。

②貉：北方的一个国家名。

③黍：一种谷物的名称，其子实煮熟后有黏性，可以酿酒、做糕等。今称黄米。

④饔飧：用饮食款待客人的礼节。

【译文】

白圭说：“我想把税率定位二十抽一，怎么样？”

孟子说：“你的方法是貉国施行的方法。有上万户人家的国家，只有一个人制作陶器，可以吗？”

白圭说：“不可以，那样器皿就不够用了。”

孟子说：“貉国，不产谷物，只生长黄米；没有城市、宫室、宗庙以及祭祀仪式，没有国家之间的交往、互赠礼物和宴饮，没有各级官吏和机构，所以二十取一就足够了。今天在中原国家，抛弃人伦，不要管理的官吏，怎么能可以呢？制作陶器的工人太少，尚且不能使一个国家治理好，更何况没有官吏呢？想要比尧、舜税率还轻的，是大貉、小貉；想要比尧、舜税率还重的，是大桀、小桀。”

【原典】

白圭曰：“丹之治水也愈于禹。”孟子曰：“子过矣。禹之治水，水之道也。是故禹以四海为壑①，今吾子以邻国为壑。水逆行，谓之洚水。洚水者，洪水也，仁人之所恶也。吾子过矣。”

【注释】

①壑：本义指沟壑。这里扩大其义，指承受水患的地方。

【译文】

白圭说：“我治水患的能力比大禹强。”

孟子说：“你错了。大禹治水，是顺应水的本性而行，所以大禹是使水流入四海。如今先生你治理水患，却是使水流到邻近的国家去。水逆向而行叫作洚水。所谓洚水，就是洪水——这是仁人最厌恶的。你错了。”

【原典】

孟子曰：“君子不亮①，恶乎执？”

【注释】

①亮：同“凉”，诚信。

【译文】

孟子说：“君子不讲诚信，怎么能有操守呢？”

【原典】

鲁欲使乐正子[1]为政。孟子曰："吾闻之，喜而不寐。"

公孙丑曰："乐正子强乎？"曰："否。"

"有知虑乎？"曰："否。"

"多闻识乎？"曰："否。"

"然则奚为喜而不寐？"曰："其为人也好善。"

"好善足乎？"曰："好善优于天下，而况鲁国乎？夫苟好善，则四海之内，皆将轻千里而来告之以善。夫苟不好善，则人将曰：'訑訑，予既已知之矣。'訑訑[2]之声音颜色，距[3]人于千里之外。士止于千里之外，则谗谄面谀之人至矣。与谗谄面谀之人居，国欲治，可得乎？"

【注释】

①乐正子：人名，姓乐正，名克。

②訑：《玉篇·言部》："訑，訑訑，自得也。"这里指傲慢自得的样子。

③距：同"拒"。

【译文】

鲁国打算让乐正子执政。孟子说："我听说这个消息，高兴得睡不着觉。"

公孙丑问："乐正子刚强吗？"

孟子说："不。"

公孙丑问："他有智慧和谋略吗？"

孟子说："不。"

"他见多识广吗？"

孟子说："不。"

"那你为什么高兴得一晚上都睡不着呢？"

孟子说："他为人喜欢听取善言。"

公孙丑又问："喜欢听取善言就足够了吗？"

孟子说："喜听善言，治理天下都绰绰有余，何况是治理鲁国呢？一个人如果喜听善言，那么天下人都会不远千里地来把善言告诉他。一个人如果不喜听善言，那人们就会学着他的样子说：‘嗯嗯，我早就知道了。’傲慢自得的声音和脸色，会拒人于千里之外。如果士人都止步于千里之外，那么谗媚奉迎的人就会前来。和谄媚奉迎的人一起相处，想要把国家治理好，这可能吗？”

【原典】

陈子[①]曰：“古之君子何如则仕[②]？”孟子曰：“所就三，所去三。迎之致敬以有礼，言将行其言也，则就之；礼貌未衰，言弗行也，则去之。其次，虽未行其言也，迎之致敬以有礼，则就之；礼貌衰，则去之。其下，朝不食，夕不食，饥饿不能出门户。君闻之曰：‘吾大者不能行其道，又不能从其言也，使饥饿于我土地，吾耻之。’周之，亦可受也，免死而已矣。”

【注释】

①陈子：人名，指陈臻。

②仕：做官。

【译文】

陈子问：“古代的君子在什么情况下才做官？”

孟子说：“有三种情况可以做官，有三种情况可以辞官。迎接时恭敬而且有礼貌，对他的言论打算实行，就可以就职。礼貌虽然没有减退，但所说的没有得以实行，那就辞官离开。其次，虽然没有实行他的言论，但迎接时恭敬而且有礼貌，就可以就职。如果礼貌减退，那就辞官离开。最次，早晚都吃不上饭，饿得出不了门，君主知道了，说：‘我大的方面不能推行他的主张，又不能听从他的进言。却让他在我的国土上挨饿，我为此而耻辱。’君主的周济，也是可以接受的，不过是免于饿死罢了。”

【原典】

孟子曰：“舜发[①]于[②]畎亩[③]之中，傅说举[④]于版筑之闲，胶鬲举于鱼盐之中，管夷吾举于士，孙叔敖举于海，百里奚举于市。故天将降大任[⑤]于是人也，必先苦[⑥]其心志，劳[⑦]其筋骨，饿[⑧]其体肤，空乏其身，行拂[⑨]乱其所为，所以动心忍性，曾[⑩]益其所不能。人恒过，然后能改；困于心，衡于虑，而后作；征于色，发于声，而后喻。入则无法家⑪拂⑫士，出则无敌国外患者，国恒亡。然后知生于忧患而死于安乐也。”

【注释】

①发：起，指被任用。

②于：从。

③畎亩：田间、田地。

④举：任用，选拔，这里是被选拔的意思。

⑤任：责任，使命。

⑥苦：使……痛苦。

⑦劳：使……劳累。

⑧饿：使……受饥饿。

⑨拂：违背。

⑩曾：同“增”，增加。

⑪法家：守法度的大臣。

⑫拂士：辅佐君主的贤士。拂，同“弼”，辅佐。

【译文】

孟子说：“舜从田野中被举用，傅说从筑墙的泥水匠中被举用，胶鬲自鱼盐贩中被举用，管夷吾从狱官手里获释被举用，孙叔敖从海边被举用，百里奚从市井之间被举用。所以，上天要让某个人担负重任，必定先要使他的心志苦恼，使他的筋骨劳累，使他的身体挨饿，使他穷困，所作所为都受到干扰而不能如意，这就可以摇动他的心灵和磨炼他的性格，增长他的才能。人经常犯错，才能够改正。心中困苦，思虑被塞，而后才有所作为。表现在脸上，生发在言语中，然后才能被人明白。在国内没有遵守法度的大臣和足以辅弼的士人，国外没有与之抗衡的国家和外来的忧患，经常容易被灭亡。这样才知道忧患可以使人生存，安乐会使人死亡的道理。”

【原典】

孟子曰："教亦多术矣，予不屑之教诲也者，是亦教诲之而已矣。"

【译文】

孟子说："教诲的方式有很多种，我不屑于教诲他，也是教诲的一种方式。"

尽心章句上

导读

《尽心章句上》共四十六节，是《孟子》全书章节最多的一篇，每章篇幅不长而寓意深刻。第一、二、三节主要探讨“本性”与“天命”之间的关系，主张修养自身以等待天命的安排，是安身立命的方法。第六、七节谈论人的羞耻心问题。第十二节至第十四节探讨统治者应如何治理民众，强调通过道德教化来使民心归服。第四十节又讨论了教育的相关问题，主张“因材施教”。《尽心章句上》全篇涉及仁、义、礼、智等多方面内容，其中不少名言警句，在今天仍具有重要的现实意义。篇幅所限，不能列举，还请读者朋友留心品读。

【原典】

孟子曰：“尽其心者，知其性也，知其性，则知天矣。存其心，养其性，所以事天也。夭[①]寿不贰，修身以俟之，所以立命也。”

【注释】

①夭：短命。

【译文】

孟子说：“充分发挥人的善良本心，就会了解人的本性。了解了人的本性，就会知道天命了。保持自己的本心，修养自己的本性，这是对待天命的办法。无论是短命还是长寿，都不三心二意，修养自身以等待天命，这就是安身立命的方法。”

【原典】

孟子曰：“莫非命也，顺受其正。是故知命者不立乎岩墙之下。尽其道而死者，正命也。桎梏[①]死者，非正命也。”

【注释】

①桎梏：古代的刑具。这里借指因犯罪而被处死。

【译文】

孟子说："一切事物无不有自己的命运，顺理而行，就会得到正命；因此懂得命运的人不站在有倾倒危险的墙下。尽道而死的人，所受的就是正命；犯罪而死的人，所受的就不是正命。。"

【原典】

孟子曰："求则得之，舍则失之，是求有益于得也，求在我者也。求之有道，得之有命，是求无益于得也，求在外者也。"

【译文】

孟子说："寻求才会得到，不寻求就会失去，这是有益于收获的寻求，因为寻求的对象存在于我自身。寻求有一定的方法，能否得到却取决于命运，这是无益于收获的寻求，因为所寻求的东西存在于我自身之外。"

【原典】

孟子曰："万物皆备于我矣。反身而诚，乐莫大焉。强恕而行，求仁莫近焉。"

【译文】

孟子说："一切我都已经具备了。反省自身，自己是诚实踏实的，这是最大的快乐。不停地依从推己及人的恕道行事，没有比这更接近求仁的道路了。"

【原典】

孟子曰："行之而不著焉，习矣而不察焉，终身由之而不知其道者众也。"

【译文】

孟子说："做事却不明白为何要这样做，习以为常却不知其所以然。终身都按着这条道路行走，却不知道这是一条什么道路，这是大众普通人。”

【原典】

孟子曰：“人不可以无耻，无耻之耻，无耻矣。”

【译文】

孟子说:“人不可没有羞耻，不知羞耻的羞耻，才是最可耻的。”

【原典】

孟子曰：“耻之于人大矣。为机变之巧者，无所用耻焉。不耻不若人，何若人有？”

【译文】

孟子说：“羞耻对于人来说至关重要。善于权变巧诈的人没有地方用得着羞耻。不以赶不上别人为羞耻，怎么能赶上别人呢？”

【原典】

孟子曰：“古之贤王，好善而忘势。古之贤士，何独不然？乐其道而忘人之势，故王公不致敬尽礼，则不得亟[1]见之。见且由不得亟，而况得而臣之乎？”

【注释】

①亟：多次，屡次。

【译文】

孟子说：“古代贤能的君王喜好善行而忘掉自己的权势，古代的贤士又何尝不是这样呢？乐于行道而忘掉别人的富贵权势，所以王公贵族们不对他们恭敬尽礼，就不能够多次见到他们。见面尚且不能多得，何况是让他们做臣子呢？”

【原典】

孟子谓宋句践曰：“子好游[1]乎，吾语子游。人知之，亦嚣嚣[2]，人不知，亦嚣嚣。”曰：“何如斯可以嚣嚣矣？”曰：“尊德乐义，则可以嚣嚣矣。故士穷不失义，达不离[3]道。穷不失义，故士得已焉。达不离道，故民不失望焉。古之人，得志，泽加于民，不得志，修身见于世。穷则独善其身，达则兼善天下。”

【注释】

①游：游说。

②嚣嚣：自得其乐的样子。

③离：背离，偏离。

【译文】

孟子对宋句践说：“你喜欢游说君主吗？我告诉你游说的事吧。有人理解你，你要自得其乐；有人不理解你，你也要自得其乐。”

宋句践说：“怎么样才能做到自得其乐呢？”

孟子说：“崇尚德，喜欢义，就可以自得其乐了。所以士人穷困，也不失去义；得意时，也不偏离道。穷困不失去义，得意时不偏离道，所以百姓不会对他失望。古代的人，如果得意就会惠泽万民；如果不得志，就修养自身以现于世间。穷困时则独善自身，得意时便兼善天下。”

【原典】

孟子曰：“待文王而后兴[①]者，凡民也。若夫豪杰之士，虽无文王犹兴。”

【注释】

①兴：朱熹《集注》：“兴者，感动奋发之意。”这里指奋发的意思。

【译文】

孟子说：“等待周文王这样的圣君出现才奋发的人，是平凡的百姓。至于杰出的人才，虽然没有周文王这样的圣君出现也会努力奋发。”

【原典】

孟子曰：“附[①]之以韩魏之家，如其自视欿然[②]，则过人远矣。”

【注释】

①附：增加，增强。

②欿然：视盈若虚，形容不自满的样子。

【译文】

孟子说："用春秋时晋国韩、魏两家大臣的财富来使他增强，如果他并不因此自满，那么这样的人就远远超过常人。"

【原典】

孟子曰："以佚[①]道使民，虽劳不怨。以生道杀民，虽死不怨杀者。"

【注释】

①佚：安逸

【译文】

孟子说："在让百姓安逸的原则下去役使百姓，百姓虽然劳苦，但不怨恨。在让百姓生存的原则下去杀人，虽然被杀死，但不会怨恨杀他的人。"

【原典】

孟子曰："霸者之民，欢虞[①]如也。王者之民，皞皞[②]如也。杀之而不怨，利之而不庸[③]，民日迁善而不知为之者。夫君子所过者化，所存者神，上下与天地同流，岂曰小补之哉？"

【注释】

①欢虞：愉快欢娱。

②皞皞：《庄子·人间世》："易之者，皞天不宜。"这里形容怡然自得的样子。

③庸：这里用为酬谢之意。

【译文】

孟子说："霸主的百姓，愉快欢喜的样子；圣王的百姓，悠然自得的样子。百姓即使被杀也不怨恨，得到恩惠也不酬谢，百姓日益转向善的方面发展，却不知道是谁使他们这样。圣人经过的地方人们会受到感化，停留的地方会有神秘莫测的效果，上与天、下与地协调运转，难道只有很小的补益吗？”

【原典】

孟子曰：“仁言，不如仁声之入人深也。善政，不如善教之得民也。善政民畏之，善教民爱之。善政得民财，善教得民心。”

【译文】

孟子说：“仁德的言语不如仁德的音乐那样深入人心，良好的政治不如良好的教育能深入人心。良好的政治百姓畏惧它，良好的教育百姓喜爱它。良好的政治能获得百姓的财富，良好的教育能够得到民心。”

【原典】

孟子曰：“人之所不学而能者，其良能[1]也，所不虑而知者，其良知[2]也。孩提之童，无不知爱其亲者，及其长也，无不知敬其兄也。亲亲，仁也，敬长，义也。无他，达[3]之天下也。”

【注释】

①良能：所最擅长的。

②良知：所最知道的。

③达：通达，通行的意思。

【译文】

孟子说：“人们没有经过学习就会的，是良能。不经过考虑就知道的，是良知。二三岁的小孩子，没有不知道敬爱父母的，等到长大，没有不知道尊敬兄长的。敬爱父母，是仁；尊敬兄长，是义。这没有别的原因，因为这两种品德可以通行天下。”

【原典】

孟子曰：“舜之居深山之中，与木石居，与鹿豕游，其所以异于深山之野人者几希。及其闻一善言，见一善行，若决江河，沛然[1]莫之能御也。”

【注释】

①沛然：气势充沛的样子。

【译文】

孟子说："舜住在深山之中的时候，与树木、石头同住，与鹿和野猪同游，他不同于深山里普通人的地方很少。等他听说有一句善良的话，见到善良的行为，就立刻身体力行，如同江河决堤，气势充沛，没有任何东西可以阻挡得住。"

【原典】

孟子曰："无为其所不为，无欲其所不欲，如此而已矣。"

【译文】

孟子说："不做自己不想做的事，不要得到自己不想要的东西，这样就可以了。"

【原典】

孟子曰："人之有德慧术知者，恒存乎疢[1]疾。独孤臣孽子[2]，其操心也危，其虑患也深，故达。"

【注释】

①疢：本意为疾病，这里引申为灾患之意。

②孽子：指庶子，非正妻所生的孩子称为庶子。

【译文】

孟子说："人之所以有德行、智慧、技艺、知识，常常是因为有灾患的缘故。只有那些孤立无援的臣子和地位低微的庶子，他们心里时常操心，忧虑灾患更深，所以他们通达事理。"

【原典】

孟子曰："有事君人者，事是君则为容悦者也。有安社稷臣者，以安社稷为悦者也。有天民者，达可行于天下而后行之者也。有大人者，正己而物正者也。"

【译文】

孟子说："有侍奉君主的人，他们把侍奉君主当作快乐；有安定国家的人，他们把以安定国家当作快乐；有天民，他们先使大道可通行于天下，而后才去实行的人；有大人，他们是端正自己，然后万物随着端正的人。"

【原典】

孟子曰："君子有三乐，而王天下不与存焉。父母俱存，兄弟无故，一乐也。仰不愧于天，俯不怍[①]于人，二乐也。得天下英才而教育之，三乐也。君子有三乐而王天下不与存焉。"

【注释】

①怍：这里指惭愧的意思。

【译文】

孟子说："君子有三种乐趣，但以德服天下并不在其中。父母都健在，兄弟没有灾祸，这是第一种乐趣；仰头无愧于天，低头无愧于人，这是第二种乐趣；得到天下的优秀人才并教育他们，这是第三种乐趣。君子有这三种乐趣，而以德服天下不在其中。"

【原典】

孟子曰："广土众民，君子欲之，所乐不存焉。中天下而立，定四海之民，君子乐之，所性不存焉。君子所性，虽大行不加焉，虽穷居不损焉。分定故也。君子所性，仁义礼智根于心，其生色也，睟[①]然见于面，盎[②]于背，施[③]于四体，四体不言而喻。"

【注释】

①睟：这里用为肤色润泽之意。

②盎：显现。

③施：延及。

【译文】

孟子说："拥有辽阔的土地和众多的人民，是君子所希望得到的，但他的乐趣不在于此。站在天下的中央，安定四海的百姓，君子乐于此，但他的本性不在于此。君子的本性，即使他的主张通行于天下，也不会因此增益，即使穷困窘迫，也不会因此减损，这是因为他的本分已经确定。君子的本性，仁义礼智根植在心中，而发出来的神色是温润和顺的，流露在脸上，充盈在肩背，延及四肢，肢体的动作，不用说话就能使人了解。”

【原典】

孟子曰："伯夷辟[1]纣，居北海之滨，闻文王作，兴曰：盍归来乎，吾闻西伯善养老者。大公辟纣，居东海之滨，闻文王作，兴曰：盍归来乎，吾闻西伯[2]善养老者。天下有善养老，则仁人以为己归矣。五亩之宅，树墙下以桑，匹妇蚕之，则老者足以衣帛矣。五母鸡，二母彘，无失其时，老者足以无失肉矣。百亩之田，匹夫耕之，八口之家，足以无饥矣。所谓西伯善养老者，制其田里，教之树畜，导其妻子，使养其老。五十而非帛不暖，七十非肉不饱。不暖不饱，谓之冻馁[3]。文王之民，无冻馁之老者，此之谓也。"

【注释】

①辟：躲避。

②西伯：指周文王。

③冻馁：指挨饿受冻的意思。

【译文】

孟子说："伯夷躲避纣王，住在渤海边上，听到周文王兴起，说：'为何不去归附他呢？我听说西伯善于奉养老人。'姜太公躲避纣王，住在东海边上，听到周文王兴起，说：'为何不去归附他呢？我听说西伯善于奉养老人。'天下有善于奉养老人的人，那么仁人就把他作为自己的归宿。有五亩地的人家，在墙下种植桑树，妇女养蚕，那么老人就可以穿上丝帛了。养五只母鸡，二只母猪，不耽误喂养时机，老人就可以吃上肉了。百亩的田地，男子耕种，八口之家就足以吃饱饭了。所谓周文王善于奉养老人，就是他制定了土地制度，教导百姓种植桑树和畜养家禽，教诲百姓的妻子儿女奉养老人。五十岁的老人，没有丝帛就觉得穿不暖，七十岁的老人，没有肉就吃不饱。吃不饱，穿不暖，叫作挨冻受饿。文王的百姓没有挨冻受饿的老人，说的就是这个意思。”

【原典】

孟子曰：“易①其田畴②，薄③其税敛，民可使富也。食之以时，用之以礼，财不可胜用也。民非水火不生活，昏暮④叩人之门户，求水火，无弗与者，至足矣。圣人治天下，使有菽粟如水火。菽粟如水火，而民焉有不仁者乎？”

【注释】

①易：治理的意思。

②田畴：田地。

③薄：减少。

④昏暮：指黄昏夜晚。

【译文】

孟子说：“治理好田地，减少税收，就可以使百姓富裕了。按照季节安排饮食，按照礼来制定消费，财物就会用不尽了。百姓没有水和火就不能生存，黄昏夜晚去敲别人家的门去求借水和火，没有不给的，因为水、火相当充足。圣人治理天下，应使粮食如同水和火一样充足。粮食同水和火一样充足，百姓哪里有不仁爱的呢？”

【原典】

孟子曰：“孔子，登东山而小鲁，登泰山而小天下。故观于海者难为水，游于圣人之门者难为言。观水有术，必观其澜，日月有明，容光①必照焉。流水之为物也，不盈科②不行，君子之志于道也，不成章不达。”

【注释】

①容光：透光的小缝隙。

②科：同“窠”。这里用为坎、坑之意。

【译文】

孟子说："孔子登上东山，就觉得鲁国小了，登上泰山，就觉得天下小了，所以观看过大海的人，别的水就难以吸引他，在圣人门下学习过的人，难以被别的言论所吸引。观看水有方法，一定要看它的波澜壮阔。太阳和月亮的光辉，小缝隙也能照射进去。流水这个东西，不充满水洼就不会流走。君子有志于道，不达到一定的程度就不能通达。"

【原典】

孟子曰："鸡鸣而起，孳孳[1]为善者，舜之徒也。鸡鸣而起，孳孳为利者，蹠[2]之徒也。欲知舜与蹠之分，无他，利与善之间也。"

【注释】

①孳：这里指孜孜不倦的意思。

②蹠：亦作跖，人名，相传为柳下惠之弟。《庄子·盗跖》："盗跖从卒九千人，横行天下，侵暴诸侯。穴室枢户，驱人牛马，取人妇女。"

【译文】

孟子说："鸡一叫就起来，孜孜不倦地行善的，是舜一类的人；鸡一叫就起来，孜孜不倦地求利益的，是盗跖一类的人。要想知道舜和跖的区别，没有别的，只是求利和求善的不同罢了。"

【原典】

孟子曰："杨子[1]取[2]为我，拔一毛而利天下，不为也。墨子兼爱，摩顶放踵[3]利天下，为之。子莫[4]执中。执中为近之。执中无权，犹执一也。所恶执一者，为其贼道也。举一而废百也。"

【注释】

①杨子：人名，姓杨名朱，又称阳子居、阳生。魏国人。战国初期著名的道家、思想家，主张"贵生""重己"。

②取：选取，择定的意思。

③踵：脚后跟。

④子莫：人名，鲁国贤人。

【译文】

孟子说："杨朱主张为自己，就算是拔去自己一根毫毛就有利于天下，他也不愿意。墨子主张兼爱天下，哪怕是磨光头顶、磨破脚跟，只要对天下有利，他也愿意。子莫主张中道。主张中道就差不多了。但是折中却缺乏变通，就是执着于一点。厌恶执着于一点的做法，是因为它损害大道，只抓住一点而废弃了其余所有的部分。"

【原典】

孟子曰："饥者甘食，渴者甘饮，是未得饮食之正也，饥渴害之也。岂惟口腹有饥渴之害，人心亦皆有害。人能无以饥渴之害为心害，则不及人不为忧矣。"

【译文】

孟子说："饥饿的人觉得任何食物都好吃，干渴的人觉得任何饮料都甜美，他不知道饮料食物的正常味道，是受了饥渴损害的缘故。难道只有口腹才受到饥渴的损害吗？人心也会受到这种损害。如果人们能使自己的心不受到饥渴的损害，那么就不会把赶不上别人作为忧虑了。"

【原典】

孟子曰："柳下惠，不以三公易其介[①]。"

【注释】

①介：操守。

【译文】

孟子说："柳下惠不因为做了高官而改变他的操守。"

【原典】

孟子曰："有为者辟若掘井，掘井九轫[①]而不及泉，犹为弃井也。"

【注释】

①轫：同"仞"，通常认为七尺或八尺为一轫。

【译文】

孟子说："做事情如同挖井，挖到七八尺还看不到泉水，仍然是一口废井。"

【原典】

孟子曰："尧舜，性之也；汤武，身之也；五霸，假之也。久假而不归，恶知其非有也。"

【译文】

孟子说："尧舜施行仁义，是他们本性使然；商汤和武王施行仁义，是他么身体力行；五霸施行仁义，是假借仁义的名义。然而，长时间假借不归还，怎么能知道他不是真的拥有了仁义呢？"

【原典】

公孙丑曰："伊尹曰：予不狎[①]于不顺。放大甲于桐，民大悦。大甲贤，又反之，民大悦。贤者之为人臣也，其君不贤，则固可放与？"孟子曰："有伊尹之志则可，无伊尹之志，则篡也。"

【注释】

①狎：亲近。

【译文】

公孙丑说："伊尹曾经说：'我不亲近违背礼义的人。'因此将太甲放逐在桐邑，百姓很高兴。太甲变得贤能了，又让他回来做君主，百姓也很高兴。贤人做别人的臣子，他的国君不贤明，就可以放逐吗？"

孟子说："如果有伊尹这样的心志，就可以这样做。没有伊尹这样的心志，那就是篡位了。"

【原典】

公孙丑曰："《诗》曰：'不素餐兮'。[①]君子之不耕而食，何也？”孟子曰：“君子居是国也，其君用之，则安富尊荣。其子弟从之，则孝悌忠信。不素餐兮，孰大于是。”

【注释】

①不素餐兮：出自《诗经·魏风》，不白吃饭。

【译文】

公孙丑说：“《诗经》上说：‘不能白吃饭啊。’现在的君子却不耕种而有饮食，这是为什么呢？”

孟子说：“君子居住在这个国家，国君任用他，那么国家就安定富裕、尊贵显荣；少年子弟跟从他学习，那么就会孝顺父母、敬爱兄长、忠实守信。‘不白吃饭啊’，还有比这更好的吗？”

【原典】

王子垫[①]问曰：“士何事？”孟子曰：“尚志。”曰：“何谓尚志？”曰：“仁义而已矣。杀一无罪，非仁也。非其有而取之，非义也。居恶在，仁是也。路恶在，义是也。居仁由义，大人之事备矣。”

【注释】

①王子垫：人名，齐王之子。

【译文】

王子垫问：“士人做什么事呢？”

孟子说：“使自己的志向高尚。”

王子垫又问：“怎么使自己志向高尚呢？”

孟子说：“行仁义罢了。如果杀一个无罪的人就是不仁，不是自己的东西拿来用就是不义。居住之所在哪里？仁便是；所行之路在哪里？义便是。居住于仁，行走于义，大人的事也就具备了。”

【原典】

孟子曰：“仲子[①]，不义与之齐国而弗受，人皆信之，是舍箪食豆羹之义也。人莫大焉[②]亡[③]亲戚君臣上下，以其小者，信其大者，奚可哉？”

【注释】

①仲子：人名，即陈仲子。

②焉：于。

③亡：同“无”，不、没有的意思。

【译文】

孟子说：“陈仲子这个人，如果不合道义地把整个齐国都给他，他都不会接受，人们都相信他。这只是舍弃一箪食、一碗汤的义。人的罪过没有比不讲父兄君臣尊卑还大的。因为小义而相信他在大事情上的义，怎么可以呢？”

【原典】

桃应[1]问曰：“舜为天子，皋陶[2]为士，瞽瞍杀人，如之何？”孟子曰：“执之而已矣。”“然则舜不禁与？”曰：“夫舜恶得而禁之，夫有所受之也。”“然则舜如之何？”曰：“舜视弃天下，犹弃敝屣也。窃负而逃，遵海滨而处，终身䜣[3]然，乐而忘天下。”

【注释】

①桃应：人名，孟子弟子。

②皋陶：舜的大臣。

③䜣：同“欣”，高兴。

【译文】

桃应问道：“舜做天子，皋陶做法官，如果舜的父亲瞽瞍杀了人，应该怎么办？”

孟子说：“逮捕他也就是了。”

桃应说：“那么舜不阻止他们吗？”

孟子说：“舜怎么能阻止呢？皋陶逮捕人是有依据的。”

桃应又问：“那么舜该怎么办呢？”

孟子说：“舜把抛弃天下看得像穿破的鞋子一样。他会偷偷背负着父亲逃跑，沿海边住下，终生高高兴兴的，快乐地忘掉曾经做过天子。”

【原典】

孟子自范[1]之齐，望见齐王之子，喟然叹曰：“居移气，养移体。大哉居乎！夫非尽人之子与？”孟子曰：“王子宫室车马衣服多与人同，而王子若彼者，其居使之然也。况居天下之广居者乎？鲁君之宋，呼于垤泽之门[2]，守者曰：此非吾君也，何其声似我君也？此无他，居相似也。”

【注释】

①范：地名，齐国的一个城邑，在今山东省范县境内。

②垤泽之门：宋国的一个城门。

【译文】

孟子从范邑到齐国的国都，远远看见齐王的儿子，感叹地说：“居住环境能够改变人的气质，所得奉养能够改变人的体质，环境是很重要的啊！他难道不同样是人的儿子吗？”

孟子说：“王子所住的宫殿、所乘的车马、所穿的衣服大多是与别人相同的，而王子却与众不同，正是居住的环境使他那样的。何况是居住在‘仁’这个住所呢？鲁国国君到宋国，在东南城门大声喊话，守门人说：‘这并不是我们宋国的国君，为什么他的声音那么像我们宋国国君呢？’这没有别的原因，居住环境相似罢了。”

【原典】

孟子曰：“食而弗爱，豕交之也。爱而不敬，兽畜之也。恭敬者，币之未将者也。恭敬而无实，君子不可虚拘。”

【译文】

孟子说：“养活别人而不爱护，就像养猪一样；爱惜却不恭敬，就像养牲畜一样。恭敬之心，应该在礼物送出之前就有的。如果只是表面恭敬而不诚心实意，君子就不可以被虚假的礼节所束缚。”

【原典】

孟子曰：“形色，天性也。惟圣人然后可以践形。”

【译文】

孟子说："人的身体容貌是天生的。只有圣人才能不愧于这个天赋。"

【原典】

齐宣王欲短丧，公孙丑曰："为期之丧，犹愈于已乎。"孟子曰："是犹或紾其兄之臂，子谓之故徐徐云尔。亦[①]教之孝悌而已矣。"王子有其母死者，其傅为之请数月之丧，公孙丑曰："若此者何如也？"曰："是欲终之而不可得也，虽加一日愈于已。谓夫莫之禁而弗为者也。"

【注释】

①亦：只是。

【译文】

齐宣王想缩短服丧的时间。公孙丑说："服丧一年，还是比不服丧要好吧？"

孟子说："这就如同有人扭他哥哥的胳膊，你却对他说慢慢地拧吧。（这不行），只是教导他孝敬父母尊重兄长罢了。"

王子中有死了母亲的，他的师傅替他请求服丧几个月。公孙丑说："像这种情况该怎样处理呢？"

孟子说："他这是想服丧三年但无法做到。即使是多服丧一天也比不服丧好，是对那些没有人禁止他服丧，但他却不肯服丧的人说的。"

【原典】

孟子曰："君子之所以教者五：有如时雨化之者，有成德者，有达财者，有答问者，有私淑艾者。此五者，君子之所以教也。"

【译文】

孟子说："君子教育人的方法有五种：有像及时雨那样滋养万物的，有成全品德的，有培养才能的，有解答疑问的，有靠品德学问使人私下受教诲的。这五种，都是君子教育人的方法。"

【原典】

公孙丑曰："道则高矣美矣，宜[1]若登天然，似不可及也。何不使彼为可几及，而日孳孳[2]也。"孟子曰："大匠不为拙工改废绳墨，羿不为拙射变其彀率。君子引而不发，跃如也。中道而立，能者从之。"

【注释】

①宜：大概。

②孳孳：勤勉努力的样子。

【译文】

公孙丑说："道很高很美好，就如同登天一样，似乎是不可登攀。为什么不让它变得可以有希望达到，从而使人每天都能勤勉努力呢？"

孟子说："高明的工匠不会为了笨拙的工匠放弃或改变规矩，羿不会为了笨拙的射手而改变拉开弓的标准。君子引导别人张满弓，却不发箭，做出跃跃欲试的样子。他站在正确道路的中间，有才能的人就会跟随他。"

【原典】

孟子曰："天下有道，以道殉身，天下无道，以身殉道。未闻以道殉乎人者也。"

【译文】

孟子说："天下政治清明，可以终身行道；天下黑暗，就为道而牺牲。没听说过牺牲道来迎合人的。"

【原典】

公都子曰："滕更之在门也，若在所礼，而不答，何也？"孟子曰："挟贵而问，挟贤而问，挟长而问，挟有勋劳而问，挟故而问，皆所不答也。滕更有二焉。"

【译文】

公都子说："滕更在您门下的时候，好像是属于以礼对待的那种人，可是您却不回答他，这是为什么呢？"

孟子说："凭仗着自己的权势而问，凭仗着自己贤能而问，凭仗着自己年纪大而问，凭仗着有功劳而问，凭仗着有老交情而问，这些都是我不回答的。滕更在其中占了两个方面。"

【原典】

孟子曰："于不可已[1]而已者，无所不已。于所厚者薄，无所不薄也。其进锐者其退速。"

【注释】

①已：停止。

【译文】

孟子说："对于不该停止的事情却停止了，那没什么不可以停止的了。对于原本厚待的人却薄待他，那么没什么不可薄待了。前进得太快的人，他后退得也会很快。"

【原典】

孟子曰："君子之于物也，爱之而弗仁；于民也，仁之而弗亲。亲亲而仁民，仁民而爱物。"

【译文】

孟子说："君子对于万物，爱惜却不用仁德对待他；对于百姓，用仁德对待却不用亲近他。君子亲近亲人，进而施仁德于百姓，施仁德与百姓，进而爱惜万物。"

【原典】

孟子曰："知者无不知也，当务之为急；仁者无不爱也，急亲贤之为务。尧舜之知而不遍物，急先务也。尧舜之仁，不遍爱人，急亲贤也。不能三年之丧，而缌[1]小功[2]之察，放饭流歠[3]，而问无齿决，是之谓不知务。"

【注释】

①缌：古代丧服名。五种丧服之最轻者，以细麻布为孝服，服丧三个月。

②小功：指五种孝服中次轻的一种，为期五个月。

③歠：《说文》："歠，饮也。"这里用为饮、喝之意。

【译文】

孟子说："智者无所不知，但急于当前的重要事情；仁者无所不爱，但急于亲近贤者。尧和舜的智慧不遍及万物，因为他们总是急于当前的重要事情。尧和舜的仁德不遍及所有的人，因为他们总是急于爱亲人和贤者。不能服三年之丧，而对于缌麻三月、小功五月的丧礼仔细讲究；在尊长面前用餐，大口吃饭，大口喝汤，却讲求不用牙齿咬断牛肉，这就叫作不识大体。"

尽心章句下

导读

《尽心章句下》共三十八节。第一、二、四节反映了孟子的战争观，孟子谴责为了扩张势力而发动战争的不义行为，强调以德服人。第十四章讨论治国之道，提出“民贵君轻”（“民为贵，社稷次之，君为轻”）的重要思想。此节虽为短章，但却是理解孟子思想的重要路径。第二十、二十一节讨论教育问题，指出教育者自己要先明白，然后才能教导别人，而学习者要不断学习才能茅塞顿开。第三十至三十五节的话题则主要围绕君子的德行修养展开，认为君子应该减少欲望、修养身心。全篇内容丰富，论述道理层次分明，条理清晰。

【原典】

孟子曰：“不仁哉梁惠王也。仁者以其所爱，及其所不爱，不仁者以其所不爱，及其所爱。”公孙丑曰：“何谓也？”“梁惠王以土地之故，糜烂其民而战之，大败，将复之，恐不能胜，故驱其所爱子弟以殉之。是之谓以其所不爱及其所爱也。”

【译文】

孟子说：“梁惠王很不仁德啊！仁人把对所喜爱人的仁德推行到所不喜爱的人身上，不仁的人把对所不喜爱的人的祸害推行到所喜爱的人身上。”

公孙丑说：“这是什么意思呢？”

孟子说：“梁惠王为了夺取土地的缘故，不惜让自己的人民粉身碎骨在战场，打了败仗，又准备再战，怕不能得胜，因此驱使自己所喜爱的子弟去送死，这就称为将所不喜爱的人的祸害推及所喜爱的人。”

【原典】

孟子曰："春秋无义战。彼善于此，则有之矣。征者上伐下也，敌国，不相征也。"

【译文】

孟子说："春秋时期没有正义的战争。但一国的君主比另一国的君主好些，那是有的。所谓的征伐，是上级讨伐下级，同等级的国家是不能相互征伐的。"

【原典】

孟子曰："尽信《书》[①]，则不如无《书》。吾于《武成》，取二三策而已矣。仁人无敌于天下，以至仁伐至不仁，而何其血之流杵[②]也。"

【注释】

①《书》：指《尚书》。

②杵：舂米的木棒。

【译文】

孟子说："完全相信《尚书》，还不如没有《尚书》。我对于《武成》这篇文章，所取的不过其中两三页罢了。仁人天下无敌，凭借周武王这样最仁的人去讨伐商纣王这最不仁的人，怎么会使血流得把舂米的木棒都漂起来呢？"

【原典】

孟子曰："有人曰：我善为陈[①]，我善为战。大罪也。国君好仁，天下无敌焉。南面而征，北狄怨；东面而征，西夷怨。曰：奚为后我？武王之伐殷也，革车三百两，虎贲三千人。王曰：无畏，宁尔也，非敌百姓也，若崩厥角[②]，稽首。征之为言正也，各欲正己，焉用战？"

【注释】

①陈：同"阵"。

②厥角：厥，同“蹶”；角，额角。这里是用额角触地的意思。

【译文】

孟子说：“有人说：‘我善于布阵，我善于作战。’这都是大罪过。国君喜爱仁，天下就没有敌人了。商汤征讨南边，北边的狄族埋怨他，征讨东边，西边的夷族埋怨他，都说：‘为什么不先到我们这里呢？’周武王征讨殷商，只出动兵车三百辆，勇士三千人。周武王说：‘不用害怕，我是来安定你们的，不是与百姓为敌的。’百姓将额角触地叩头，发出的声音如同山陵倒塌一般。征的意思就是正，各个国家都端正自身，何必用战争呢？”

【原典】

孟子曰：“梓匠[1]轮舆，能与人规矩，不能使人巧。”

【注释】

①梓匠：木匠。

【译文】

孟子说：“木匠和制造车轮、车厢的工匠能告诉人制作的规矩，却不能使人一定技艺高超。”

【原典】

孟子曰：“舜之饭糗[1]茹草也，若将终身焉，及其为天子也，被袗[2]衣，鼓琴，二女果，若固有之。”

【注释】

①糗：指干粮。

②袗：这里指绣有花纹的华贵衣服。

【译文】

孟子说：“舜啃干粮吃野草的时候，好像要这样过一辈子；等到他成为天子，穿华贵的衣服，弹着琴，有尧的两个女儿服侍他，又好像这是本来就有的一样。”

【原典】

孟子曰："吾今而后杀人亲之重也。杀人之父，人亦杀其父，杀人之兄，人亦杀其兄。然则非自杀知也，一间耳。"

【译文】

孟子说："我现在才知道杀死别人亲人的严重性了。杀死别人的父亲，别人也会杀死他的父亲；杀死别人的兄长，别人也会杀死他的兄长。那么即使亲人不是自己杀死的，也相差不远了。"

【原典】

孟子曰："古之为关也，将以御暴，今之为关也，将以为暴。"

【译文】

孟子说："古代设置关卡，是用来抵抗残暴的；如今设置的关卡，却是用来推行暴政的。"

【原典】

孟子曰："身不行道，不行于妻子。使人不以道，不能行于妻子。"

【译文】

孟子说："自己不践行正道，妻子儿女也不会践行正道。使唤别人不合道，使唤妻子儿女都不可能。"

【原典】

孟子曰："周①于利者，凶年不能杀②；周于德者，邪世不能乱。"

【注释】

①周：这里是充足的意思。

②杀：缺乏，困窘。

【译文】

孟子说："财富充足的人，灾荒之年都不会困窘；德行高尚的人，乱世也不能使他迷惑。"

【原典】

孟子曰："好名之人，能让千乘之国，苟非其人，箪食豆羹见于色。"

【译文】

孟子说："喜好名声的人，能够把一个有千乘兵车的国家的君主之位让给别人；如果不是这样的人，即使是叫他让出一碗饭、一碗汤，他也会表现出不高兴的神情。"

【原典】

子曰："不信仁贤，则国空虚。无礼义，则上下乱。无政事，则财用不足。"

【译文】

孟子说："不相信贤能的人，国家就会空虚；不讲礼义，那么上下级的关系就会混乱；不搞好政事，国家的财物就会贫乏。"

【原典】

孟子曰："不仁而得国者有之矣，不仁而得天下，未之有也。"

【译文】

孟子说："不仁德却能够得到一个国家的，有这样的事；不仁德却能够得到天下的，从来就没有这样的事。"

【原典】

孟子曰："民为贵，社稷①次之，君为轻。是故得乎丘民而为天子，得乎天子为诸侯，得乎诸侯为大夫。诸侯危社稷，则变置。牺牲既成，粢②盛既洁，祭祀以时，然而旱干水溢，则变置社稷。"

【注释】

①社稷：《诗经·小雅》："以社以方。"这里用为土地神神主之意。土神和谷神是古时君主都祭祀的社稷，后来就用社稷代表国家。

②粢：《玉篇》："粢，稷米也。"这里用为古代供祭祀用的谷

物之意。

【译文】

孟子说："百姓最重要，土神和谷神为次要，君主为轻。因此得到百姓的拥护就可以成为天子，得到天子的赏识就可以成为诸侯，得到诸侯的赏识就可以成为大夫。诸侯危害国家，就改立。用作祭祀的牲畜已经长成，用作祭祀的粮食已经洁净，也按时祭祀，但仍发生旱灾水灾，那么就改立土神和谷神。"

【原典】

孟子曰："圣人，百世之师也。伯夷、柳下惠是也。故闻伯夷之风者，顽夫廉，懦夫有立志。闻柳下惠知风者，薄夫敦[①]，鄙夫[②]宽。奋乎百世之上，百世之下，闻者莫不兴起也。非圣人而能若是乎？而况于亲炙之者乎？"

【注释】

①敦：敦厚。

②鄙夫：《左传·宣公十四年》："过我而不假道，鄙我也。"《史记·廉颇蔺相如列传》："鄙贱之人，不知将军宽之至此也。"这里用为形容粗陋的人。

【译文】

孟子说："圣人，是百代后人的老师，伯夷、柳下惠就是这样的人。因此，听到伯夷高风亮节的人，贪婪的人也会变得廉洁，懦弱的人也自立志气。听到柳下惠风节的人，刻薄的人也会变得敦厚，狭隘粗鄙的人也会变得宽宏大量。他们在百代之前奋发进取，百代以后，听说这些的人无不振作。如果不是圣人，谁还能够如此呢？何况是那些亲自接受过圣人熏陶的人呢？"

【原典】

孟子曰："仁也者，人也，合而言之，道也。"

【译文】

孟子说："'仁'的意思就是'人'，'仁'和'人'合起来说，就是‘道’。”

【原典】

孟子曰：“孔子之去鲁曰：迟迟吾行也。去方面国之道也。去齐，接淅而行，去他国之道也。”

【译文】

孟子说：“孔子离开鲁国的时候说：‘我们慢慢地走吧。’这是离开祖国的态度。离开齐国的时候，来不及把米淘完就走了——这是离开别国的态度。”

【原典】

孟子曰：“君子之厄于陈蔡之间，无上下之交也。”

【译文】

孟子说：“孔子被困在陈国和蔡国之间，是因为和这两个国家的君臣都没有交往的缘故。”

【原典】

貉稽[①]曰：“稽大不理于口。”

孟子曰：“无伤也，士憎兹多口。诗云：忧心悄悄[②]，愠[③]于群小。孔子也。肆不殄[④]厥[⑤]愠，亦不殒[⑥]厥问，文王也。”

【注释】

①貉稽：人名。

②悄：《说文》：“悄，忧也。”这里形容忧愁的样子。

③愠：这里指恼怒、怨恨之意。

④殄：《说文》：“殄，尽也。”这里形容断绝，竭尽的意思。

⑤厥：这里用为代词，相当于“其”之意。

⑥殒：《一切经音义》引《声类》：“殒，没也。”这里指失去。

【译文】

貉稽说：“别人对我的评价很不好。”

孟子说：“这没有关系。士人都厌恶这样七嘴八舌的议论。《诗经》说：'忧愁压在心上，小人视我为眼中钉。'孔子就是这样的人。《诗经》又说：'不能消灭别人对他的怨恨，也不失去自己的名声。'周文王就是这样的人。"

【原典】

孟子曰："贤者以其昭昭[1]，使人昭昭。今以其昏昏，使人昭昭。"

【注释】

①昭：《说文》："昭，日明也。"这里指明白。

【译文】

孟子说："贤能的人先使自己明白觉悟，然后再去让别人明白；如今的人自己还迷迷糊糊，却想使别人觉悟。"

【原典】

孟子谓高子曰："山径知蹊[1]间，介然用之而成路。为间[2]不用，则茅塞之矣。今茅塞子之心矣。"

【注释】

①蹊：这里指踩踏的意思。

②为间：有一段时间。

【译文】

孟子告诉高子说："山上的小路很窄，经常去走，然后就变成了道路。如果有一段时间不走，就会被茅草堵塞。如今茅草已经堵塞了你的心。"

【原典】

高子曰："禹之声，尚[1]文王之声。"孟子曰："何以言之？"曰："以追[2]蠡。"曰："是奚足哉。城门之轨，两马之力与。"

【注释】

①尚：超过，高出。

②追：钟纽。

【译文】

高子说："禹的音乐超过周文王的音乐。"

孟子说："为什么这样说呢？"

高子说："因为禹传下来的乐钟，钟纽都快要断了。"

孟子说："这怎么能说明问题呢？城门下的车辙，难道只是几匹马的力量造成的吗？"

【原典】

齐饥，陈臻曰："国人皆以夫子将复为发棠①，殆不可复。"孟子曰："是为冯妇②也。晋人有冯妇者，善博虎，卒为善士。则之野，有众逐虎，虎负③嵎④，莫之敢撄⑤，望见冯妇，趋而迎之，冯妇攘臂下车，众皆悦之，其为士者笑之。"

【注释】

①棠：地名，齐国的一个城邑，在今山东省即墨县境内。

②冯妇：人名，姓冯名妇，晋国人。

③负：这里指依靠、凭借。

④嵎：这里指山势弯曲险阻的地方。

⑤撄：《正字通·手部》："撄，触也，迫近也。"这里指迫近、触犯。

【译文】

齐国闹灾荒，陈臻说："国内的百姓都以为您会再次劝说齐王打开棠邑的粮仓救济灾民，大概不会再这样做了吧。"

孟子说："再这样就成冯妇了。晋国有个人叫冯妇，青年时善于跟虎搏斗，后来成了善人。一次他到郊外，有很多人在追赶一只老虎。老虎背靠山险，没有人敢迫近它。大家看见冯妇来了，都上前迎接。冯妇挽起袖子下车，大家都很高兴，只有那些士人讥笑他。"

【原典】

孟子曰："口之于味也，目之于色也，耳之于声也，鼻之于臭[①]也，四肢之于安佚也，性也，有命焉，君子不谓性也。仁之于父子也，义之于君臣也，礼之于宾主也，智之于贤者也，圣人之于天道也，命也，有性焉，君子不谓命也。"

【注释】

①臭：气味。

【译文】

孟子说："口舌对于味道，眼睛对于颜色，耳朵对于声音，鼻子对于气味，手脚四肢对于安逸与否，这些爱好，都是天性，但能否得到，却由命运决定。君子认为它们是天性所致。仁对于父子，义对于君臣，礼对于宾主，智慧对于贤人，圣人对于天道，能否得到，有命运的作用，这其中也有天性的作用，所以君子不认为它们属于命运。"

【原典】

浩生不害[①]问曰："乐正子，何人也？"孟子曰："善人也，信人也。""何谓善？何谓信？"曰："可欲[②]之谓善，有诸己之谓信，充实之谓美，充实而有光辉之谓大，大而化之之谓圣，圣而不可知之谓神。乐正子，二之中，四之下也。"

【注释】

①浩生不害：人名，齐国人。

②欲：这里指喜爱的意思。

【译文】

浩生不害问："乐正子是个什么样的人？"

孟子说："是个好人，是个实在的人。"

浩生不害问："什么叫好，什么叫实在呢？"

孟子说："值得人喜欢就称为好；好处存在于他自身称为实在；好处充满他全身称为美；不但充满全身，而且能光彩地表现出来就称为大；不但大，而且能融会贯通就称为圣，圣到了高深莫测的境界就称为神。乐正子这个人，在'好'和'实在'两者之间，在'美'、'大'、'圣'、'神'四者之下。"

【原典】

孟子曰："逃墨[①]必归于杨[②]，逃杨必归于儒。归，斯受之而已矣。今之与杨墨辩者，如追豚[③]，既入其苙[④]，又从而招之。"

【注释】

①墨：指墨子，即是墨翟。战国初期思想家，墨家学派的创始人。

②杨：即杨子。杨子，人名，姓杨名朱，又称阳子居、阳生。魏国人，战国初期思想家，主张"贵生""重己"。

③豚：小猪。

④苙：《方言》卷三："苙，圂也。"这里用为畜栏之意。

【译文】

孟子说："脱离墨家学派的，必然要归入杨朱学派，脱离杨朱学派的，必然要归入儒家学派。回归，就接受他罢了。如今与杨朱学派、墨家学派辩论的人，就好像是追逐走失的小猪，已经被关到猪圈里了，还要把它的脚拴起来。"

【原典】

孟子曰："有布缕之征，粟米之征，力役之征，君子用其一，缓其二。用其二而民有殍，用其三而父子离。"

【译文】

孟子说："有征收布帛的税，有征收粮食的税，有征发劳力的税。君子只采用其中的一种，另外两种暂时不用。采用两种，百姓就会有饿死的，采用三种税，父子就要离散了。"

【原典】

孟子曰："诸侯之宝三：人民、土地、政事。宝珠玉者，殃必及身。"

【译文】

孟子说："诸侯君主们有三样宝贝，土地、人民和政治。把珠宝、玉器当作宝物的人，灾祸一定会降临到他身上。"

【原典】

盆成括仕于齐，孟子曰："死矣，盆成括。"盆成括见杀，门人问曰："夫子何以知其将见杀？"曰："其为人也小有才，未闻君子之大道也，则足以杀其躯而已矣。

【译文】

盆成括到齐国当官，孟子说："盆成括快要死了！"

盆成括果然被杀，孟子的学生们就问："老师怎么知道他要被杀头呢？"

孟子说："他有点小才气，但是没有听说过君子的大道，这样就足以招来杀身之祸了。"

【原典】

孟子之滕，馆于上宫，有业屦[①]于牖上，馆人求之弗得。或问之曰："若是乎从者之廋也？"曰："子以是为窃屦来与？"曰："殆非也，夫子之设科也，往者不追，来者不距。苟以是心至，斯受之而已矣。"

【注释】

①屦：草鞋。

【译文】

孟子到滕国，住在上宫。有一双尚未织完的草鞋放在窗台上不见了，旅馆里的人找不到它。有人问孟子说："是不是您的随从把鞋子藏起来了？"

孟子说："你以为他们是为偷窃鞋子而来的吗？"

那人说："恐怕不是的。您作为先生开设科目，走的不追问，来的不拒绝。如果是抱着学习的心态来，就都接受罢了。（难免水平参差不齐）。"

【原典】

孟子曰："人皆有所不忍，达之于其所忍，仁也。人皆有所不为，达之于其所为，义也。人能充无欲害人之心，而仁不可胜用也。人能充无欲穿逾之心，而义不可胜用也。人能充无受尔汝之实，无所往而不为义也。士未可以言而言，是以言餂[①]之也；可以言而不言，是以不言餂之也。是皆穿逾之类也。"

【注释】

①餂：《集韵·忝韵》："餂，取也。"这里用为用甜言蜜语诱取、探取之意。

【译文】

孟子说："每个人都有所不忍心干的事，如果把它推及忍心做的事情，就是仁。每个人都有所不愿意做的事，如果把它推及他想做的事情，就是义。人们如果能把他不想害人的心扩充出去，仁德就用之不尽了；人们如果能把不穿墙打洞的心扩充出去，义就用之不尽了。人们如果能把不受轻贱的心扩充出去，无论去到哪里都会符合义。一个士人，不应当和他交谈却又和他交谈，是用言语诱他以获利；可以和他交谈却又不和他交谈的，是用沉默来诱他以获利，这些都属于穿墙打洞之类的行为。"

【原典】

孟子曰："言近而指远者，善言也，守约而施博者，善道也。君子之言也，不下带[①]而道存焉。君子之守，修其身而天下平。人病舍其田而芸人之田。所求于人者众，而所以自任者轻。"

【注释】

①带：《广雅·释诂三》："带，束也。"这里用为束缚之意。

【译文】

孟子说："言语浅近而意义深刻的，是'善言'；所操持的简单，而影响广大的，是'善道'。君子的言语，讲的都是常见之事，道却蕴含在其中；君子的操守，从修养自身开始，进而使天下太平。人的毛病在于舍弃自己的田而去耕耘别人的田——要求别人的很重，而自己担负的却很轻。”

【原典】

孟子曰：“尧舜，性者也；汤武，反之也。动容周旋中礼者，盛德之至也。哭死而哀，非为生者也，经德不回[1]，非以干[2]禄也，言语必信，非以正行也。君子行法，以俟命而已矣。”

【注释】

①经德不回：依道德而行，不做违礼的事情。

②干：求取。

【译文】

孟子说：“尧、舜的仁德是出于本性；商汤王、周武王的仁德是通过修身来回复本性。举止神态无不符合礼，是德行的最高变现。痛哭死者而悲哀，并不是为了给活着的人看。依照道德而行、不做违礼的事，并不是想要求取官职。言语一定信实，并不是为了让别人知道我行为端正。君子按照法度做事，以此等待命运的安排罢了。”

【原典】

孟子曰：“说大人，则藐[1]之，勿视其巍巍然。堂高数仞，榱[2]题数尺，我得志弗为也。食前方丈，侍妾数百人，我得志弗为也。般乐饮酒，驱骋田猎，后车千乘，我得志弗为也。在彼者皆我所不为也，在我者皆古之制也。吾何畏彼哉？”

【注释】

①藐：藐视，轻视。

②榱：即椽，放在檩上支持屋面和瓦片的木条。这里用为屋檐之意。

【译文】

孟子说：“游说诸侯，就要藐视他，不要在意他们那高高在上的傲气。殿基两三丈，屋檐几尺宽，我如果得志，不这样做。吃饭时菜肴满桌，旁边有侍候的姬妾几百人，我如果得志，不这样做。饮酒作乐，骑马打猎，后面跟随着兵车上千辆，我如果得志，不这样做。他们做的是我不愿意做的；我所做的，都是符合古代制度的，我为什么要畏惧他们呢？”

【原典】

孟子曰："养心莫善于寡欲。其为人也寡欲，虽有不存焉者寡矣。其为人也多欲，虽有存焉者寡矣。"

【译文】

孟子说："修养自己的心性，最好的办法莫过于减少欲望。如果为人少有欲望，即使善性有所丧失，也是丧失很少；如果为人欲望很多，即使善性有所保存，保存的也不会很多。"

【原典】

曾皙嗜羊枣，而曾子不忍食羊枣。公孙丑问曰："脍炙与羊枣孰美？"孟子曰："脍炙哉。"公孙丑曰："然则曾子何为食脍炙而不食羊枣？"曰："脍炙所同也，羊枣所独也。讳名不讳姓，姓所同也，名所独也。"

【译文】

曾皙爱吃羊枣，曾子因此不忍心吃羊枣。公孙丑问道："炒肉和羊枣哪一种好吃？"

孟子说："当然是炒肉啊！"

公孙丑说："那么曾子为什么吃炒肉而不吃羊枣呢？"

孟子说："烤肉是人人都爱吃的，羊枣却是个别人爱吃的。如同避讳时只避名不避姓一样，因为姓是很多人共有的，而名是一个人独有的。"

【原典】

万章问曰："孔子在陈[①]曰：盍[②]归来乎，吾党之士狂简，进取不忘其初。孔子在陈，何思鲁之狂[③]士？"

孟子曰：“孔子不得中道而与之，必也狂狷[4]乎。狂者进取，狷者有所不为也。孔子岂不欲中道哉，不可必得，故思其次也。”“敢问何如斯可谓狂矣？”

曰：“如琴张、曾皙、牧皮者，孔子之所谓狂矣。”“何以谓之狂也？”

曰：“其志嘐嘐[5]然。曰古之人，古之人，夷考其行而不掩焉者也。狂者又不可得，欲得不屑不洁之士而与之，是狷也，是又其次也。孔子曰：过我门而不入我室，我不憾焉者，其惟乡原[6]乎！乡愿，德之贼也。”

曰：“何如，斯可谓之乡愿矣？”

曰：“何以是嘐嘐也？言不顾行，行不顾言。则曰古之人，古之人，行何为踽踽[7]凉凉。生斯世也，为斯世也，善斯可矣。阉[8]然媚于世也者，是乡愿也。”万子曰：“一乡皆称愿人焉，无所往而不为愿人。孔子以为德之贼，何哉？”曰：“非之无举也，刺之无刺也。同乎流俗，合乎污世，居之似忠信，行之似廉洁，众皆悦之，自以为是，而不可与入尧舜之道。故曰德之贼也。孔子曰：恶似而非者。恶莠，恐其乱苗也。恶佞，恐其乱义也。恶利口，恐其乱信也。恶郑声，恐其乱乐也。恶紫，恐其乱朱也。恶乡愿，恐其乱德也。君子反经而已矣。经正则庶民兴，庶民兴，斯无邪慝[9]矣。”

【注释】

①陈：周代的一个诸侯国，故都在今淮阳县。

②盍：《玉篇》：“盍，何不也。”这里用为“何不”之意。

③狂：形容志向远大，狂放不羁的样子。

④狷：《集韵·线韵》：“狷，有所不为也。”这里形容拘谨的意思。

⑤嘐：《说文·口部》：“嘐，夸言也。”形容虚夸。

⑥原：同“愿”。

⑦踽踽：形容孤独的样子。

⑧阉：这里指曲意逢迎。

⑨慝：隐藏。

【译文】

万章问："孔子在陈国时说：'为什么不回去呢？我的那些学生们志大狂放，不断进取却不忘根本。'孔子在陈国，为什么会思念在鲁国的那些狂士呢？"

孟子说："孔子说过'如果不能与不偏不倚的人相交，那只能与狂放之人与狷介之人相交了。狂放之人有进取精神，狷介之人有所不为。'孔子难道不想与不偏不倚的人结交吗？因为不一定可以，所以取其次。"

万章又问："请问什么样的人才称为狂放之人呢？"

孟子说："比如琴张、曾皙、牧皮这一类的人，就是孔子说的狂放之人。"

万章又问："为什么说他们狂放之人呢？"

孟子说："他们志向大又自夸，总是说'古代的人呀，古代的人呀。'考察他们的行为却发现他们的言谈不与行为相符。真正狂放的人又得不到，就想和那些不屑于做坏事的人做朋友，这种人就是狷介之人，这比狂放之人又差一等。孔子说：'路过我家门口而不进我的房中，我并不感到不满的，恐怕只有乡里的好好先生吧。好好先生，是损害德行的人。'"

万章又问："什么样的人是乡里的好好先生呢？"

孟子回答说："（这种人批评狂放之士说）'为什么他们志向大又自夸，总是说古代的人呀，古代的人呀。'（又批评狷介的人说）'为什么要孤独冷漠呢？生在这个世界上，迎合这个世界，过得去就行了。'曲意逢迎，谄媚世俗的人，就是好好先生。"

万章又问："全乡人都称赞他是好人，所到之处没有人不认为他是好人，孔子却认为他们是损害德行的人，这是为什么呢？"

孟子说："这种人，想指责他们，却举不出什么过错，想责骂他们却无法责骂，他们只是同流合污，为人忠实诚信，行为方正廉洁，大家都喜欢他们，他们也自以为做得正确，但违背了尧、舜之道，所以称他们是'损害德行的人'。孔子说，我厌恶那种外貌相同实质不同的东西，厌恶狗尾草，怕它们混淆了真正的禾苗；厌恶巧言令色的人，怕他们混淆了义；厌恶夸夸其谈的人，怕他们混淆了诚信；厌恶郑国的音乐，怕它们混淆了雅乐；厌恶紫色，怕它们混淆了大红色；厌恶乡里的好好先生，怕他们混淆了德行。君子只是使一切回到正道罢了。回到正道上，那么百姓就会振作，百姓振作起来，就不会有邪恶了。”

【原典】

孟子曰：“由尧舜至于汤，五百有余岁，若禹皋陶[1]，则见而知之，若汤，则闻而知之。由汤至于文王，五百有余岁，若伊尹莱朱[2]，则见而知之，若文王，则闻而知之。由文王至于孔子，五百有余岁，若太公望散宜生[3]，则见而知之，若孔子，则闻而知之。由孔子而来，至于今，百有余岁，去圣人之世，若此其未远也。近圣人之居，若此其甚也。然而无有乎尔，则亦无有乎尔。”

【注释】

①皋陶：传说曾经被舜任命为掌管刑法的“理官”，以正直闻名天下。

②莱朱：商朝开国君主成汤的左相。

③散宜生：西周开国功臣。

【译文】

孟子说：“从尧舜到商汤王，经历了五百多年；像禹和皋陶，是亲眼见到而且知晓尧、舜之道的；像商汤王，则是通过传闻而知晓的。从商汤王到周文王，又经历了五百多年，像伊尹、莱朱，是亲眼见到而且知晓的；像周文王，则是通过传闻而知晓的。从周文王到孔子，又经历了五百多年，像太公望、散宜生，是亲眼见到而且知晓的；像孔子，则是通过传闻而知晓的。从孔子到现在，有一百多年，距离圣人的时代还没有多远，距离圣人的故乡又这么近，但是却没有能继承圣人之道的人，恐怕也不会有能继承的人了。”